KB122240

근세 조일(朝日)관계와 울릉도

근세 조일(朝日)관계와 울릉도

윤 유 숙 지음

혜안

책머리에

    동해의 고도(孤島) 울릉도를 찾으려면 포항, 강릉, 묵호에서 배편으로 출발하여 3시간 혹은 3시 반의 바다 여행을 감수해야 한다. 부산에서 쓰시마(對馬)까지 배편으로 1시간 10분 정도 걸리니 교통이 발달한 오늘날에도 우리에게 울릉도는 쓰시마보다 먼 섬이다. 예로부터 좋은 대나무와 단향목이 나기로 유명한 곳, 근래에는 호박엿과 맛있는 명이나물로 유명한 곳, 그리고 무엇보다 독도에 가기 위해서 반드시 거쳐야하는 곳이 울릉도이다.

    그런데 이런 울릉도에 본격적으로 사람이 거주하기 시작한 것은 1883년 조선정부가 울릉도에 두 차례에 걸쳐 50여 명을 이주시키면서부터이다. 이때 조선은 울릉도에 사람이 거주하는 것을 금지하던 종래의 정책을 버리고, 사람을 이주시켜 개척하는 정책으로 전환하였다. 새롭게 개척을 담당하는 '도장(島長)'을 임명하고, 개척을 담당하는 지방관으로서 '울릉도첨사(僉使)'도 설치했다. 이는 1876년 조선이 개항한 이후 울릉도에 거주하는 조선인과 울릉도에서 벌목하는 일본인들이 증가했기 때문이었을 것이다.

    그렇다면 이주 및 개척정책이 본격화되는 1883년 이전의 울릉도는 어떤 상태였을까. 조선정부는 태종의 치세기였던 1403년 울릉도에 주민의 거주를 금지하는 '쇄환(刷還)' 내지는 '쇄출(刷出)' 정책을 취했다. 따라서 울릉도는 15세기부터 19세기 말까지 무려 500년에 가까운 세월 동안 '공식적'인 무인도로 존재한 셈이다. 조선 초 정부가 울릉도에 이와 같은 조치를 취한 이유는 백성들이 과역(課役)을 피하기 위해 울릉도로 도주하는 현상을 방지하고, 왜구의 침탈로부터 도서 주민의 재산과 생명을 보호하기 위해서였다.

실제로 고려 말과 조선 초기에는 몇몇 섬들을 대상으로 주민을 육지로 소개(疏開)하는 시책이 실시된 적이 있었다. 이유는 대체로 울릉도와 동일했다. 그런데 이것은 어디까지나 도서지역에 따라 개별적으로 취해진 조치였기 때문에, 후일 주민의 거주와 개발을 적극적으로 허용하는 쪽으로 방침이 전환된 섬도 있었다. 하지만 울릉도의 경우는 예외적으로 500년간 거주 금지 상태가 계속되었으니, 조선 초의 일반적인 도서정책의 일환으로 주민 거주금지 정책이 실시되기 시작했으나 그것의 유지기간은 예외적으로 장기간에 이르렀던 것이다.

헌데 중앙정부가 주민의 거주를 금지했다고는 하나 그 오랜 세월이 섬에 거주하거나 도항하는 사람이 전혀 없었을 리 만무하다. 육지로부터 멀리 떨어진데다 상주하는 관리조차 없었기 때문에, 역설적이지만 울릉도는 오히려 몰래 도항하기에 좋은 조건을 갖추고 있었다. 양질의 목재와 대나무, 산삼, 해안가에 즐비한 전복 등, 울릉도는 해류의 산물이 모두 풍부하게 나는 곳이어서 사실상 수익성이 보장된 보물섬이나 다름 없었다. 그러다보니 한반도의 동해안과 남해안 지역에서 집단으로 울릉도에 도항하는 사람들이 존재했다.

그런데 울릉도의 풍부한 산물을 손에 넣고자 했던 것은 조선인뿐만 아니라 일본인도 마찬가지였다. 일본의 산인(山陰)지방, 즉 동해(東海)에 면하고 있는 지금의 돗토리 현(鳥取縣), 시마네 현(島根縣), 야마구치 현(山口縣) 지역 사람들은 무인도나 다름없던 울릉도에 일찍부터 출입하고 있었다.

그 증거로 16세기 말경 돗토리 현 지역에서는 울릉도산 인삼이 유통되고 있었고, 1618년에는 시마네 현 미호노세키(美保關)에 거주하는 주민 7명이 울릉도에서 어획하던 도중 풍파를 만나 조선에 표착하기도 했다. 산인 지방의 어민들에게 울릉도는 일찍부터 활용가치가 높은 섬으로 알려져 있어, 조건만 갖추어지면 독자적으로 도항하는 것이 가능했던 것이다.

이처럼 산인 지역에서 일본인들의 울릉도 도항이 산발적으로 이루어지고 있던 가운데, 울릉도에 잠재된 경제 가치에 주목하여 공권력으로부터 도항을 공식적으로 보장받으려는 사람들이 나타나기에 이르렀다. 그들은 돗토리 번 요나고(米子)의 조닌(町人) 오야(大谷) 씨와 무라카와(村川) 씨였다. 오야 씨와 무라카와 씨는 에도 막부의 관리였던 아베 시로고로(阿部四郞五郞)라는 인물의 도움을 받아, 1625년 막부로부터 '울릉도 도항을 허가한다'는 내용의 공식문서(老中封書)를 받아내는 데 성공했다.

이후 오야·무라카와 두 가문은 이 막부의 공식문서를 근거로 삼아 매년 교대로 울릉도에 도항하였다. 두 가문이 울릉도에서 획득한 산물 중 압도적인 비중을 차지한 것은 전복이었고, 그 외 해삼, 버섯, 목재, 바다사자의 기름(魚油)과 간 등이 있었다. 두 가문은 4, 5년에 한 번씩 에도에서 도쿠가와(德川) 쇼군을 직접 알현할 수 있는 권한도 부여받았고, 쇼군을 비롯하여 막부의 요인들에게 많은 양의 울릉도산 전복을 헌상했다. 에도뿐만 아니라 돗토리 번주, 요나고 성주(城主)에게도 헌상했고, 번주나 요인들의 주문에 응하여 울릉도산 물품을 판매하기도 했다. 두 가문이 울릉도에서 채획한 해류의 산물은 그 수량이 적지 않았거니와 근세 일본사회 내에서 다양한 형태로 소비되었던 것이다.

그들은 막부의 인가를 받은 '울릉도 도항'이라는 권한을 매개로 하여 다이묘 령(領)의 일개 조닌으로서는 파격적인 대우와 권한을 누렸다. 두 가문은 막부에 의해 울릉도 도항이 금지되는 17세기 말까지 약 70년 동안 울릉도 도항을 계속한 결과 돗토리 번내에서 특권상인으로서의 지위를 확보하기에 이르렀다. 1693년 어획하기 위해 울릉도에 갔던 안용복(安龍福)과 박어둔(朴於屯), 두 사람을 돗토리 번으로 연행해 간 것이 바로 오야 가문의 선원들이었다.

이 사건을 계기로 조선과 일본 양국 간에 새삼 울릉도의 영속(領屬) 여부가 외교문제로 부상하게 되어, 쓰시마 번(對馬藩)을 매개로 한 외교교섭이 시작되었다. 과거 조선에서 '울릉도쟁계(鬱陵島爭界)'라고 불렀고, 전근대에 일본이 '다케시마 잇켄(竹島[울릉도]一件)' 또는 '겐로쿠 다케시마 잇켄(元祿竹島一件)'이라 칭했던 사건은 이렇게 시작되었다.

17세기 말에 발생한 울릉도쟁계가 대표적이듯이, 역사 속의 울릉도는 독도 영유권의 측면에서 유의미한 시기에 관심이 집중되어 온 경향이 없지 않다. 그래서 안용복과 박어둔이 울릉도에 갔다가 일본으로 연행된 사실은 심심치 않게 언급되고 있지만, 그들을 연행한 일본인들이 대체 왜 조선의 영토인 울릉도에 건너와 어로활동을 하고 있었는지, 그 과정에 관한 역사적인 고찰은 미흡하다.

아니 어쩌면 '역사 속의 울릉도'라고 하면 솔직히 연상되는 것이 거의 없지 않은가? 울릉도에 관한 우리의 지식이 매우 일천하기 짝이 없다는 점을 인정하지 않을 수 없다.

그러나 실제로 울릉도의 실상을 보면, 조선정부의 정책에도 불구하고 17세기 말 울릉도에는 전라도, 경상도 지역의 주민들이 도항하고 있었다. 또한 일본 돗토리 번의 오야·무라카와 씨의 울릉도 도항도 17세기 동안 무려 70여 년 동안 이어졌다. '울릉도쟁계'를 계기로 하여 울릉도가 조선의 영토라는 사실이 확인되고 나서 막부는 오야 가문과 무라카와 가문의 울릉도 도항을 금지시켰다. 또한 조선은 울릉도쟁계가 촉매제가 되어 그 후 울릉도 관리를 강화했으나 주민의 거주는 여전히 금지하다가 개항을 맞았다.

한반도와 일본열도 사이에는 전통적으로 크게 세 가지 정도의 교류 경로가 있었다. 쓰시마와 경상도를 연결하는 경로, 규슈(九州)의 고토(五島)와 전라도를 연결하는 통로, 그리고 산인(山陰) 지방에서 오키(隱岐)를 거쳐 한반도 동해안으로 오는 경로가 그것이다. 주지하는 바와 같이 에도 시대(조선후기)에 들어서면서 쓰시마와 경상도(부산 왜관)를 연결하는 경로만이 공식적인 경로가 되었지만, 에도 시대에도 산인 지방과 동해안을 연결하는 경로는 비공식적인 형태로 여전히 가동되고 있었다. 그 경로 상에 주요 포인트로 기능하고 있던 곳이 바로 울릉도였다.

쓰시마와 경상도(부산왜관)를 연결하는 경로는 공식적인 성격을 띠었던 만큼 한국과 일본 학계에서 이미 다각도로 연구가 이루어져 왔기 때문에 방대한 연구성과가 축적되어 있다. 그에 비해 산인 지방과 동해안을 연결하는 경로에 관한 연구는 상대적으로 빈약하기 짝이 없다. 이 경로에 관해서는 표류민 연구 분야에서 조일 양국인의 상대국 표착과 송환이 사례로써 언급되는 정도일 것이다.

이 경로는 사람(人)과 물건(物)이 이동하는 '교류'의 길이 아니라 단순한 해난사고의 발생루트로 다루어져 왔다. 그러나 에도 시대를 통해 조선과 일본 양쪽에서 울릉도로의 도항이 쌍방향적으로 발생했던 것이 사실이다. 그렇게 양국인이 도항하던 중 17세기 말에 충돌이 야기되었고, 외교적인 교섭에 이어 제각기 정책적인 조치가 취해졌다.

따라서 이 책에서는 근세 환동해권(環東海圈)에서의 조일교류라는 틀 속에서 울릉도를 조망해보고자 한다. 일국사의 관점에서 벗어나 환동해권으로 범위를 확대시킬 때 조선 – 울릉도 – 일본에서 발생한 역사적 사실들을 입체적으로 그릴 수 있기 때문이다.

조선이 울릉도를 어떻게 관리했고, 양국민은 무엇을 위해 울릉도에 도항하였으며, 서로 충돌하게 된 상황에서 외교적으로 취해진 조치는 무엇인가. 중심축을 울릉도에 두고서 일본의 산인 지방과 동해안을 연결하는 경로의 실태를 규명하는 것이 이 책의 지향점이다.

이 책은 『近世日朝通交と倭館』(岩田書院, 2012)에 이은 필자의 두 번째 단독 저서이다. 우연한 기회에 '울릉도쟁계'에 관해 알게 된 필자는 수년 전부터 이 사건을 기록한 조선의 문헌과 일본 사료를 수집하기 시작했다. 에도 시대에 발생한 조일 간의 외교 마찰이라면 대개는 양국의 통교를 전담했던 쓰시마 번의 고문서, 이른바 '宗家記錄'에 전래되기 마련인데 아니나 다를까 宗家記錄 중에는 꽤 여러 건의 기록류가 남아 있었다.

현재 가장 많이 알려진 사료인 『竹嶋紀事』를 비롯하여 『元祿六癸酉年竹嶋一件拔書』, 『因幡國江朝鮮人致渡海候付豊後守樣へ御伺被成候次第並御返答之趣其外始終之覺書』, 『竹島紀事本末』, 『竹嶋記下書』 등이 울릉도쟁계를 기록한 단독사료에 해당한다. 이들 사료는 1693년부터 1699년까지의 과정을 다루거나 혹은 그 기간 중의 일부를 다루고 있고, 쓰시마 번의 기록인 만큼 자신들의 입장과 역할이 상세하게 묘사되어 있는 편이다.

그런데 사실 관련된 사료들을 수정하고 검토하는 과정에서 필자의 흥미를 자극했던 것은 그간의 연구를 통해 이미 익숙해진 宗家記錄보다는 돗토리 번 지역에서 기록된 사료들이었다. 예를 들어 돗토리 번정사료(藩政史料), 그리고 울릉도에 출항하던 요나고의 조닌 오야 가문과 무라카와 가문에 전래되는 고문서들은 조일통교 전공자인 나에게는 여태껏 '미지(未知)였던 지역사' 속으로 첫발을 내딛는 입구과도 같았다. 당연히 돗토리 번 번사(藩史), 그리고 오키(隱岐) 지역사를 조사하는 것으로 나의 작업은 시작되었다.

1693년부터 시작된 외교교섭도 물론 중요하지만, 돗토리 번의 사료에는 그 전후의 상황에 대한 내용이 풍부하게 담겨져 있었다. 해독을 하다 보니 '그렇다면 17세기 울릉도의 상태는? 울릉도쟁계 이후의 울릉도는 어떠했나?'라는 식으로 관심사가 확대되었고, 그러다보니 앞에서 언급한 바와 같은 틀을 세워 이 책을 쓰기에 이르렀다. 도전정신이 결코 강하지 않은 필자이지만 때로는 미지의 영역에 들러보는 것도 신선한 자극제가 될 수 있다는 주제넘은 생각까지 들었다. 그건 아마 사료를 검토하고 논문을 작성하는 과정에서, 얼마간 잊고 지냈던 '들뜬 즐거움'을 꽤 오랜만에 느꼈기 때문일 것이다.

수년 전 자료를 수집하기 위해 돗토리 현을 찾은 적이 있었다. 주된 방문지는 돗토리 현립박물관과 현지 고서점이었는데, 돗토리 시 돗토리 역에 내린 나는 처음 본 시가지 광경에 놀라지 않을 수 없었다. 길거리 사방을 둘러보아도 눈에 들어오는 행인의 숫자가 너무나 적었기 때문이다. 게다가 시를 관통하는 메인 도로와 상점가의 풍경은 정확하게 몇 십 년 전이라고 표현하기에는 애매하지만, 꽤 오래 전에 시간이 멈춘 듯한 고풍스러운 모습이었다. 나중에서야 알게 된 사실이지만 돗토리 현은 일본의 47도도부현(都道府縣) 가운데 단위 면적당 인구밀도가 43위인 곳이었다(2014년 인구조사). 에도 시대에는 무려 약 32만석의 석고(石高)를 자랑했고, 도자마(外樣) 다이묘이면서도 마쓰다이라(松平) 성(姓)과 신판(親藩)에 준하는 가격(家格)을 누렸던 이케다(池田) 씨의 거령(巨領), 돗토리 번의 현재 모습에 왠지 모를 무상함이 느껴졌다.

이 주제에 몰두하여 논문 작성에 열중하던 2013년 4월, 와병 중이던 어머니가 타계하셨다. 오랜 병고에서 벗어나 이제는 온전하게 평온한 안식을 찾으셨으리라 스스로를 위안하면서, 3주기(週忌)를 맞으며 어머니의 영전에 이 책을 올리게 되어 더없이 기쁘다. 이 책이 출판될 수 있도록 도움을 주신 혜안의 오일주 사장님, 편집하느라 고생하신 김현숙, 김태규 님께 감사의 말씀을 전하고 싶다. 어느덧 여든 살을 맞으신 아버지의 건강을 기원하며, 가족들과 함께 이 책의 출판을 기념하고 싶다.

2016년 3월

윤 유 숙

목 차

일러두기

1. 일본어 가운데 인명, 지명, 관직명 등 고유명 사와 연호(年號) 등은 일본 발음으로 기재하되 정확한 의미 전달을 위해 한자 표기를 ( )로 附記하였다.
2. 일본어 고유명사와 우리 말로 이루어진 단어 는 띄어쓰는 것을 원칙으로 하였다. (예 : 에 도 시대, 도쿄 시)
3. 일본어 발음 표기는 국립국어원의 〈외래어표 기법〉을 기준으로 하였다.
4. 일본어 가운데 우리 말로 바꾸어 표기할 수

있는 것이나, 일본어 발음을 그대로 표기할 경우 쉽게 읽어 내기 어려운 단어는 비슷한 뜻을 가진 단어로 간략히 표시하고 괄호 안에 원래의 일본어 내지 한자를 표기하였다.
5. 일본의 고유명사 중 정확한 발음을 확인하거 나 고증할 수 없는 인명, 지명 등은 부득이하 게 한자로만 표기하였다.
6. 본문과 각주에 나오는 일본 문헌 또는 일본 고문서의 제목은 일본 발음 표기를 생략하고 한자로만 표기하였다. (예 :『德川太平記』)

제1장
17세기 환동해권에서의 울릉도

1. 머리말

1693년, 울릉도에서 어로활동을 하고 있던 두 명의 조선인이 일본인들에 의해 일본으로 연행되는 사건이 발생했다. 그 일본인들 역시 어로활동을 하기 위해 울릉도에 왔다가 조선인을 발견하고 일본으로 데려간 것이다. 이 사건을 계기로 조선과 일본 양국 간에 새삼 울릉도의 영속(領屬) 여부가 외교문제로 부상하게 되어, 쓰시마 번(對馬藩)을 매개로 한 외교교섭이 시작되었다. 이 건이 외교적으로 완전히 정리되기까지 일련의 과정을 조선은 후일 '울릉도쟁계(鬱陵島爭界)'[1]라고 칭하였고, 에도 시대와 메이지 시대 일본에서는 '다케시마 잇켄(竹島[울릉도]一件)'[2], 또는 '겐로쿠 다케시마 잇켄(元祿竹島一件)'이라 불렀다.

조선과 쓰시마 번의 외교교섭은 수년 동안 계속되었으나, 울릉도와 독도에 관한 조사를 병행하던 막부가 1696년, 그간 울릉도에 도해하

---

1) 조선시대 禮曹의 사례를 모아 李盟休가 편찬한 『春官志』(1744년, 영조20) 卷3에는 이 사건이 '鬱陵島爭界'라는 題名으로 정리되어 있다.
2) 현재 일본에서 독도를 부르는 명칭과 한자표기는 '다케시마(竹島)'인데, 이 다케시마라는 명칭은 근대 이후에 정착된 것이다. 전근대 에도 시대에 일본에서는 울릉도를 '다케시마(竹島)'라고 부르고, 독도를 '마쓰시마(松島)'라고 불렀다. 전근대에 울릉도는 '礒竹島' 또는 '磯竹島'라 불리기도 했다.

던 돗토리 번(鳥取藩) 조닌(町人)의 울릉도 도해를 금지한다는 결정을 내렸다. 그리고 이러한 막부의 결정이 쓰시마 번을 통해 조선에 전달됨으로써, 조선과 일본 간에 울릉도의 소속을 둘러싸고 시작된 수년간의 외교교섭이 공식적으로 마무리되었다.

종래 조선시대 울릉도 도항에 관해서는 독도의 영유권 소재(所在)를 강조하려는 시각이 주류를 이룬 결과, 17세기 말 안용복의 일본 도항 및 일본에서의 활동3)에 관심이 집중되어 왔다. 그런데 당시 일본인들은 대체 왜 조선의 영토인 울릉도에 와서 버젓이 어로활동을 하고 있었으며, 무슨 이유로 조선인 두 명을 일본으로 연행했던 것일까. 이 사건이 발생한 연유를 정확하게 이해하기 위해서는 당시 울릉도가 어떤 상황에 놓여있었는지를 먼저 살펴봐야 할 것이다.

제1장에서는 조선시대 초기부터 울릉도쟁계 발생시기까지 조선정부의 울릉도 관리 정책을 개관하고, 동시기 일본 측의 울릉도 도항은 어떠했는지 검토하고자 한다.

2. 조선의 울릉도 정책

울릉도쟁계가 발생했을 당시 울릉도의 상황이 어떠했는지를 이해하기 위해서는 먼저 조선정부의 울릉도 정책4)을 살펴볼 필요가 있다.

---

3) 안용복은 1696년 동료들과 함께 일본 오키 섬에 도항하여 '竹嶋(울릉도)와 松嶋(독도)가 강원도에 속한다'고 기록된 문서를 일본 측에 제출했다. 그 자세한 경위에 관해서는 4장에서 상세히 검토할 것이다.

4) 조선정부의 울릉도 정책에 관한 연구성과로는 김호동, 「李奎遠의 '鬱陵島 檢察' 활동의 허와 실」, 『대구사학』 71, 2003 ; 同, 「조선초기 울릉도·독도에 대한 '空島政策' 재검토」 『민족문화논총』 32, 2005 ; 유미림, 「장한상의 울릉도 수토와

울릉도에 관해 조선조정의 조치가 취해진 것은 태종(太宗) 때부터이다. 1403년 태종이 '강릉도(江陵道) 무릉도(武陵島 : 울릉도)의 주민을 육지로 이동시키라'는 명을 내린[5] 이후 조선정부는 울릉도로의 이주를 금지함은 물론 울릉도의 거주민을 색출하여 내륙으로 이주시키는 '쇄환(刷還)' 내지는 '쇄출(刷出)'을 실시하였다. 『태종실록』을 인용하면 다음과 같다.

김인우(金麟雨)를 무릉(武陵) 등지 안무사(安撫使)로 삼았다. (중략) 김인우가 또 아뢰기를, "무릉도가 멀리 바다 가운데에 있어 사람이 서로 통하지 못하기 때문에 군역(軍役)을 피하는 자가 혹 도망하여 들어갑니다. 만일 이 섬에 주접(住接)하는 사람이 많으면 왜적이 끝내는 반드시 들어와 도둑질하여, 이로 인하여 강원도를 침노할 것입니다." 하였다. 임금이 옳게 여기어 김인우를 무릉 등지 안무사로 삼고 이만(李萬)을 반인(伴人)으로 삼아, 병선(兵船) 2척, 초공(抄工) 2명, 인해(引海) 2명, 화통(火通)·화약(火藥)과 양식을 주어 그 섬에 가서 그 두목(頭目)에게 일러서 오게 하고, 김인우와 이만에게 옷[衣]·입(笠)·화(靴)를 주었다.[6]

쇄출정책을 취한 이유는 첫째 울릉도가 육지에서 멀리 떨어져 사람

수토제의 추이에 관한 고찰」『한국정치외교사논총』31, 2009 ; 배재홍, 「조선후기 울릉도 수토제 운용의 실상」『대구사학』103, 2011 ; 손승철, 「중·근세 조선인의 島嶼경영과 경계인식 고찰」『한일관계사연구』39, 2011 ; 송병기, 『울릉도와 독도 그 역사적 검증』, 역사공간, 2010 등이 있다. 송병기의 저서는 고대부터 조선의 개항기에 이르기까지 역대 정부의 울릉도 정책을 상세하게 검토하였다.
5) 『태종실록』3년(1403) 8월 丙辰條.
6) 『태종실록』16년(1416) 9월 庚寅條.

의 왕래가 없기 때문에 軍役을 피하여 울릉도로 도망가는 자가 있었고, 둘째 울릉도에 거주민이 증가하면 왜구가 울릉도를 약탈할 위험성이 높아지고 그러다보면 왜구가 강원도까지 침략하게 될지도 모른다는 우려에서였다.

주지하는 바와 같이 고려 말·조선 초는 한반도가 왜구의 빈번한 침탈로 인해 정치적으로나 경제적으로 극심한 피해를 입은 시기였기에, 울릉도를 비워두는 편이 왜구의 침탈을 방지할 수 있다고 판단한 것이다. 실제로 1379년에는 왜구가 울릉도를 침략하여 보름이나 머물다 돌아갔다고 한다.[7] 조선 초 정부의 입장에서 볼 때 내륙에서 멀리 떨어진 울릉도는 군역 기피자들의 도피처이자 왜구 침탈지로 인식되었던 것이다.

실제로 고려 말과 조선 초기에 울릉도뿐만 아니라 몇몇 섬들을 대상으로 주민들을 육지로 소개(疏開)하는 시책이 시행된 적이 있었다. 이것은 거의가 왜구의 침탈로부터 도서 주민의 재산과 생명을 보호하기 위한 비상조치였다. 조선 초기 울릉도에 취해진 조치도 그러한 도서정책의 일환이었다고 보아야 할 것이다.

그러나 주민을 육지로 이주시키는 조치는 조선조 전시대를 통해 고정된 것이 아니었으며, 모든 도서지역을 대상으로 공포된 것도 아니었다. 주민 소개정책은 어디까지나 개별적인 조치로 시행되었다. 따라서 후일 주민의 거주와 개발을 적극 허용하는 쪽으로 방침이 전환된 섬도 존재했다.[8]

---

7) 『고려사』 권134, 列傳47, 辛禑 5년 7월조.
8) 신명호, 「조선 초기 중앙정부의 경상도 海島政策을 통한 空島政策 재검토」 『역사와 경계』 66, 2008 참조.

그렇다면 울릉도의 경우는 어떠했을까. 태종은 1416년 앞에서 인용한 바와 같이 울릉도에 관해 잘 알고 있는 삼척 전(前) 만호(萬戶) 김인우(金麟雨)를 '무릉등처안무사(武陵等處安撫使)'에 임명하여 울릉도 거주민의 수를 파악하게 하고 그들을 데려오게 했다. 김인우는 태종조과 세종조에 걸쳐 수차례 울릉도에 파견되어 울릉도에 있는 남녀 거주민을 쇄출하여 데려왔다.[9]

한편 세종 치세기에 울릉도를 관할하는 강원도 관찰사 유계문(柳季聞)은 1436년 세종에게 보고서를 올려 "울릉도는 토지가 비옥하고 산물이 많이 나며 동서남북이 각각 50여 리나 된다. 사면이 바다이고 석벽(石壁)으로 둘러싸여 있어 선박이 정박할 만한 곳도 있으니 청컨대 백성을 모집하여 이곳을 채우고 만호(萬戶), 수령(守令)을 두면 실로 장구지책이 될 것입니다"라고 건의한 적이 있었다. 울릉도에 백성과 관리를 거주시키자는 의견이었지만 세종은 이를 윤허하지 않았다.[10]

세종도 한편으로는 왜인이 무인도가 된 울릉도를 점거하게 될 가능성을 우려하기는 했지만 백성의 이주와 지방관의 배치에 어려움이 따른다는 판단 하에 관원을 파견하여 순찰하는 쪽을 선택하였다.

이렇게 해서 울릉도를 순찰하기 위하여 관리가 파견되어 울릉도와 주변 도서를 점검하는 행위가 간헐적으로 이루어지기는 했지만, 조선 전기에 그러한 순찰이 정기적으로 행해진 것은 아니었다. 조선 초에 시작된 울릉도 쇄환정책은 그 이후에도 계승되어 갔고, 그 결과 울릉도는 주민이 거주해서는 안 되는 섬이 되었다.

---

9) 『태종실록』 17년(1417) 2월 壬戌條 ; 『세종실록』 7년(1425) 8월 甲戌條.
10) 『세종실록』 18년(1436) 윤6월 甲申條.

『조선왕조실록』을 펼쳐보면 울릉도 관련 기사는 조선 초부터 1510년대(중종대)까지 꾸준하게 등장하다가 그 이후부터 급감하는 양상을 보인다. 16세기에 들어서면 중앙정부가 울릉도에 관리를 파견했다는 기록 자체를 찾아보기가 어려울 정도이다. 이것은 추측컨대 왜구의 침탈이 점차 감소하는 추세를 보이면서 울릉도가 왜구에 의해 침탈당할 가능성에 대한 우려가 감소했기 때문일 것이다. 또한 16세기 말에서 17세기 초반까지 조선은 임진왜란과 호란이라는 대외전쟁을 치러내며 국가적인 위기상황에 대처하느라 변방인 울릉도에 대한 조정의 관심이 현격하게 저하했기 때문이었을 것이다.

이처럼 『조선왕조실록』에 1510년대 이후 울릉도에 관한 기사가 적다보니 해당시기에 울릉도 순찰이 과연 어떤 형태로 이루어졌는지는 알 수 없다. 『조선왕조실록』에서 울릉도 관련 기사가 다시 본격적으로 등장하기 시작하는 것은 숙종대인 1693년, '울릉도쟁계'가 발생하면서부터이다.

한편 조선정부가 주민의 거주를 금지하는 방침을 견지하고 있기는 했지만 울릉도가 육지에서 멀리 떨어져 있는데다 관리가 상주하는 것도 아니었기 때문에 사실상 사람들의 도항을 즉각적으로 통제하는 것은 매우 어려웠을 것으로 추정된다. 그런 울릉도는 예로부터 목재, 향죽(香竹), 산삼 등의 육지 산물과 전복과 같은 해산물이 풍부하여, 이 사실이 중앙에 보고되기도 했다.[11]

이처럼 해륙의 산물이 풍부한 울릉도는 '孤島'이자 공식적인 '무인도'인 탓에, 역설적이지만 몰래 도항하기에 좋은 조건을 두루 갖춘 셈이었다. 정부의 시책에 반해 도항의지를 가진 자들에게는 수익성이

---

11) 『세종실록』 18년(1436) 윤6월 甲申條 ; 『세종실록』 20년(1438) 4월 甲戌條.

보장된 '보물섬'이나 다름없었다고나 할까.

울릉도에 관한 이러한 정보가 중앙에 보고되었을 정도면 조선의 연해민들이 그것을 모르고 있었을 리 만무하다. 울릉도 해류의 풍부한 산물을 획득하기 위해 몰래 도항을 감행하는 사람들은 실제로 존재했다. 1693년 울릉도에 갔다가 일본으로 연행된 안용복과 박어둔이야말로 그러한 사람들 중 일부였다.

3. 일본과 울릉도의 관련성

그런데 울릉도의 풍부한 산물을 손에 넣고자 했던 것은 조선인뿐만 아니라 일본인도 마찬가지였다.

울릉도에 일본인들이 출입하기 시작한 것은 언제부터였을까. 일본의 문헌에 울릉도와의 관계가 처음 나오는 것은 11세기이다. 『權記』[12] 1004년 3월 7일 기사에는 '因幡國(돗토리 현)에 우릉도인(于陵島人) 11명이 표착했다'는 문언이 등장한다. 다보하시 기요시(田保橋潔)는 이 구절에 의거하여 "전후 사정으로 생각해보면 울릉도의 존재를 산인도(山陰道)의 어민들은 이미 상대(上代)부터 알고 있어서 오키(隱岐), 독도, 울릉도를 경유하여 조선의 경상도, 강원도에 이르는 해로를 발견했을 것이다"라고 추측했다.[13]

---

12) 『權記』는 헤이안 시대 중기에 활약한 후지와라노 유키나리(藤原行成)가 쓴 일기이다. 집필 시기는 유키나리의 전성기로, 당시의 정무 운영 양상이나 권력의 중추·궁정의 심층을 파악하기 위한 일급 사료이다. 991년에서 1011년까지의 기록이 현존한다.

13) 內藤正中外, 『史的檢證 竹島·獨島』, 岩波書店, 2007, p.15.

특히 일본의 산인(山陰) 지방, 즉 동해(東海)에 면하고 있는 지금의 돗토리 현, 시마네 현(島根縣), 야마구치 현(山口縣) 지역 사람들은 일찍부터 무인도나 다름없던 울릉도에 출입하고 있었다. 예를 들어 16세기 말 호키(伯耆 : 돗토리 현) 지역에서는 울릉도산 인삼이 유통 되고 있었다고 하니, 이것은 약재로 가치가 높았던 인삼을 채취하기 위해 울릉도까지 건너가는 일본인들이 있었다는 증거이다. 1618년에 는 현재의 시마네 현 마쓰에 시(松江市)의 주민이 울릉도에 출어하려 다 표류하여 조선에 표착하는 일이 발생하기도 했다.[14]

심지어 울릉도에서 생활하는 일본인조차 있었던 듯하다. 『對州編年略』에 의하면 1620년 쓰시마 번의 야자에몬(弥左衛門), 진에몬(仁右衛門) 두 사람이 磯竹島(울릉도)에 있다가 쓰시마 번 무사들에게 체포되어 교토(京都)에서 처벌되는 사건이 있었다.[15] 『通航一覽』의 편자는 이 사건을 잠상(潛商)으로 추정했지만,[16] 『對州編年略』과 현재 전승되는 쓰시마 번의 문헌에서 그들이 잠상을 했다는 기록을 필자는 아직 발견하지 못했다. 다음은 쓰시마 번 종가기록(宗家記錄)의 관련 사료 이다.

겐나(元和) 6년(1620) 경신(庚申), 다이토쿠인(台德院 : 德川秀忠) 님 께서 의죽도(礒竹島)에 있던 일본인 야자에몬(弥左衛門)·진에몬(仁右衛門)이라는 자를 잡아오도록 요시나리(義成) 님께 명하셨다. 의죽도는 조선국(朝鮮國)의 울릉도(鬱陵嶋)라고 하는 곳으로, 상세하게 조선의

14) 辻善之助編, 『多聞院日記』, 三敎書院, 1938 ; 池內敏, 『大君外交と武威』, 名古屋大學出版會, 2006, p.264, p.390.
15) 鈴木棠三, 『對州編年略』, 東京堂出版, 1972, pp.244~245.
16) 『通航一覽』 第三, pp.511~512.

문헌 『지봉유설(芝峰類說)』에 보인다.[17]

위 사료에 의하면 1620년 다이토쿠인(台德院) 즉 쇼군 히데타다(秀忠)가 의죽도(울릉도)에 있던 야자에몬과 진에몬을 체포하여 오도록 쓰시마 번주 소 요시나리(宗義成)에게 명하였다고 한다. 막부가 개입된 사건이었다.

그런데 1617년 조선통신사 종사관(從事官) 자격으로 일본에 다녀온 이경직(李景稷)의 『부상록(扶桑錄)』에도 '蟻竹弥左衛門'에 관한 구절이 나온다. 『부상록』에 의하면, 이경직은 통신사행이 귀국하는 길에 쓰시마 번주 소 씨(宗氏)의 중신 야나가와 시게오키(柳川調興)로부터 울릉도에 관해 다음과 같은 이야기를 들었다.

예전에 히데요시가 있을 때의 일인데, 왜인 하나가 의죽도(蟻竹島)에 들어가 재목과 갈대를 베어오기를 자원했습니다. 혹은 참대(篁)처럼 큰 것이 있어서 히데요시가 크게 기뻐하여 이어 蟻竹弥左衛門이라고 명명하고, 야자(弥左)에게 그것으로 생활하게 하고는 해마다 바치도록 정했습니다. 얼마 되지 않아 히데요시가 사망하고 야자(弥左)도 잇달아 세상을 떠나 다시는 왕래하는 사람이 없었는데 이에야스(家康)가 이 말을 듣고 먼저 와서 뵙옵도록 했던 것입니다.[18]

---

17) 對馬藩 宗家記錄, 『元和六年庚申磯竹島弥左衛門仁左衛門被召捕候時之覺書一冊御狀三通此內入』, 국사편찬위원회 소장, 기록류 No.6580. 원문은 다음과 같다. "元和六年庚申台德院樣より、磯竹島ニ罷在候日本人弥左衛門仁右衛門與申者、召捕差上候樣ニ與、義成樣へ被仰付候、磯竹島ハ朝鮮國之內鬱陵嶋與云所ニ而候、審ニ朝鮮本芝峰類見ヘタリ、(후략)"

18) 민족문화추진회 편, 『국역해행총재 3』, 아름출판사, 1977, p.130.

의죽도에 관한 야나가와 시게오키의 언급이 맥락 없이 기재되어 있어서, 야나가와가 갑자기 과거 의죽도에 관한 일화를 화제꺼리로 삼은 이유가 무엇인지 불분명하다. 게다가 이에야스와 관련된 마지막 부분도 문의(文意)가 불분명하여 위의 일화에서 어디까지가 사실인지 확정짓기가 곤란하다. 하지만 앞서 인용한 종가(宗家)기록에 나온 야자에몬(弥左衛門)과 『扶桑錄』의 야자(弥左)는 동일한 인물로 추정된다.

또한 쓰시마 번은 후일 17세기 말에 울릉도쟁계가 발생했을 때에도 야자에몬(弥左衛門) 사건을 '울릉도와 관련된 과거의 사건'으로 회상하고 있었다. 1693년 일본에 연행된 조선인(안용복, 박어둔)의 귀국과 관련하여 막부가 쓰시마 번에게 '다시는 竹島(울릉도)에 오지 않도록 조선에 전하라'고 명하자, 쓰시마 번주 소 요시자네(宗義眞)는 다음과 같은 반응을 보였다.

竹嶋는 이소타케시마(磯竹嶋)라고도 하며, 지난번 다이유 대군(大猷大君 : 家光) 때 그 섬에 살고 있던 이소타케 야자에몬(磯竹弥左衛門)·진자에몬(仁左衛門)이라는 자를 붙잡아서 보내도록 고운인 공(光雲院公 : 宗義成)에게 지시하시어 즉시 우리 쪽에서 체포하여 보낸 일이 있다. 그런데 竹嶋를 일본의 호키(伯耆) 지역 내의 섬이라고 막부가 판단했다면 호키노카미 님(돗토리 번주)에게 야자에몬·진자에몬을 체포해서 보내도록 지시하셨을 텐데, 쓰시마 번에 분부하신 것은 조선의 竹嶋라고 판단하셨기 때문이라고 생각된다. 그러니 이상의 전말(顚末)을 일단 막부에 문의하여 막부의 의중을 잘 들어본 다음 조선에 전달해야 한다.19)

죽도가 울릉도의 이칭(異稱)이라는 사실을 알고 있던 쓰시마 번은 '그곳에 조선인이 가지 않도록 조선정부에 전하라'는 막부의 지시를 받고, 이를 의아하게 여기며 어리둥절했던 것이다.[20] 어쨌거나 1620년 이전 시기에 울릉도에서 생활하거나 또는 활동하는 일본인이 있었던 것은 사실인 듯하다. 아마도 히데요시 정권기에 야자에몬(弥左衛門)이라는 인물이 울릉도 도항과 관련된 모종의 권리를 갖고 있었으나, 정권교체 등 상황이 변화하면서 도쿠가와 정권이 그의 특권을 박탈한 것으로 보인다.[21]

『長生竹島記』[22]에 의하면, 돗토리 번의 오야·무라카와 가문이 막부의 허가를 얻어 울릉도에 도항하기 시작한 이래 섬의 여기저기를

---

19) 宗家記錄, 『元祿六癸酉年竹嶋一件拔書』, 長崎縣對馬歷史民俗資料館 소장, 記錄類 Ⅱ, 조선관계, R2.

20) 요시자네는 과거 이소타케 야자에몬·진자에몬 사건을 떠올리며 그 때의 사건 처리방식은 바로 막부가 죽도를 조선의 영토라고 판단했음을 의미한다는 결론을 이끌어냈다. 이것은 울릉도에 대한 막부의 영토 인식의 일단, 즉 그것이 연속성을 결여하고 있었음을 엿볼 수 있는 흥미로운 구절이다. 또한 이러한 여러 가지 사실들을 모두 파악하고 있던 쓰시마 번이 그 후 울릉도쟁계 교섭에서는 조선으로 하여금 울릉도를 일본의 영역으로 인정시키려 했다는 점도 흥미롭지 않을 수 없다. 울릉도쟁계 외교교섭에서 막부와 쓰시마 번의 움직임에 관해서는 제3장을 참조.

21) 中村榮孝, 『日鮮關係史硏究』下, 吉川弘文館, 1969, pp.454~458에 의하면 울릉도 야자에몬(弥左衛門)에 관한 전승은 기록에 따라 다양하다. 예를 들어 釜山甲寅會 編, 『日鮮通交史』는 「柚谷記」를 인용하여 '鷺坂弥左衛門 父子가 礒竹島(울릉도)에 은거하고 있었다'고 소개했다. 관련사료는 鈴木棠三, 『對州編年略』, 東京堂出版, 1972, pp.244~245 ; 『通航一覽』 第3, pp.511~512 ; 對馬藩 宗家記錄, 『元和六年庚申礒竹島弥左衛門仁左衛門被召捕候時之覺書一冊御狀三通此內入』, 앞의 사료.

22) 『長生竹島記』(국사편찬위원회 소장, 등록번호 74364)는 17세기 돗토리 번 오야 가문의 울릉도 도항 선박에 고용되곤 했던 오키 섬의 어부 이타야(板屋)라는 자가 말한 체험담을, 이즈모타이샤(出雲大社)의 神官 야다 타카마사(矢田高当)가 1801년에 정리한 것이다.

둘러보던 선원들이 오사카(大坂)의 도쿠헤이(德兵衛)라는 사람의 묘비를 발견했다. 도쿠헤이라는 인물의 묘비가 언제, 어떤 경위로 울릉도에 만들어졌는지는 알 수 없지만, 적어도 두 가문 이외에도 울릉도에 출입하는 일본인이 있었다는 것을 의미한다.

또한 후술하는 바와 같이 돗토리 번의 선원들은 1692년과 1693년 울릉도에 도착하여 수십 명의 조선인들이 어로 활동을 하고 있는 장면을 목격했으니 이 무렵에는 조선인들이 집단으로 울릉도에 도항하고 있었다.

이처럼 조선의 연해민과 일본의 산인 지방 주민들에게 울릉도는 일찍부터 활용가치가 높은 섬으로 알려졌고, 여건만 갖추어지면 독자적으로 도항하는 것도 가능했다. 그러던 중 울릉도의 잠재된 가치에 주목하여 공식적인 움직임을 취하는 사람들이 나타나기에 이르렀다. 그들은 현재 돗토리 현이자 에도 시대에 돗토리 번에 위치하던 요나고(米子)에 거주하는 조닌(町人) 오야(大谷) 씨와 무라카와(村川) 씨였다.

제2장에서는 오야 씨와 무라카와 씨가 막부의 허가를 얻어 울릉도에 도항하게 된 정황을 상세히 검토할 것이다.

제2장
돗토리 번(鳥取藩) 조닌(町人)의 울릉도 도항

1. 머리말

돗토리 번 요나고(米子)의 조닌(町人) 오야 씨(大谷氏)와 무라카와 씨(村川氏)는 1696년 막부에 의해 도해금지령이 하달되기까지 약 70년 동안 울릉도에 도항하여 해륙(海陸)의 산물을 채획하였다.[1]

종래 이 사실은 독도 영유권 연구에서 다루어져 왔다. 일찍이 가와카미 겐조(川上健三)[2]는 1966년에 돗토리 번정(藩政) 사료와 해당 조닌 가문의 고문서를 활용하여, 17세기 두 가문의 울릉도 도해 양상

---

1) 오야 씨와 무라카와 씨의 울릉도 도항에 관한 연구논저로는 川上健三, 『竹島の歷史地理學的硏究』, 古今書院, 1966 ; 梶村秀樹, 「竹島＝獨島問題と日本國家」『朝鮮硏究』 182, 1978 ; 內藤正中外, 『史的檢證 竹島・獨島』, 岩波書店, 2007 ; 池內敏, 『大君外交と武威』, 名古屋大學出版會, 2006 ; 鳥取縣立公文館縣史編纂室編, 『江戸時代の鳥取と朝鮮』, 綜合印刷出版株式會社, 2010 ; 이계황, 「일본인의 울릉도 도해와 조・일 외교교섭」『일본역사연구』 33, 2011, pp.80~85 ; 최은석, 「안용복 사건의 무대 − 17세기 돗토리번과 오키국」『역사와 지리로 본 울릉도・독도』, 동북아역사재단, 2011 등이 있다.

2) 가와카미 겐조(川上健三)는 교토(京都) 대학 문학부 사학과에서 지리학을 전공했다. 참모본부, 대동아성에서 근무했고 戰後 외무성 조약국 참사관, 소련공사를 역임했다. 가와카미는 패전 직후부터 외무성에서 일본 주변 섬들의 역사지리학적 조사, 연구에 전념했다. 저서 『竹島の歷史地理學的硏究』(古今書院, 1966)를 펴내고 교토 대학에서 문학박사학위를 취득했다. 이형식, 「패전 후 일본학계의 독도문제 대응 − 1945~1954」『영토영해연구』 1, 2011, p.15 참조.

에 관해 상세한 연구결과를 발표한 바 있다. 선구적인 시도이기는 했으나 그의 연구는 일관되게 독도가 역사적, 지리적으로 일본의 영토라는 점을 강조하는 것이 목적이었고, 17세기에 이루어진 두 가문의 울릉도 도항 역시 그러한 시각에서 다루어졌다.

그런 까닭에 그의 연구 성과는 이후 연구자들에 의해 보다 면밀한 문헌 고증을 거쳐 문제점이 지적되었고 수정의견이 제시되기도 했다. 그러나 동시에 가와카미의 연구 성과에는 현재에도 일본정부의 공식 견해로써 계승되고 있는 부분이 존재하고 있는 것도 사실이다.

독도 문제에 관한 일본 측 주장에 논리적인 근거를 제공했다는 점에서, 가와카미의 연구에서 제시된 기본 논점에 관해서는 지속적인 재고가 있어야 할 것이다. 필자는 2장에 이은 「보론(補論)」을 통해 가와카미가 역사학의 관점에서 전(前) 근대 시기의 松島(독도)를 일본 영토로 규정하는 주요 논점 세 가지를 비판적으로 검토하고자 한다.

어쨌거나 가와카미 겐조를 비롯하여 이후의 연구 성과에서 보이는 공통점은 오야 씨와 무라카와 씨의 울릉도 도항을 '근대 이전의 독도 영유권'이라는 한정된 시각에서 다루거나, 또는 17세기의 울릉도쟁계를 설명하기 위한 배경으로 기계적으로 인용하는 경우가 대부분이라는 점이다.

그러나 두 가문이 울릉도에서 채획한 해류의 산물은 그 수량이 적지 않았을 뿐만 아니라 근세 일본사회 내에서 다양한 형태로 소비되었다. 또한 그들은 막부의 인가를 받은 '울릉도 도항'이라는 권한을 매개로 하여 다이묘 령의 일개 조닌으로서는 파격적인 대우와 권한을 누렸다. 17세기 말 막부에 의해 두 가문의 울릉도 도항이 금지된 이후에도 돗토리 번과 막부는 두 가문과 모종의 형태로 연결되어 있었다. 헌데 한국학계에서는 그들의 울릉도 도항에 관한 일본 사료의 분석을 토대로 한 연구가 아직은 취약한 관계로, 이러한 사실들을 본격적으로 검토한 전론(專論)은 거의 없는 상황이다.

제2장에서는 근세 일본사회의 돗토리 번 조닌과 울릉도의 관련성에 주목하고자 한다. 구체적으로는 두 가문의 내력, 17세기 초 그들이 울릉도에 도항하게 된 경위, 막부와의 관계, 채획한 울릉도 산물의 종류와 활용 실태, 울릉도 도항이 금지된 이후 두 가문의 행보 등을 검토하고자 한다.

이는 환동해권에서 일본과 울릉도를 연결하는 경로를 통해 사람과 물(物)이 어떻게 왕래하였는지를 밝히는 작업으로, 울릉도가 근세 일본사회에 끼친 영향과 양자의 관련성이 드러날 것이다. 또한 이 작업은 조선 측 문헌에는 기록되지 않은 '17세기 울릉도를 둘러싼 상황'을 엿보는 기회가 될 것이다.

2. 오야·무라카와 가문의 내력과 울릉도 출어

먼저 오야·무라카와 가문이 울릉도에 도항하게 된 경위를 이해하기 위해 그들의 거주지인 돗토리 번에 관해 간략하게 살펴볼 필요가 있다.

돗토리 번은 이나바노쿠니(因幡國)와 호키노쿠니(伯耆國)를 영유하는 번으로, 1600년 세키가하라(關ヶ原) 전투 후 오카야마 번(岡山藩) 이케다(池田)가문 종가초대(宗家初代)에 해당하는 이케다 데루마사(池田輝政)의 동생 이케다 나가요시(池田長吉)가 6만석으로 입봉(入封)하여 입번(立藩)한 곳이다.[3]

이케다 데루마사는 히메지(姬路) 번주로 히메지 성(姬路城)을 현재

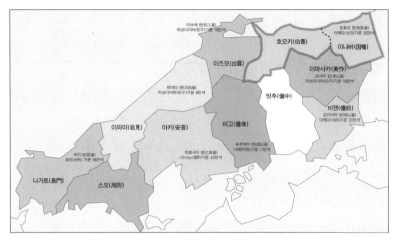

돗토리 번(鳥取藩)의 위치

의 모습으로 대대적으로 수축한 인물로도 유명하다. 이케다 가문은
히메지 번 52만석에 데루마사의 차남 다다쓰구(忠継)의 오카야마 번
(岡山藩) 28만석, 삼남 다다카쓰(忠雄)의 아와지스모토 번(淡路洲本藩)
6만석, 동생 나가요시(長吉)의 돗토리 번 6만석을 합하여, 일족이 도합
92만석에 이르는 거령(巨領)을 영유했다.

　이처럼 돗토리 번은 이케다 데루마사를 원류로 한 이케다 씨 일족이
지배하는 곳으로, 적어도 근세 초기에는 막부의 정치적인 판단과 필요
에 따라 히메지 번 또는 오카야마 번과의 전봉(轉封)에 의해 번주가
서로 교체되는 특성을 갖고 있었다. 또한 돗토리 이케다 가문은 데루
마사와 막부의 초대 쇼군 도쿠가와 이에야스의 차녀(次女) 도쿠히메
(督姫) 사이에서 태어난 다다카쓰(忠雄)의 가계라는 이유로, 도자마
(外樣) 다이묘이면서 마쓰다이라(松平) 성(姓), 도쿠가와 가문(家紋,

<hr />

3) 돗토리 번에 관해서는 『國史大辭典』 10卷, 吉川弘文館, 1989, pp.388~389 참조.

葵紋), 그리고 신판(親藩)에 준하는 가격(家格)을 부여받았다.

오야 씨의 선조는 전국시대(戰國時代) 초기까지는 와다(和田) 성(姓)을 칭하였다. 와다 가문은 이즈미노쿠니(和泉國 : 오사카 부)의 호족이었으나 1399년 오에이(應永)의 난에서 패배하여 일족의 대가 거의 끊어지고 어린 료세이(良淸) 혼자 살아남았다. 성인이 된 료세이는 1466년 기소(木曾) 후쿠시마(福島) 가문의 부름을 받아 3,000관(貫)의 식지(食地)를 받고 가신이 되었으나 후쿠시마 씨를 둘러싼 음모에 연루되어 사직하고, 다지마노쿠니(但馬國 : 효고 현) 오야타니(大屋谷)라는 곳에 칩거했다.

그 사이에 호키노쿠니(伯耆國 : 돗토리 현) 오다카(尾高 : 요나고 시 소재) 성주(城主) 스기하라(杉原) 가문에서 여러 번 출사(出仕)하도록 요청했으나 료세이는 '두 명의 주군을 섬길 수는 없다'며 거절하고, 대신 손자 겐바(玄番)를 출사하도록 했다. 그리고 이전의 주군을 배려하여 본성인 와다를 사용하지 않고 칩거지의 명칭을 따서 오야 겐바(大谷玄番 : 大谷玄番尉勝眞)라고 칭하도록 했다. 겐바는 가로(家老)의 상석(上席)에 위치하는 좋은 대우를 받았다.

얼마 지나지 않아 스기하라 가문의 총령(總領)이 사망하자 스기하라 모리시게(杉原盛重)가 깃카와 모토하루(吉川元春)[4]의 추거로 가독(家督)을 상속하고 겐바는 그 보좌로 활약했다. 모리시게가 전사(戰死)하고, 이윽고 모리시게의 두 아들 사이에서 상속 분쟁이 일어나 스기하라 가문은 혈맥이 단절되었다. 그러자 겐바는 '우리들은 정말 무운(武運)이 없다. 할아버지, 아버지, 그리고 나까지 한 번도 아니고

---

4) 깃카와 모토하루(吉川元春)는 전국시대의 무장(1530~1586)으로 모리 모토나리(毛利元就)의 차남이다. 동생인 고바야카와 다카카게(小早川隆景)와 함께 모리 씨 발전의 기초를 닦은 名將이다. 주로 산인 지방의 사령관으로 공헌했다.

두 번이나 주군을 버리지 않으면 안 되는 불운에 처하게 되었다. 지금 뜻을 다시 세워도 만일 가문의 이름을 더럽히게 되면 할 말이 없게 된다. 일족이 다시 무(武)를 버리기로 하자'고 결의하고, 아들 두 명을 조카 진키치(甚吉)에게 맡긴 후 호키노쿠니 요나고(米子)로 이주하게 했다.5)

오야 진키치는 오야 가문의 고문서에는 처음으로 울릉도를 목격한 인물이자, 후일 막부가 발급한 '죽도도해면허'에는 울릉도 도해를 상신한 인물로 기록되어 있다. 그가 요나고로 이주한 시기는 에이로쿠(永祿 : 1558~1570) 년간이다. 요나고의 나다마치(灘町)에 거처를 정하고 회선업(廻船業)6)을 일으켜 산인(山陰) 지방에서 호쿠리쿠(北陸)의 오우(奧羽) 지역으로 쌀, 술 등의 물자를 운반하는 일에 종사했다.

지금의 동해 지역을 중심으로 하여 회선을 운항하는 일에 뛰어든 것인데, 1617년 에치고(越後 : 니가타 현)에서 돌아오는 길에 진키치의 배가 폭풍을 만나 며칠을 표류하다가 울릉도에 표착했다. 섬의 곳곳을 둘러 본 그는 이 섬이 무인도이며 취할 만한 토산품이 많다는 사실을 깨달았다. 진키치는 본거지인 요나고로 귀환한 후 본격적인 울릉도 도해를 계획하게 되었다.

마침 당시 돗토리 번에서는 전봉(轉封)에 의한 번주의 교체 및 요나

---

5) 와다 료세이(和田良淸)부터 오야 겐바(大谷玄番)의 조카 오야 진키치(大谷甚吉)가 요나고로 이주하기까지의 과정은 大谷文子, 『大谷家古文書』, 久保印刷所, 1984, pp.30~32를 참조.

6) 廻船(回船)이란 일본의 연안 항로를 따라 여객이나 화물을 운송하는 선박이다. 중세 이래 발달하여 근세에는 諸國의 항구와 오사카·에도·쓰루가(敦賀 : 후쿠이 현 남부 쓰루가 만에 면한 항구도시) 등 중앙의 항구들을 연결하여 매우 번성하였다. 근세에는 히시가키(菱垣) 회선·다루(樽) 회선 외에 니시마와리(西廻り) 항로, 히가시마와리(東廻り) 항로, 홋코쿠카이센(北國廻船)이 성립하여 선박에 의한 수송망이 발달했다.

고 성주의 교체라는 중대사가 진행되고 있었다. 돗토리 번의 2대 번주 이케다 나가유키(池田長幸)가 1617년 빗추마쓰야마 번(備中松山 藩)으로 전봉이 되고, 히메지 번 2대 번주 이케다 도시타카(池田利隆) 의 적남(嫡男)인 이케다 미쓰마사(光政)가 32만석을 부여받아 돗토리 번에 입봉(入封)한 것이다.

히메지 번주 이케다 도시타카의 적남이었던 이케다 미쓰마사는 1616년 부친 도시타카가 사망하자 곧이어 막부로부터 가독상속을 허가받고 7세의 나이로 유령(遺領)을 상속하여 42만석의 히메지 번주 가 되었다. 그러나 1617년 연소(年少)하다는 이유로 돗토리 번 32만석 으로 감봉(減封)되어, 1618년 3월 돗토리 성(鳥取城)에 입성했다.[7]

돗토리 번주로 재임하던 이케다 미쓰마사는 그 후 1632년 오카야마 성주(岡山城主) 이케다 다다카쓰(池田忠雄)가 사망하자 그의 후계자인 미쓰나카(光仲)가 어리다는 이유로 막부의 명령으로 1632년 7월 다시 오카야마로 옮겨갔다. 그 후 미쓰마사는 오카야마 번 31만 5,200석의 실질적인 번조(藩祖)로서 50년에 걸쳐 번정 확립을 주도했다.

전국(全國) 통치에 있어 이케다 씨가 지배하는 오카야마 번과 히메

---

7) 이케다 미쓰마사의 돗토리 번주 재임기간은 1617~1632년이다. 돗토리 번주가 된 미쓰마사의 內情은 험난했다고 한다. 이나바(因幡)는 전국시대 모리 씨(毛利 氏)의 영향력이 강하기는 했지만 소영주가 할거하면서 분쟁하는 지역이라, 번주의 뜻대로 움직여지지도 않고 생산력과 연공 수납량도 상당히 저조했다. 게다가 10만석이 감봉되었는데도 히메지 번주 시절의 42만석 家臣을 거느리고 있었기 때문에 재정난도 심하고 영지 분배도 어려웠다. 그로 인해 가신의 俸祿은 히메지 번 시기의 6할로 감소했고, 하급무사는 城下에 거주할 장소가 없어서 토착하여 半農半土로 생활하게 되었다. 이윽고 1632년 오카야마 번주 이케다 다다카쓰(池田忠雄)가 사망하자 후계자인 미쓰나카(光仲)가 어리다는 이유로 막부는 미쓰나카를 돗토리 번으로 전봉하고 미쓰마사는 1632년 다시 오카야마로 전봉되었다. 『國史大辭典』 1卷, 앞의 책, p.475.

지 번을 주고쿠(中國) 지역의 전략적 요지(要地)로 인식하고 있던 막부는 두 번에 어린 번주가 취임하는 것을 꺼려하여, 이처럼 같은 이케다 씨 일족이 지배하는 돗토리 번을 전봉지로 활용한 것이다.

한편 요나고의 경우 에도 시대로 접어들면서 세키가하라 전투에서 동군(東軍)의 선진(先陣)으로 공을 세운 가토 사다야스(加藤貞泰)가 1610년 요나고 성 6만석을 영유하다가, 1617년 8월 이요노쿠니

이케다 미쓰나카(池田光仲) 초상화 돗토리 현립박물관 소장

(伊予國 : 에히메 현) 오즈(大洲)로 전봉되었다. 이케다 미쓰마사가 히메지번에서 돗토리 성으로 옮겨올 때 막부는 돗토리 번 내의 요나고 성, 구라요시 성(倉吉城), 시카노 성(鹿野城)의 조다이(城代)[8]를 각각 정하여 관리하게 했는데, 이때 요나고 성은 이케다 가문의 가로 이케다 요시나

---

8) 조다이(城代)는 중세, 근세의 일본에서 다이묘로부터 성곽 및 주변 영토의 수비를 하명받은 家臣을 말한다. 전국시대에는 슈고(守護)를 비롯하여 一國 이상의 지배영역을 가진 지역권력인 戰國 다이묘가 출현하였다. 전국 다이묘의 직할령 가운데 거점 성곽인 支城의 방비나 지성에 부속된 지배령의 지배와 관련하여, 다이묘 가문 當主로부터 공권력의 일부를 분할받은 가신을 조다이라 칭했다. 조다이가 지배하는 영역을 조다이료(城代領)라 한다.

리(池田由成)가 맡게 되어 미쓰마사가 오카야마로 다시 전봉되는 1632년까지 조다이(城代)로 주재(駐在)했다. 미쓰마사가 오카야마로 전봉된 후 메이지 유신에 이르기까지 요나고 성은 가로 아라오 씨(荒尾氏)가 조다이(城代)로 있었다.[9]

  막부는 돗토리 번에 막부의 하타모토(旗本) 아베 마사유키(阿部正之 : 1584~1651)를 조다이로 파견하여 구니가에(國替)가 원활하게 이루어지는지 감시하게 했다. 아베 마사유키는 2대 쇼군 히데타다(秀忠), 3대 쇼군 이에미쓰(家光)를 거치는 동안 쇼인반(書院番),[10] 쓰카이반(使番),[11] 메쓰케(目付)에 이른 인물로, 주로 다이묘의 개역·전봉(改易·轉封) 시의 검사(檢使)나 대규모 토목공사의 부교(奉行)로 활약했다.[12] 오야 가문은 울릉도 도항을 공식적으로 허가받기 위해 당시

<hr>

9) 米子市史編纂協議會, 『新修米子市史』 第二卷 通史編近世, 有限會社米子プリント社, 2004, p.44, pp.53~56. 에도 시대 돗토리 번은 번내 통치의 일환으로 가로직의 가신에게 번내에서 중요한 거점이 되는 마치(町)를 위임통치시키는 '自分手政治'를 실시했다. 이 제도는 寬永 9년(1632) 8월, 오카야마에서 이케다 미쓰나카(池田光仲)가 돗토리 성으로 옮긴 해부터 실시되어 메이지 2년(1869)에 폐지되기까지 240년간 계속되었다. 自分手政治가 행해진 곳은 요나고(米子), 구라요시(倉吉), 마쓰자키(松崎), 야하세(八橋), 우라도메(浦富) 등 다섯 지역으로, 요나고·구라요시는 아라오 씨(荒尾氏), 마쓰자키(松崎)는 와다 씨(和田氏), 야하세(八橋)는 쓰다 씨(津田氏), 우라도메는 오도노 씨(鵜殿氏)가 각각 통치했다. 이들 지역(町)에는 군부교(郡奉行)나 오쇼야(大庄屋)가 관할하는 在方村과는 달리 조카마치(城下町) 돗토리와 같은 취급을 받아 마치부교(町奉行)가 설치되어 있었다. 막부의 전국적인 법령이나 번의 법령, 통달 등은 군부교가 아닌 아라오 씨와 같은 통치자를 통해 발포되었고, 自分手政治가 행해지는 마치에 한정된 법령도 존재했다.

10) 쇼인반(書院番)은 도쿠가와 쇼군 직속의 친위대이다.

11) 쓰카이반(使番)이란 에도 막부 및 諸藩의 직명. 그 유래는 戰國時代에 전장에서 傳令이나 監察, 적군에 대한 사자 등을 담당하는 직책으로, 그것이 그대로 에도 막부와 제번에 계승되었다.

12) 『國史大辭典』 1卷, 앞의 책, pp.279~280. 아베 시로고로마사유키(阿倍四郎五郎正之)는 에도 하타모토가시라(旗本頭 : 쇼군 직속 가신단 하타모토의 대장격)로

돗토리 번에 체재중이던 아베에게 알선을 부탁했다.

오야케 문서(大谷家文書)에 의하면 아베로 하여금 막부에의 알선 역할을 수락하게 한 것은 겐바(玄番)의 장남 가쓰무네(勝宗)였다. 용건이 있어서 아베의 거관(居館)을 찾은 가쓰무네는 마침 그곳을 방문 중이던 무라카와 이치베(村川市兵衛)와 함께 울릉도 도해계획에 관해 상담했고, 아베가 주도하여 진키치와 이치베의 이름으로 막부에 청원하게 되었다. 아베는 처음 가쓰무네의 이름으로 막부에 청원할 것을 권했으나 그 때까지도 무사로서 출사(出仕)하려는 뜻을 품고 있던 가쓰무네는 이를 거절하고 대신 진키치의 이름을 넣었다고 한다.[13]

진키치와 이치베는 아베와 함께 에도로 가서 막부에 청원을 했고, 그 결과 막부는 1625년[14] 돗토리 번주 이케다 미쓰마사 앞으로 竹嶋(울릉도) 도해를 허가하는 로주(老中) 봉서(奉書)를 발급했다. 이 로주 봉서를 통상 '죽도도해면허(竹嶋渡海免許)'라 부르기도 한다.

호키노쿠니(伯耆國 : 돗토리 현) 요나고(米子)에서 竹島(울릉도)에 이전에 배로 도해하였고 이번에 도해하고 싶다는 뜻을 요나고(米子) 조닌(町人) 무라카와 이치베(村川市兵衛)와 오야 진키치(大屋甚吉)가

유명했던 인물이다. 초대 아베 시로고로마사유키의 장남이 마사쓰구(正繼)이고, 마사쓰구의 동생이 아베 주에몬(阿部忠右衛門), 곤파치로(權八郎)이다. 大谷文子, 앞의 책, p.118, 참조.

13) 大谷家文書, 『竹嶋渡海由來記拔書』, 九右衛門勝宗, 돗토리 현립박물관 소장, 受入 번호 15325.

14) 竹島渡海免許가 발급된 시기에 관해서는 가와카미 겐조(川上健三)가 大谷家文書 의 기술을 근거로 하여 '1618년' 설을 주장했으나, 이케우치 사토시(池內敏)는 죽도도해면허에 연서한 로주들의 로주 재직기간 등을 근거로 하여 '1625년' 설을 발표했다. 川上健三, 앞의 책, pp.71~73 ; 池內敏, 앞의 책, pp.245~251.

15) 『竹嶋渡海由來記拔書』는 오야(大谷) 가문에 관해 기록한 古文書 중의 하나이다.

'竹島渡海免許' 『竹嶋渡海由來記拔書』[15) 所收

상신한 바, [쇼군께] 말씀드리자 이를 허가하셨으니 그렇게 알고 도해
할 것을 명합니다. 이만 줄임.

5월 16일

나가이 시나노노카미 나오마사(永井信濃守 尙政) 判

이노우에 가즈에노카미 마사나리(井上主計守 正就) 判

도이 오이노카미 도시카쓰(土井大炊頭 利勝) 判

사카이 우타노카미 다다요(酒井雅樂頭 忠世) 判

오야 가문 14대 당주 오야 히로시(大谷弘)의 부인인 오야 후미코(大谷文子)는
1950년 초 오야 가문에 다량의 고문서가 전승되고 있다는 사실을 알고 고문서의
분류·정리 작업과 해제작업에 착수하여, 『大谷家古文書』(久保印刷所, 1984)를
발행했다. 『大谷家古文書』의 저자 오야 후미코는 註記에서 『竹嶋渡海由來記拔書』
가 11대 당주 오야 가쓰오키(大谷勝意)가 분세이(文政 : 1818~1829) 무렵 필사시
킨 것이라고 추정하였다. 『竹嶋渡海由來記拔書』는 『大谷家由緖實記』, 『御公儀へ
御訴訟並に竹島渡海の次第先規より書付寫し』와 함께 오야 가문의 유래를 전해주
는 기록이다. 이 사료들의 내용은 16세기 중반 전국시대부터 18세기 중반에
이르는 기간 동안 오야 가문의 흥망성쇠를 담고 있다. 오야 가문이 울릉도
어업에 종사하게 된 경위와 활동상은 물론이거니와, 17세기 말 울릉도 도해가
금지된 이후 가세가 기울어 울릉도 도해를 다시 허가받기 위해 노력하는 모습
등이 기록되어 있다. 현재 『竹嶋渡海由來記拔書』는 돗토리 현립박물관(鳥取縣立
博物館, 受入번호 15325)에 소장되어 있다.

마쓰다이라 신타로(松平新太郎 : 이케다 미쓰마사) 님께16)

위의 죽도도해면허는 나가이 나오마사(永井尙政) 등 당시 막부의 로주(老中)들이 연서하여 돗토리 번주 이케다 미쓰마사(池田光政) 앞으로 발행한 문서이다. 이 문서는 '쇼군이 요나고 조닌(町人)인 오야·무라카와 씨의 죽도(울릉도) 도해를 허가한다'는 내용으로 이루어져 있어, 이후 오야·무라카와 두 가문은 이 로주 봉서를 근거로 삼아 매년 교대로 울릉도에 도항하게 되었다.

산인 지방에서 울릉도로 출어하는 사람들이 광역적으로 존재하는 가운데 막부가 발급한 위의 로주 봉서는 두 가문의 울릉도 도항을 공적으로 보증하는 의미를 지니고 있었다. 또한 두 가문이 유일하게 울릉도 도항을 허가받았기에 결과적으로 그들은 울릉도 도항의 이권을 독점할 수 있었다.

그러나 정작 오야 진키치는 울릉도에서 병사(病死)하는 바람에 겐바(玄番)의 아들 가쓰무네가 가업을 계승했다. 오야 후미코(大谷文子)가 작성한 〈표 2-1〉 '오야 가문의 계도(系圖)'에 의하면 가쓰무네는 울릉도 도항의 기초를 실질적으로 확립한 인물로, 그에 이어 당주가 된 가쓰자네(勝實)—가쓰노부(勝信)—가쓰후사(勝房)가 1696년 막부가 도해를 금지하기까지 울릉도에 도항하였다. 가쓰무네 이래로 오야 가문의 당주는 대대로 '규에몬(九右衛門)'이라는 이름을 습명(襲名)했다.

그러면 오야 씨와 함께 울릉도 도항의 권리를 획득한 무라카와 씨의 내력은 무엇일까. 『村川氏舊記』에 따르면 무라카와 씨의 조상은

---

16) 大谷家文書, 『竹嶋渡海由來記拔書』, 앞의 사료.

원래 오와리세이와겐지(尾張淸和源氏) 야마다 다로(山田太郎)라는 인물이다. 도쿠가와 이에야스의 중신(直参) 히사마쓰 씨(久松氏)의 가신으로 있던 야마다 마사나리(山田正齊)라는 인물이 1581년 4월 어떤 사건으로 인해 오사카에서 셋푸쿠(切腹)하였다.

마사나리의 아들 마사카즈(正員)는 유년기에 모친과 함께 요나고로 이주하여 모친의 성(姓)인 무라카와(村川)를 자칭했다. 마사카즈의 뒤를 이은 마사사토(正賢)는 '진베(甚兵衛)'라 칭하였으나 다음의 마사즈미(正純)는 '이치베(市兵衛)'라 칭하여 이후 무라카와 씨는 '이치베'를 습명했다.[17] 죽도도해면허가 발급된 것은 마사즈미 때였고, 마사카쓰(正勝) 대에 도항이 금지되었다. 무라카와 씨의 계보를 정리하면 다음과 같다.

무라카와 가문의 계보

야마다 다로(山田太郎) … 야마다 마사나리(山田正齊 : 이에야쓰 치세기) — 무라카와 마사카즈(村川正員) — 마사사토(正賢) — 마사즈미(正純 : 도해면허 발급) — 마사키요(正淸) — 마사카쓰(正勝 : 1689년 가독상속, 울릉도 도항금지)

울릉도 도해 건을 막부에 청원했을 당시 무라카와 씨는 아베 마사유키와 오랜 지인(知人) 사이였고, 로주 봉서에 연서한 막부의 로주 이노우에 마사나리(井上正就)는 아베의 친척이었다. 결국 도해면허는 '무라카와 — 아베 마사유키 — 이노우에 마사나리'라는 인맥의 특별배

---

17) 「竹嶋渡海由來記拔書控」『村川氏舊記』所收, 도쿄 대학 史料編纂所 소장, 書目 ID.55386.

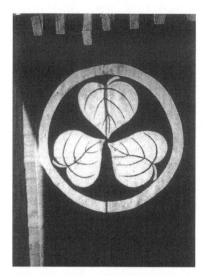
막부가 오야 가문에 하사한 물품 오야 가문이 울릉도 도해선(渡海船)에 사용한 깃발로 도쿠가와 쇼군 가문의 문장인 접시꽃 문양이 새겨져 있다.

려로 교부된 것이었다.[18]

이러한 인맥은 두 가문이 전국(戰國)시대에 무사로 존재했었다는 내력과 무관하지 않을 것이다. 앞에서 언급했듯이 무라카와 씨의 조상은 쇼군 도쿠가와 이에야스의 직참(直參) 히사마쓰 씨의 가신이었고, 오야 씨 역시 무사 혈통이라서 오야 가쓰무네는 무사로서 출사(出仕)하는 꿈을 끝내 버리지 못해 숙부인 진키치의 이름으로 도해허가를 청원했을 정도였다.

두 가문은 막부의 배신(陪臣)의 중개로 로주에게서 봉서를 얻어냈을 뿐 아니라 쇼군 단독 알현을 허가받았으며, 후술하는 바와 같이 울릉도 도항이 금지된 이후에도 돗토리 번과 요나고 측은 두 가문의 경제적인 존속을 위해 배려해 주었다. 따라서 도해면허를 교부받았을 당시 두 가문은 단순한 조닌이 아닌 일종의 '무사적인' 존재였을 가능성이 크며, 후일에 이루어진 번청의 경제적인 배려도 초기의 무사적인 존재로서의 두 가문에 대한 지속적인 배려의 성격을 지녔을 것이다.[19]

이후 오야·무라카와 두 가문은 매년 교대로 울릉도에 도항하였다.

---

18) 內藤正中外, 『鳥取縣の歷史』, 山川出版社, 1997, p.169.
19) 최은석, 앞의 논문, p.88.

그들은 울릉도에서 전복을 비롯
하여 해삼, 버섯, 목재, 바다사자
의 기름과 간 등을 얻었고, 4, 5
년에 한 번씩 에도로 가서 쇼군
을 직접 알현할 수 있는 권한을
부여받았다.[20] 아베 씨와 두 가
문은 울릉도 도항의 건을 계기로
친교가 깊어져, 두 가문의 쇼군
알현도 4, 5년에 한 번씩 아베
씨가 지샤부교(寺社奉行)에게 신
청함으로써 실현되었다. 그 외에
도 에도 막부와 관련된 사항은
모두 아베 씨를 통해서 처리되었
다. 막부와 두 가문의 관계는 공

2대 쇼군 도쿠가와 히데타다(德川秀忠)가 하사한
예복 상단에 새겨진 원형의 문양이 쇼군 가문의
문장이다. 오야 가문은 이 예복을 가보로 귀중하
게 보관했다고 전해지며, 그 밖에도 돗토리 번주
이케다 씨로부터 옷, 이케다 가문의 무늬(나비
무늬)가 새겨진 휴대용 가방 등을 하사받았다.

적, 지속적인 관계라기보다는 아베 씨가 대대로 중개를 해줌으로써
유지되는, 사적이고 부정기적인 관계였다.

한편 돗토리 번도 두 가문을 경제적으로 지원했다. 울릉도 도항에
소요되는 자금을 대부해주고 후일 그들이 가져온 울릉도 전복으로
대부금을 정산하기도 했고, 그들로부터 사들인 전복을 '다케시마 구시
아와비(竹島串鮑)'라 하여 쇼군 가문과 막부 요인들에게 헌상하기도
했다. 쇼군 알현은 1681년 이후 아베 씨를 대신하여 돗토리 번이
관리하게 되었는데, 그것은 그 해에 아베 마사시게(正重)가 공무(公務)

---

20) 두 가문이 쇼군을 알현한 시기와 알현한 당사자에 관해서는 川上健三, 앞의
책, p.91 참조.

를 떠나게 되었기 때문이다. 이것을 계기로 돗토리 번의 전복 헌상은 그 횟수가 증가했고, 돗토리 번과의 이해관계를 고려하여 신규로 증여하는 사례도 생겼다.[21] 울릉도산 전복은 일본 내에서 별미로 유명하여 돗토리 번의 대표적인 산물로 인식되었을 정도이다.

두 가문이 운영하는 울릉도 도항선에는 도쿠가와 쇼군가의 가문(家紋)인 접시꽃 문양이 새겨진 깃발 사용이 허용되었으며, 접시꽃 문양이 새겨진 예복을 쇼군으로부터 하사받기도 했다. 이렇게 해서 두 가문은 울릉도 도해가 금지되는 17세기 말까지 약 70년 동안 도항을 계속한 결과 돗토리 번내에서 특권상인의 지위를 구축하게 되었다.

3. 일본사회 내 울릉도 산물의 활용

오야·무라카와 가문은 울릉도에 도항하게 된 경위 및 막부·돗토리 번과 맺은 경제적, 의례적 관계에 관해 상세한 기록을 남겼다. 그것들이 모두 두 가문이 획득한 '특별한' 위상과, 그 위상의 유래에 대한 증거물로써 작성된 것임은 말할 나위 없다. 그러나 시점을 달리해서 보면 그 기록들은 조선후기 울릉도에서 어떤 일들이 벌어지고 있었는지를 엿볼 수 있는 구체적인 자료이기도 하다.

그들은 통상 2, 3월 경 돗토리 번 요나고를 출발하여 일단 이즈모노쿠니(出雲國 : 시마네 현)의 구모즈(雲津), 오키(隱岐)[23]의 도젠(島前)

---

21) 池內敏, 앞의 책, pp. 266~270.

22) '小谷伊兵衛より差出候竹嶋之繪圖'(受入번호8443)는 현재 돗토리 현립박물관에 소장되어 있는 5점의 '울릉도·독도' 관련 繪圖 중의 하나이다. 고타니 이헤이(小谷伊兵衛)는 1689~1700년 동안 돗토리 번의 에도 루스이(江戶留守居)를 역임했던

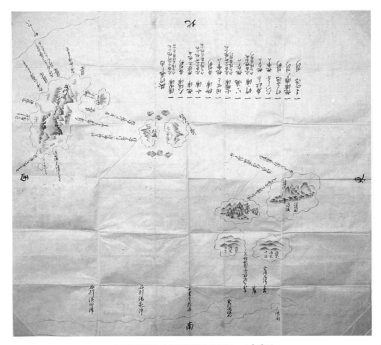

小谷伊兵衛より差出候竹嶋之繪圖　　전체22)

을 경유, 도고(島後)의 후쿠우라(福浦)에 이르렀다. 그곳에서 얼마간

___

인물이다. 鳥取藩政史料『竹嶋之書附』(돗토리 현립박물관 소장, 受入번호 8438)
의 한켠에는 '元祿 정월 28일 고타니 이헤이(小谷伊兵衛)가 제출한 竹嶋之書附'라
는 구절이 있다. 『竹嶋之書附』에는 1695년 로주 아베 마사타케가 돗토리 번에
竹島의 소속에 관해 문의한 12월 24일부 '질의서'와, 돗토리 번이 제출한 답변서
('竹島[울릉도]와 松嶋[독도]는 이나바, 호키에 속하지 않는다')가 수록되어 있다.
따라서 이 繪圖는 1692~1696년 사이에 돗토리 번의 에도 루스이 고타니 이헤이가
막부에 제출한 것으로 추정된다. 윤유숙, 「18~19세기 전반 朝日 양국의 울릉도
도해 양상」, 『동양사학연구』 118집, 2012, p.290.

23) 오키(隱岐 : 오키노시마)는 현재 시마네 현에 소속된 群島型離島이다. 니시노시
마(西ノ島), 나카노시마(中ノ島), 지부리지마(知夫里島), 도고지마(島後島) 등 네
개의 섬으로 이루어져 있다. 도고(島後)를 제외한 세 개의 섬을 도젠(島前)이라
부른다.

체재하며 도항체제를 정비한 후 4월이 되면 순풍을 타고 출항하여 때론 독도에 들러 어획을 하기도 하고, 울릉도로 가서 채획한 후 7, 8월 무렵 귀항하곤 했다. 200석적(石積) 규모의 배 두 척에 총 50명 정도가 분승하여 도항했고, 후년이 되어서는 인원이 감소하여 총 1척에 25명 정도가 승선했다.[24]

다음은 돗토리 현립박물관이 소장하고 있는 '울릉도·독도'와 관련된 회도(繪圖) 중의 하나이다. 에도 시대에 작성된 것으로, 현재의 시마네 현, 오키, 독도, 울릉도, 조선을 한 장에 표현한 것이다. 이 회도는 17세기 말 조일 간에 울릉도쟁계가 진행되던 시기에 돗토리번이 막부에 제출한 것으로 추정된다.

여기에는 울릉도·독도의 형태와 내부 상황, 울릉도의 각 포구에 붙인 명칭과 섬 간의 거리가 기재되어 있다. 다음은 회도에서 울릉도와 독도 부분만 확대한 것이다.

회도의 중앙에 '松嶋'라 기재된 두 개의 섬이 독도이고, 왼편에 '磯竹嶋(이소타케시마)'라 쓰인 큰 섬이 울릉도이다. 울릉도에서 더 좌측으로 가서 상단 구석에 거꾸로 'かうらい(고려)'라고 기재된 부분이 조선이다. 이 지도에서 울릉도를 자세히 살펴보면 각 포구마다 명칭이 쓰여 있는데, 이것은 울릉도에 도항하던 두 가문의 선원들이 붙인 명칭일 것이다. 상단 우측에 각 포구의 용도를 구체적으로 별기하고 있는 점도 흥미롭다.

---

24) 岡島正義,『竹嶋考』, 돗토리 현립박물관 소장, 受入번호 84269.『竹嶋考』는 돗토리 번사(鳥取藩士) 오카지마 마사요시(岡嶋正義)가 1828년에 편찬한 울릉도 地誌이다. 오카지마 마사요시는『竹嶋考』에서 1666년 오야 씨 선박이 조선에 표착했을 때의 선원 구성, 울릉도의 산물 등을 상세하게 소개하는 한편, 울릉도의 소속에 대한 본인의 의견을 피력했다.

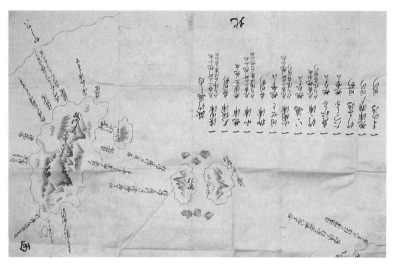
울릉도(磯竹嶋)·독도(松嶋) 부분 확대   小谷伊兵衛より差出候竹嶋之繪圖

두 가문이 울릉도에서 획득한 산물은 전복, 해삼, 버섯, 목재, 바다
사자(海驢 : 강치)의 기름(魚油)과 간 등으로, 그 중 압도적인 비중을
차지한 것이 전복과 바다사자였다. 두 가문은 울릉도의 인삼에는 그
다지 큰 관심을 기울이지 않은 반면 바다사자 포획과 목재 벌채에는
적극적이었다.

울릉도 해역에는 생선과 조개류가 풍부했고 해변에 전복이 충만했
다고 한다. 저녁 무렵 해변에 대나무를 가라앉혀 두었다가 이튿날
아침 들어 올리면 마치 염주가 연결된 것처럼 전복이 부착되어 있었다
고 하니 대량의 전복을 손쉽게 채취할 수 있었던 것 같다. 채취한
전복은 현지에서 통째로 말리거나 꼬챙이에 꿰거나(구시아와비 : 串
鮑) 또는 소금절이 젓갈로 가공하였고, 해삼과 목이버섯도 채집하여
돌아가 팔았다.[25]

두 가문은 쇼군을 비롯하여 막부의 요직에 있는 인물들에게 막대한

양의 전복을 진상했다. 막부뿐만 아니라 돗토리 번주, 요나고 성주에게도 헌상하였고, 요인들의 주문에 응하여 매매를 하기도 했다. 전복의 진상은 주로 쇼군 알현을 위해 에도에 갈 때 요인에의 헌상과 함께 이루어졌다. 울릉도산 전복은 일본 내에서 별미로 유명하여 돗토리 번의 대표적인 산물로 인식되었을 정도이다.

　다음 자료는 오야 가쓰자네(大谷勝實)가 1671년 5월 쇼군 알현 시에 막부 관계자들에게 진상한 '진상품 목록'으로, 그들의 에도 행이 엄청난 지출을 동반했음을 쉽게 짐작케 한다.

　　寬文 11년(1671) 5월 28일 알현 시 근무하신 분들은 다음과 같다. 쇼군에게 헌상한 상자들이 생선 전례대로 울릉도산 전복 500개 1상자

　　　　　　　　사카이 우타노카미(酒井雅樂守) 님

　　　　　　　　사카이 가와치노카미(河內守) 님

　　　　　　　　아베 분고노카미(阿倍豊後守) 님

　　　　　　　　이나바 미노노카미(稻葉美濃守) 님

　　　　　　　　구제 야마토노카미(久世大和守) 님

　　　　　　　　쓰치야 다지마노카미(土屋但馬守) 님

　　　　　　　　이타쿠라 나이센노카미(板倉內膳守) 님

　　위의 7분에게 울릉도산 전복 500개 들이 1상자씩

　　　　　　　　도이 노토노카미(土井能登守) 님

　　　　　　　　홋타 빗추노카미(堀田備中守) 님

　　위의 와카도시요리(若年寄)에게 울릉도산 전복 300개 들이 1상자씩

　　　　　　　　오가사와라 야마시로노카미(小笠原山城守) 님

---

25) 鳥取藩政史料, 『伯耆民諺記』, 돗토리 현립박물관 소장, 受入번호 12706.

도다 이가노카미(戶田伊賀守) 님

혼다 나가토노카미(本田長門守) 님

위의 온고쿠부교(遠國奉行)에게 울릉도산 전복 300개 들이 1상자씩
이상은 寬文 11년(1671) 5월 28일 가쓰자네(勝實)가 쇼군을 알현
했을 때 근무한 관리들임.[26]

위 목록에 기재된 수량만 합산해도 전복의 양은 총 6,100개에 달한
다. 무라카와 마사즈미(村川正純)가 1626년 교토에서 쇼군 이에미쓰
(家光)를 알현했을 때에도 쇼군에게 오동나무와 전복(串鮑) 500개 들
이를 헌상했고, 로주를 비롯한 막부 요직 인사들에게는 전복 300개
들이를 각각 진상했다.[27]

오야 씨는 아베 씨 일족에 대한 배려에도 세심했다. 1679년의 헌상
품 목록[28]에 따르면, 오야 씨는 죽도도해 로주 봉서의 발급을 막부에
주선해 준 아베 마사유키(阿部正之)의 아들이자 당시 아베 가문의
당주인 마사시게(正重)에게 전복 700개를 선물했다. 같은 해 쇼군과
로주 개개인에게 헌상한 수량이 500개였으니 마사시게는 쇼군보다
무려 200개나 많은 전복을 받은 셈이다. 마사시게의 부인, 아들, 형제

---

26) 大谷家文書, 『竹嶋渡海由來記拔書』, 九右衛門勝實. 가쓰자네의 아명은 소스케(惣
助)이며 가쓰무네(勝宗)의 아들이다. 에도에서 규에몬으로 개명하고, 가쓰자네
는 성년이 되기 전에 아버지 가쓰무네 대신 에도에 가서 쇼군 알현을 마쳤다.
寬文 11년(1671) 5월 28일, 延寶 7년(1679) 7월 에도에 가서 그 다음 달인
8월에 알현했고, 그 후에도 여러 번 알현했다. 에도에 갈 때마다 기록해 둔
것이 있었지만 소실되었다고 한다. 延寶 9년(1681) 7월 무라카와 이치베가
에도에 갔을 때의 문서에도 잘 나타나 있다.

27) 「竹嶋渡海由來記拔書控」 『村川氏舊記』, 앞의 사료.

28) 「江戶御進上覺帳」 『大谷氏舊記 二』 所收, 도쿄 대학 史料編纂所 소장, 書目
ID.54892.

(阿部忠右衛門正義), 수하(龜山庄左衛門)에게도 부채, 홍백(紅白) 지리멘(견직물), 사게오(下緒 : 칼집에 드리우는 장식), 나가사키 버선 등을 선사했다.

울릉도 도항, 쇼군 알현 등 오야 가문이 누린 특권들이 아베 씨의 조력으로 성취된 만큼 이처럼 다량의 선물은 그에 대한 답례의 뜻을 담고 있었을 것이다. 그 밖에도 오야 씨의 선물 목록에는 막부 로주의 가신(家老)들과 돗토리 번주 이케다 미쓰나카(池田光仲)의 가신들 이름도 열거되어 있어, 오야 씨가 관리하던 권력층 고객의 범위가 매우 넓었음을 알 수 있다.

울릉도와 독도는 해류관계상 바다사자가 서식하는 섬이었다. 매년 6월 무렵이 되면 바다사자가 새끼를 낳으러 대거 이 섬에 건너왔다. 바다사자(강치)의 일본 명칭은 '아시카'인데, 과거에는 '미치' 또는 'みつの魚'라 불리었다. 그들은 바닷가에 구멍을 파두었다가 그곳으로 기어 들어간 바다사자를 조총으로 사살한 후 가죽을 벗겨 피하지방은 나무통(樽)에 넣어 갖고 돌아갔다.[29] 바다사자의 간은 강정제(强精劑)로 중시되기도 했다.

1637년 무라카와 씨의 선박이 울릉도에 갔다가 울산에 표착했을 때의 일을 기록한 宗家記錄「深見彈右衛門古帳之寫」[30]에 의하면, 그들의 선박에는 '바다사자 기름(みつ之魚之油) 314준(樽), 말린 전복(干鮑) 406련(連), 통째로 말린 전복(丸干鮑) 4표(俵), 반염 전복(半塩鮑) 2준(樽), 바다사자 가죽(みつ之魚皮) 253매(枚), 목이 버섯(きくらげ)

---

29) 『長生竹島記』, 국사편찬위원회 소장, 등록번호 74364.
30) 宗家記錄, 「深見彈右衛門古帳之寫」『分類紀事大綱38』所收, 일본국립국회도서관 소장.

8표(俵), 바다사자 몸(みつノ魚ノ身) 60표(俵)'가 적재되어 있었다. 전복의 수량도 적지 않지만 바다사자의 가공을 통해 얻은 물품의 양도 대단히 많았다. 그들은 이들 물품을 나가사키로 싣고 가서 능금(綾錦)·지리멘 등의 견직물, 호피(虎皮), 설탕(砂糖)과 같은 외국산 물품(唐物)과 교환하여 각 지역을 돌며 판매했는데, 이를 능가하는 교역이 없다는 말이 나올 정도였다고 한다.31)

또한 울릉도산 단향목이나 오동나무는 질 좋은 목재로 알려져 있었고,32) 특히 백단향은 고급 건축 재료로 정평이 높았다. 1638년에는 에도 성(江戶城) 니시노마루(西ノ丸 : 쇼군의 세자 또는 前쇼군의 居所) 수리에 필요한 목재 조달자로 지정되어, 2월에 목재를 헌상하기 위해서 오야·무라카와 두 사람이 함께 에도로 가서 쇼군 알현을 허가 받았다. 알현을 무사히 마치고 두 사람 모두 시복(時服 : 계절에 맞게 입는 옷)을 하사받았다.

그들이 헌상한 목재는 니시노마루 고쇼인(御書院)의 마루·책꽂이 등에 쓰였고, 목재를 운반하는 도중 쇼군 가문의 가문(家紋)이 새겨진 증명표찰을 사용해도 된다는 허가를 받기도 했다.33) 조선이 전혀

---

31) 『長生竹島記』, 앞의 사료.

32) 울릉도에서 양질의 목재가 생산된다는 사실은 이미 고려시대에 원나라에까지 널리 알려진 듯하다. 원나라 지배기에는 울릉도에 진기한 수목이 많다는 사실이 알려지면서, 원의 요청으로 목재의 벌채가 계획되기도 했다. 원나라 조정은 울릉도의 목재를 선박제조용으로 벌목하여 조공하도록 했다. 이에 고려왕 元宗은 許珙이라는 자를 벌목책임자로 임명하여 원나라에서 파견한 李樞와 함께 울릉도에 들어가 작업을 하도록 명하였다. 그러나 뱃길이 멀고 험하여 백성의 희생이 우려되자 벌목 중지를 요청하였고, 원 조정이 이를 받아들였다고 한다. 이듬해 1274년, 원이 일본침공을 단행한 것으로 미루어 울릉도의 목재로 軍船 제조를 꾀했던 것이 아닐까 추정된다. 『고려사』 世家 元宗 14년(1273) 2월 辛亥, 列傳43 李樞 ; 『고려사절요』 元宗 14년 2월.

33) 「竹嶋渡海由來記拔書控」, 『村川氏舊記』, 앞의 사료 ; 大谷家文書, 『竹嶋渡海由來

모르고 있는 사이에 울릉도의 목재가 정상적인 무역 통로가 아닌 돗토리 번 조닌의 손을 거쳐, 쇼군의 거처인 에도 성의 일각을 장식한 것이다.

이에미쓰 치세기에 로주 사카이 다다카쓰(酒井忠勝)가 아베에게 보낸 다음의 편지에는 오야 가쓰무네가 울릉도에서 귀항하여 쇼군 알현을 마치고 사카이에게도 인사를 드렸다고 기록되어 있다. 에도성 수리 현장에는 아베와 함께 가쓰무네도 나갔을 것이다.

> 어제 호키노쿠니(伯耆國)의 조닌(町人) 오야 규에몬(가쓰무네)이 저의 집에 왔으니 사람을 보내 이를 알립니다. 규에몬은 울릉도에 건너 갔다가 최근에 돌아왔고 쇼군 알현도 했다고 합니다. 당신은 염천(炎天)의 날씨에 매일 공사장에 나가신다고 하니 고생이 많으시겠습니다. 언젠가 만나 뵙기를 기대하며 삼가 말씀드립니다.
>
> 8월 15일
> 사카이 사누키노카미(酒井讚岐守)
> 다다카쓰(忠勝) 서명
> 아베 시로고로 님께34)

이처럼 大谷家文書에는 오야 씨에게 울릉도 목재를 주문하는 막부 요인들의 편지가 많이 보인다. 오동나무 목재, 꽃꽂이용 대나무, 백합초, 바다사자의 간 등의 주문도 있었고, 항해 중에 폭풍우를 만나 모처럼 갖고 온 재목을 어쩔 수 없이 바다에 버렸다는 편지도 남아 있다.35)

記拔書』, 九右衛門勝宗.
34) 大谷家文書, 『竹嶋渡海由來記拔書』, 九右衛門勝宗.

4. '죽도도해금지'(1696년) 이후 두 가문의 행보

1692년 2월 평소와 다름없이 요나고를 출발하여 3월 울릉도에 도착한 무라카와 씨의 선원들은 도착지에서 누군가가 전복을 대량으로 채취한 흔적을 발견했다. 그러다 다른 포구에서 조선 선박 2척과 조선인 약 30여명이 어획하고 있는 모습을 발견했다.

무라카와 선원들은 육지에 남아있던 조선인 두 명을 자신들의 배에 태우고, 마침 의사소통이 가능한 조선인에게 "이 섬은 원래 일본의 땅으로, 쇼군 님에게서 배령(拜領)받아 매년 도해하고 있는데 당신들은 무슨 일로 왔는가"라고 섬에 온 연유를 물었다. 조선인은 '가와텐가와쿠(かわてんかわく)' 사람으로, "이 섬의 북쪽에 섬이 있어 삼년에 한번 씩 국주(國主) 용으로 전복을 취하러 간다. 2월 21일에 배 11척이 출항했는데 난풍(難風)을 만나 배 5척과 53명만 이 섬에 유착(流着)했다. 섬을 둘러보니 전복이 많아서 체류하며 따고 있었다. 배의 수리가 끝나면 돌아갈 것이다"라고 대답했다.

이때 무라카와 선원들은 이전에 두 가문이 섬에 남겨두었던 도구들과 배 8척을 조선인들이 사용하고 있는 바람에 어로활동을 단념하고 귀환했다. 조선인의 숫자보다 월등히 적은 인원수(21명)인지라 무라카와 선원들은 불안한 마음에 곧 귀항한 것이다. 그 덕분에 양국인의 만남은 별다른 충돌 없이 끝났다.[36]

---

35) 大谷家文書, 『竹嶋渡海由來記拔書』, 九右衛門勝信에 수록된 오쿠보 이즈미노카미 마사토모(大久保和泉守正朝)가 오야 가쓰노부(勝信)에게 보낸 편지. 오쿠보 마사토모는 막부가 죽도도해면허를 발급하도록 도와주었던 아베 마사유키(阿部正之)의 아들 중 한명이다(川上健三, 앞의 책, p.75).

36) 「竹島江渡海之次第先規より書府之寫」『大谷氏舊記 一』所收, 도쿄 대학 史料編纂所 소장, 書目ID.54892 ; 『竹島に關する七箇條返答書』, 국사편찬위원회 소장, 등록

무라카와 선원과 조선인의 대화 내용은 1724년에 두 가문이 과거의 울릉도 도항 사실에 관해 보고한 문건에 기술된 것이다. 이 건에 관해서는 상세하게 후술하겠지만, 두 가문은 1724년의 시점에서도 울릉도 도항이 재개되기를 희망하고 있었다. 따라서 이 문건은 그들의 희망이 실현될지 모른다는 기대감에서, 막부의 눈을 의식하며 작성되었다는 점을 감안해야 할 것이다.

그렇지만 '울릉도는 일본의 땅'이라고 한 무라카와 선원의 발언을 비롯하여 두 가문의 고문서에 빈출하는 '막부로부터 울릉도를 배령(拜領)했다'는 문언은 사실관계와는 달리 오랜 울릉도 도항의 결과 두 가문이 울릉도를 어떻게 인식하게 되었는지 말해주는 사례일 것이다.[37]

한편 조선인의 발언에 나오는 '울릉도의 북쪽에 있는 섬'이란 어디를 가리키는 것이며, 삼년에 한번 씩 그곳에 국주(國主) 용으로 전복을 취하러 간다는 말은 과연 사실일까. 돗토리 번은 이 사실을 막부에 보고했지만 로주 아베 마사타케(阿部正武)는 '조선인이 울릉도를 떠나겠다고 했으니 문제될 것이 없다'는 반응이었다.[38]

그런데 이듬해 1693년의 조우(遭遇)는 양상이 달랐다. 1693년 4월 무렵 울릉도에 도착한 오야 가문의 선원들은 여기저기에서 조선인들이 물고기를 잡거나 해조류를 대량으로 말리고 있는 장면을 목격했다. 조선인들은 약 40여 명 정도로, 3월에 배 3척을 타고 울릉도에 건너와 있었다. 오야 선원들은 조선인에게 다시는 이 섬에 오지 말라

번호 74365.

37) '막부로부터 울릉도와 독도를 拜領했다'는 일본 측 사료 상의 문언을 어떻게 이해해야 할 것인가에 관해서는 제2장 보론에서 상술하겠다.

38) 鳥取藩政史料, 『控帳(家老日記)』, 元祿 5년(1692) 5월 10일조(돗토리 현립박물관 소장, 受入번호 2537).

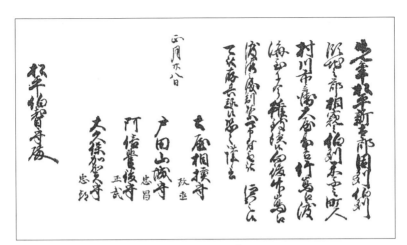

죽도(울릉도) 도해금지 로주 봉서 　『竹嶋渡海由來記拔書』

고 위협하는 한편, '금후 다시 도항하지 못하도록' 막부에 호소하기
위한 증인으로 안용복(安龍福)과 박어둔(朴於屯)을 요나고로 데려갔
다.39) 이것이 이른바 울릉도쟁계의 시발점이 되었고, 이후 양국 간에
전개된 외교교섭의 전말에 관해서는 제3장, 제4장에서 상술할 것이
다.

　오야 씨로부터 울릉도에서의 일을 보고받은 돗토리 번청은 두 가문
의 권리를 보호하기 위해, 막부에 '조선인의 울릉도 도해를 금해 줄
것'을 요청했다. 막부는 조선통교 업무를 전담하고 있던 쓰시마 번에
게 명하여 조선정부에 '금후 조선인의 울릉도 출입을 금하여 달라'는
의사를 전달하도록 지시했다.40)

---

39) 岡島正義, 『因府歷年大雜集』, 「元祿六年竹嶋より伯州ニ朝鮮人連歸り候趣大谷九右
　　衛門船頭口上覺」, 돗토리 현립박물관 소장, 受入번호 19745.

40) 『御用人日記』元祿 6년 5월 13일조, 5월 15일(돗토리 현립박물관 소장, 受入번호
　　3718) ; 鳥取藩政史料 『控帳(家老日記)』, 앞의 사료 ; 元祿 6년 5월 26일. 對馬藩

쓰시마 번이 조선과 외교교섭을 진행하고 있는 한편에서 1695년 로주 아베 마사타케는 12월 24일부 질의서를 통해 돗토리 번에 竹嶋(울릉도)와 松嶋(독도)의 소속에 관해 문의했다. 로주 아베의 질의서 전체를 인용하면 다음과 같다.

覺

一. 이나바(因州), 호오키(伯州)에 속하는 竹嶋는 언제부터 양국(兩國 : 이나바, 호오키)에 부속(附屬)했는가? 선조(先祖)가 영지(領地)를 받기 이전부터였는가. 그 후부터였는가.

一. 竹嶋는 대략 어느 정도의 섬인가. 사람은 살지 않는가.

一. 竹嶋에 어채(漁採)하러 사람이 오게 된 것은 언제부터인가. 매년 오는가. 또는 이따금씩 오는가. 어떤 식으로 채렵하는가. 선박은 많이 오는가.

一. 3, 4년 전 조선인이 와서 채렵했을 때 인질로 두 사람을 잡았었다. 그 이전에도 종종 왔는가. 줄곧 안 오다가 그 때 2년간 연속해서 온 것인가.

一. 1, 2년은 오지 않은 것인가.

一. 지난번 왔을 때 선박의 숫자와 인원수는 어느 정도였는가.

一. 竹嶋 외에 양국(이나바, 호오키)에 부속한 섬은 있는가. 그 섬에도 양국의 사람들이 가는가.[41]

그러자 돗토리 번은 '竹島(울릉도)는 이나바(因幡), 호키(伯耆)에 속

宗家記錄, 『元祿六癸酉年竹嶋一件拔書』, 앞의 사료.

41) 鳥取藩政史料, 『竹嶋之書附』, 앞의 사료.

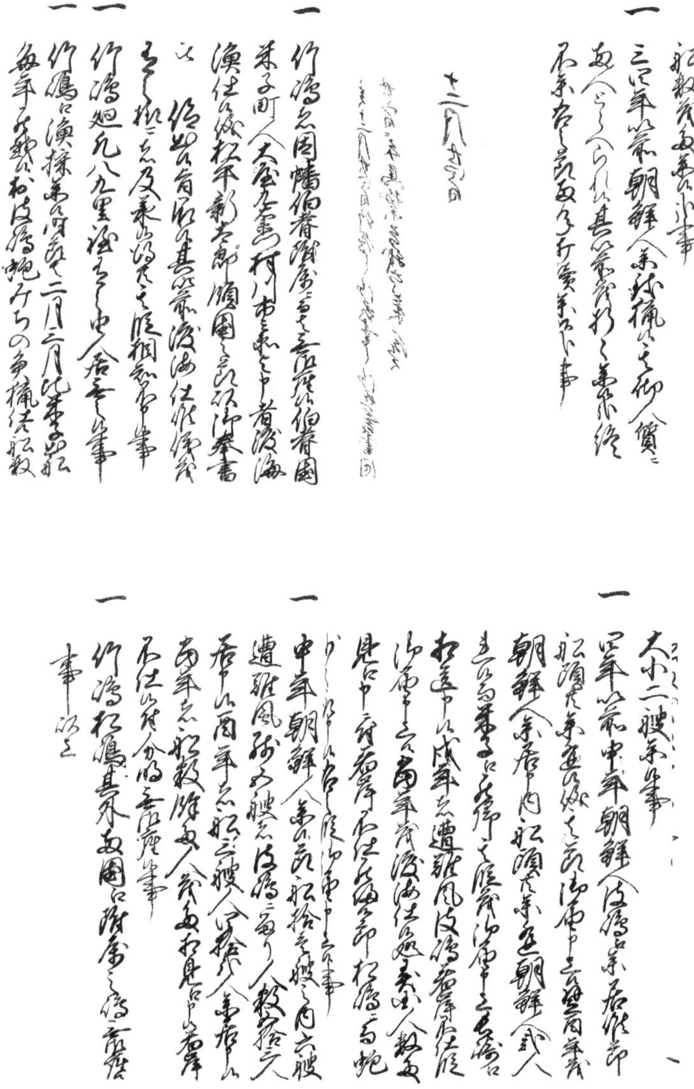

『竹嶋之書附』所收 돗토리 번 답변서

하지 않는다. (중략) 竹島(울릉도), 松島(독도) 그 외 兩國(이나바, 호키)에 부속된 섬은 없다'고 회답했다.42) 이것이 울릉도와 독도의 소속에 대한 막부의 의사를 결정짓는 요인으로 작용했을 것으로 추정된다.

곧이어 막부는 1696년 1월 28일부로 작성된 로주 봉서를 돗토리번주 이케다 쓰나키요(池田綱淸)를 수신자로 해서 하달했다.43)

이전에 마쓰다이라 신타로(松平新太郎 : 池田光政)가 因州(因幡 : 이나바)·伯州(伯耆 : 호키)를 영지로 다스리고 있었을 때 호키 요나고(米子)의 조닌(町人) 무라카와 이치베(村川市兵衛)·오야 진키치(大屋[大谷]甚吉)가 竹島(울릉도)에 도해하여, 지금까지도 어업을 하고 있으나 향후 竹島 도해를 금지한다고 명하셨으니 이를 명심하십시오. 이만 줄임.

정월 28일

쓰치야 사가미노카미(土屋相模守)

도다 야마시로노카미(戶田山城守)

아베 분고노카미(阿部豊後守)

오쿠보 가가노카미(大久保加賀守)

마쓰다이라 호키노카미(松平伯耆守 : 池田綱淸) 님께44)

---

42) 鳥取藩政史料, 『竹嶋之書附』, 앞의 사료.

43) 『御用人日記』 元祿 9년 1월 28일, 앞의 사료.

44) 『鳥取藩史』 6, p.466 인용. 그 외 大谷家文書 『竹嶋渡海由來記拔書』, 앞의 사료 ; 北澤正誠, 『竹島考證』 上(일본국립공문서관 소장 마이크로필름번호 012500-1350) 참조.

1696년 이 로주 봉서는 돗토리 번에 '울릉도도해금지'를 명하는 내용으로, 오야·무라카와 양가에도 전달되었다. 오야 가쓰후사(大谷勝房)와 무라카와 마사카쓰(村川正勝)의 대에 이르러 두 가문은 약 70년 동안 향유해 온 울릉도 도항의 권리를 상실하게 된 것이다.

그러면 더 이상 울릉도에 도항할 수 없게 된 이후 두 가문은 무엇을 기반으로 생활했을까. 아래에 인용하는 大谷家文書에는 도해금지 이후 오야 가문의 생활상이 드러나 있다.

번주 님으로부터 '위의 봉서에 의거하여 울릉도 도해를 금한다'는 명을 받고 어쩔 수 없이 하명을 받아들였다. (중략) 그 때 가쓰후사(勝房)는 울릉도 도해 금지 이후 가업을 잃고 생계가 어려워져 운슈(雲州 : 시마네 현)로 이주하고 싶다고 청원했다. 그러자 쇼군과 유서(由緒)를 가진 자를 다른 곳에 이주하게 할 수는 없다며 다른 지역으로 떠나는 것을 제지하셨다. 그리고 우선은 생계를 이어갈 수 있는 방편으로 요나고(米子) 조카마치(城下町)에서 어조도매업(魚鳥問屋)의 매매 중개 수수료(口錢)를 규에몬가쓰후사(九右衛門勝房) 1인의 가록(家祿)으로 취하도록 분부하셨다. 겐로쿠(元祿) 9년(1696) 이래 국은을 입어 가명이 지속되고 있으니 감사하게 생각한다.[45]

오야 가문의 당주인 가쓰후사는 울릉도 도항을 완전히 중단한 결과 생계유지가 어려워졌다는 이유로 돗토리 번청에 이즈모(出雲 : 시마네 현)로의 이주허가를 요청했다. 아마 이즈모 오하라 군(大原郡)의 사토(佐藤) 씨와 혼인한 누이에게 의탁하려 했던 것이 아닐까 생각된

---

45) 大谷家文書, 『竹嶋渡海由來記拔書』, 앞의 사료.

다(〈표 2-1〉 참조). 그러나 돗토리 번은 이주를 허가하지 않는 대신 요나고의 성하(城下)에서 어조도매업(魚鳥問屋)의 수익을 취할 수 있는 권리를 가록으로 부여하여 생계의 기반을 마련해주었다. 요나고 성주 아라오 다지마 혼간인(荒尾但馬本源院 : 아라오 나리쓰구[荒尾成倫])이 요나고의 관청을 통해 가쓰후사에게 명했다고 한다.[46]

이것은 무라카와 씨도 마찬가지였다. 요나고 지역 소금도매업(鹽問屋) 구전(口錢)을 취하도록 조처하여 요나고에서 계속 생활할 수 있게 했다.[47] 그런데 『村川氏舊記』에는 "죽도에 도해하고는 있지만 1682년 12월 무라카와 마사키요(正淸)가 '죽도도해 중엔 형편이 좋지 않다'는 이유로 요나고성주로부터 구전을 가록으로 취할 수 있도록 허가받았다"[48]는 기록이 보이기도 한다. 무라카와 씨가 소금도매업으로 수익을 취하기 시작한 것이 언제인지, 그 시기에 관해서는 향후 더 조사할 필요가 있다.

어류매매에 관해서는 번의 어선수역소(御船手役所)가 소관하여 해당 도매상이 어부와 나카가이(仲買)[49]·판매상인 사이에서 어류를 분배하고, 매달 취급한 어류의 양을 관청에 보고하여 일정한 구전을 취하도록 되어 있었다. 또한 일정 인원수의 나카가이 외에는 자유매매가 금지되어 있었다. 오야 씨는 나다마치(灘町)에 어시장(魚市場)을 소유하고 되었고, 주변 일대가 도매업 종사자나 나카가이의 주거지가

---

46) 大谷文子, 앞의 책, p.159.

47) 米子市史編纂協議會, 『新修米子市史』, 앞의 책, p.65.

48) 「竹嶋渡海由來記拔書控」『村川氏舊記』, 앞의 사료. 『村川氏舊記』에는 이 권리를 부여한 자가 '了春院'이라고 되어 있다. 요나고 성주 아라오 다지마(荒尾但馬) 일족의 菩提寺가 黃檗宗 '了春寺'이다.

49) 도매상과 소매상, 또는 생산자와 도매상 사이에서 매매를 중개해 주고 영리를 취하는 자.

되었다. 그 주거의 대부분이 오야 씨가 임대한 주택이었다. 무라카와 씨의 경우, 다테마치(立町) 가모가와(加茂川)에 가게를 소유하고 있었는데 1696년 기록에 따르면 1두(斗 : 俵)에 수수료 5문(文)을 취하고 요나고로 입하되는 모든 소금을 취급했다고 한다.[50]

돗토리 번은 울릉도 도항을 통해 특수한 지위를 구축한 두 가문의 경제적인 존속을 배려하여 공권력을 발휘한 셈이었다. 그럼에도 불구하고 두 가문 모두 울릉도 도해를 재개시키기 위한 운동을 오랫동안 계속했다.

무라카와 가문의 경우 1697년 마사카쓰가 에도로 가서 9월 지샤부교 이노우에 마사미네(井上正岑)에게 '죽도 도해 금지로 인해 생활이 어려워졌다'는 탄원을 올렸다. 그 후에도 18세기 초두까지 도항재개를 청원했으나 허가를 얻어내지 못했다. 그렇지만 가록으로 부여받은 '소금도매업의 수수료'를 바탕으로, 무라카와 씨는 대대로 '町人上席'에 '永々帶刀'를 허가받은 상층 조닌으로 존속했다.[51]

한 가지 흥미로운 사실은 무라카와 마사카쓰의 청원을 받은 지샤부교 이노우에 마사미네가 과거 '울릉도도해허가' 봉서에 연서한 로주 이노우에 마사나리(井上正就)의 직계 후손이라는 점이다.[52] 앞에서 필자는 울릉도도해면허라는 것이 '무라카와-아베 마사유키-이노우

---

50) 米子市史編纂協議會, 『新修米子市史』, 앞의 책, pp.146~150.
51) 「竹嶋渡海由來記拔書控」 『村川氏舊記』, 앞의 사료 ; 『竹島考證』 上, 앞의 사료.
52) 이노우에 씨는 후다이(譜代) 다이묘로, 마사나리(正就)-마사토시(正利)-마사토(正任)-마사미네(正岑)로 이어지는 동안 대대로 지샤부교, 로주 등을 역임했다. 마사토의 대에 이르러 소샤반(奏者番)으로 있던 마사토가 업무상의 失態를 이유로 1675년 蟄居 처분을 받고, 1692년 가사마 번(笠間藩 : 이바라키 현)에서 군조 번(郡上藩 : 기후 현 郡上市)으로 전봉되었다. 마사토의 뒤를 이은 마사미네는 지샤부교(寺社奉行), 와카도시요리(若年寄), 로주(老中)를 역임했다.

도쿠가와 요시무네(德川吉宗)

에 마사나리'라는 인맥의 특별배려로 교부되었다는 견해를 인용한 바 있다. 죽도도해를 부활시키는 데에는 과거 그것을 허가해주었던 당사자의 후손에게 도해의 당위성을 호소하는 것이 효과적이라고 판단했던 것이 아니었을까.

그러던 중 1724년 쇼군 요시무네(吉宗)가 문서를 통해 돗토리 번에 울릉도 도해에 관해 질의하여, 돗토리 번이 답변서를 막부에 제출하는 일이 발생했다. 막부의 질문은 과거 17세기 말 울릉도에 도항했다가 조선인을 일본으로 연행한 경위, 울릉도에서 나는 산물의 종류, 섬의 크기, 그림(繪圖), 호키(伯耆)와 조선 각각에서 울릉도까지의 도항거리(海路) 등이었다.

오야 씨와 무라카와 씨는 1724년 윤4월 3일자로 7개조의 답변서를 작성하여 돗토리 번청에 제출했다.53) 그들은 예전에 울릉도에 도항하

---

53) 1724년 막부의 질의와 두 가문의 답변서는 『竹島に關する七箇條返答書』, 앞의 사료 ; 「竹島江渡海之次第先規より書府之寫」『大谷氏舊記 一』, 앞의 사료를 참조. 大谷家文書『竹嶋渡海由來記拔書』, 四代目九右衛門勝房에도 "가쓰후사의 代, 享保 9년(1724) 4월, 막부에서 울릉도 도해 방법에 관해서 문의하시니 이에 삼가 사가미노카미 님(相模守 : 돗토리 번주 이케다 무네야스)께 답서를 올렸다. 자세한 것은 별도로 기록한 것이 있으므로 생략한다. (付記) 에도에서 기키야쿠(聞役) 고타니 기헤이(小谷儀兵衛) 님이 근무하실 때의 일이다. 규에몬의 답서를 가케이 하리마노카미 님(筧播磨守 : 막부의 勘定奉行)께 드렸다고 고타니(小谷) 님의 편지 사본에 적혀 있다"는 구절이 확인된다.

던 선원들 중 당시 얼마 남지 않은 생존자를 호출하여 과거의 기억을 탐문해가면서 답변서를 작성했다고 한다. 거기에는 1692년 평상시와 다름없이 울릉도에 도항했다가 조선인들을 목격한 상황부터 안용복과 박어둔을 일본으로 연행한 일, 그리고 울릉도에 관한 각종 사항과 그림(繪圖) 등이 기록되어 있었다.

돗토리 번의 답변서의 제출은 여러 차례에 걸쳐 이루어진 듯하다. 돗토리 번정사료 『竹嶋之書附』[54]에 의하면, 돗토리 번이 4월에 답변서를 제출하자 막부의 간조부교(勘定奉行) 가케이 마사하루(筧播磨守正鋪)가 4월 하순 무렵 재차 질의를 했고, 5월에도 답변서를 제출했다. 두 번째 질의는 ① 요나고에서 이즈모노쿠니(出雲國) 구모즈우라(雲津浦)까지의 해상 거리, ② 1692년 조선인을 만났을 때 요나고에서 도해한 선원수와 선박수, ③ 1693년 도해 시의 선원수와 선박수, ④ 도해할 때마다 활, 철포(鐵砲) 등을 준비해 갔는가, ⑤ 1694년과 1695년 선원수와 선박수는 동일했는가, ⑥ 조선인을 만난 이듬해 울릉도에는 대략 몇 명의 조선인이 있었는가, 등이다.

이에 대해 1724년 5월부로 작성된 답변서의 내용을 정리하면, ① 1692년 도해시 선원은 총 21명에 철포 5정(挺), 200石 선적규모의 배 1척, ② 1693년의 도항규모는 동일. 다수의 조선인이 있었으나 정확한 인원수는 모름 ③ 1694년, 1695년 도항규모 동일. 울릉도에 오는 조선인은 매년 증가하는 듯하여 1695년에는 곳곳에 50명, 30명

---

54) 『竹嶋之書附』에 의하면 돗토리 번은 閏4월 16일에 「竹嶋之書附」 3통을 작성하여 제출했다. 『竹嶋之書附』는 두 가문이 제출한 '7개조의 답변서'와 과거의 죽도 관련 기록류 등을 바탕으로 해서 돗토리 번청이 작성한 기록으로 추정된다. 여기에는 에도 막부의 죽도도해면허, 죽도 산물의 설명서, '竹嶋之圖' 등이 기재되어 있었다.

씩 있는 것 같았음. ④ 예전에는 울릉도에 도항하는 데 배 2척을 보냈고, 철포 8, 9정을 소지하곤 했는데, 이는 바다사자를 잡기 위한 것이며 그 외 궁시(弓矢), 비도구(飛道具)를 소지하지는 않았음, 등이다. 곧이어 6월에 제출한 답변서는 울릉도 도항 선원 중 요나고 거주자의 목록이었다.[55]

다음은 1724년 돗토리 번이 회답서와 함께 막부에 제출한 울릉도 관련 그림(繪圖) '竹島之圖'이다. 그림 하단에 '竹島之圖 享保九辰年閏四月 江戶へ書上寫'라는 글귀가 거꾸로 기재되어 있다. 앞에서 소개한 겐로쿠(元祿) 시대의 '小谷伊兵衛より差出候竹嶋之繪図'에 비하면 기재된 사항이 훨씬 적고 간략하다. 겐로쿠 시대 이후 울릉도 도항이 금지되었으므로 두 섬에 관한 전반적인 정보는 물론 도항과 관련된 정보도 이미 현실적인 의미를 상실했기 때문이었을 것이다.

위의 진술로 보건대 안용복이 일본으로 연행된 17세기 말 경 울릉도에는 거의 100명에 가까운 조선인들이 건너가 어로활동을 하고 있던 셈이 된다. 그런데 이 인원수는 1695년에 건너간 돗토리 번 사람들이 섬에 체재하는 일정기간 동안 목격한 인원수이므로 1년을 통해 도항하는 조선인의 숫자는 그것을 상회했을 수도 있다.

현재까지 알려진 일본 측 사료에는 오야·무라카와 선원들이 울릉도에서 조선인을 처음 목격한 것이 1692년으로 기술되어 있다. 두 가문의 고문서뿐만 아니라 선원으로 고용되었던 사람들의 회상록에서도 공통적으로 1692년 이전에 조선인을 목격했다는 발언은 찾아볼 수 없다. 심지어 앞에서 언급한 1724년 윤4월부 오야·무라카와 답변서에서 '겐나(元和 : 1615~1623) 연중(年中) 이후 (죽도에서) 당인(唐人 :

---

55) 「竹島江渡海之次第先規より書府之寫」『大谷氏舊記 一』, 앞의 사료.

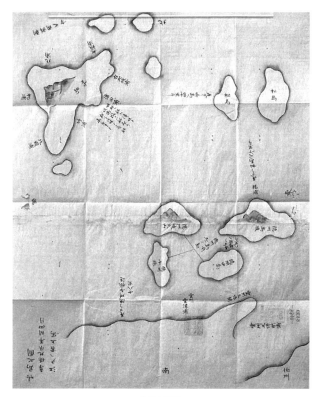

竹島之圖[56]

조선인)을 보지 못했다'[57]고 진술했을 정도이다.

하지만 거의 70년의 세월 동안 매년 울릉도에 도항하면서 조선인을
본 적이 없다는 게 과연 사실일까. 만약 그것이 사실이라면 1692년,

---

56) '竹島之圖'는 돗토리 현립박물관 소장(受入번호 8439). 돗토리 현립박물관에는
   이것 이외에도 '竹島之圖'라는 제명의 繪圖가 3점 더 존재한다. 그 3점은 본문에
   게재한 '竹島之圖'(受入번호 8439)를 작성하는 과정에서 만들어진 초안이거나
   또는 참고자료였을 것으로 추정된다.
57) 「竹嶋渡海由來記拔書控」『村川氏舊記』, 앞의 사료.

1693년 무렵부터 갑자기 수십 명의 조선인들이 울릉도에 건너가기 시작했다는 뜻인데, 그 이유도 의문이 아닐 수 없다. 이 문제가 해결되려면 이 시기 조선인의 울릉도 도항과 그들의 어업 활동 실태가 규명되어야 할 것이다. 다만 분명한 것은 17세기 말이 되자 다수의 조선인들이 울릉도 어로활동에 적극적으로 뛰어들었고, 그로 인해 이 섬이 사실상 조일 양국 어민의 공동 어장화하는 상황을 맞이했다는 점이다.

그런데 1724년이 되어 요시무네가 20년 전 요나고 조닌의 울릉도 출어에 관해 갑작스럽게 관심을 갖게 된 이유는 무엇이었을까. 『鳥取藩史』, 『竹嶋之書附』 등의 기록에는 막부가 새삼 울릉도에 관해서 조사하는 이유가 명확하게 기재되어 있지 않다. 『因府年表』[58] 교호(享保) 9년(1724) 갑진조(甲辰條)에도 "전에 막부가 요나고에 거주하는 오야 규에몬(大谷九右衛門), 무라카와 이치베(村川市兵衛)에게 왕년에 죽도에 도해한 사적(事蹟)을 정밀하게 문의하였기에, 오늘 답서를 올렸다"라고 되어 있을 뿐이다.

조일통교(朝日通交)라는 틀에서 볼 때 요시무네가 울릉도에 관심을 기울일만한 요소로는 '조선인삼'을 꼽을 수 있다. 주지하는 바와 같이 요시무네는 인삼의 일본 국내재배를 성공으로 이끌기 위해 조선인삼에 지대한 관심을 기울인 쇼군이다. 우연한 계기로 '울릉도 인삼'의 존재를 알게 된 요시무네가 울릉도 산물의 상황을 좀 더 정확하게 파악하기 위해 돗토리 번에 질의한 것이었을까. 그러나 적어도 관련 문헌상으로는 요시무네가 이때 과거의 울릉도 도항에 관해 관심을 갖게 된 명확한 이유가 무엇인지 확인되지 않는다.

---

58) 岡島正義, 『因府年表』, 돗토리 현립박물관 소장, 受入번호 169.

이때에는 질의뿐만 아니라 에도로 출두하라는 명령도 내려와, 무라카와 씨가 출두하여 울릉도 도해를 다시 허가해달라고 탄원했다. 두 가문은 예상치 못했던 뜻밖의 전개에, 울릉도 출어가 부활할지도 모른다는 기대에 부풀어 있었음을 쉽게 상상할 수 있다. 하지만 양가가 제출한 답변서의 울릉도 산물 부분에 인삼이 소개되어 있었으나, 막부는 울릉도 인삼에 관해 더 이상 질의하지 않았다. 인삼뿐만 아니라 답변서가 제출되고 나서 막부가 이 건에 관해 후속조치를 취한 형적이 보이지 않기 때문에 아무래도 단발성 조사로 끝난 듯하다. 이 건은 향후 좀 더 지속적인 사료 조사가 필요하다.

오야 가문의 경우 가업을 확대시키려는 노력은 무라카와 가문에 비해 한층 장기간 이어졌다.[59] 1724년에 오야 가쓰후사는 자신이 에도에 출두하지는 않았지만 무라카와 씨가 막부에 청원하는 일을 측면에서 돕는 일에 전념했다. 가쓰후사의 동생 도쿠다 몬도(德田主水)는 교토 공가(公家)의 관리여서 황족가문에 출입이 잦았다.[60] 가쓰후사는 먼저 동생 도쿠다의 중개로 공가의 귀족 시미즈타니(淸水谷) 씨[61]에게 간청하여, 신노(親王) 우에노미야(上野宮)[62]에게 자신을 소

---

59) 오야 가문이 막부로부터 울릉도 도해 재개와 다른 사업에의 참가를 허가받기 위해 활동한 내용에 관해서는 大谷家文書, 『竹嶋渡海由來記拔書』, 四代目九右衛門勝房, 「延享元年於江戸表奉願上候一件」『村川氏舊記』所收(도쿄 대학 史料編纂所 소장, 書目ID.55386) ; 「御公儀江御訴訟之御請幷竹島渡海之次第先規より書附之寫」『大谷氏舊記 三』所收(도쿄 대학 사료편찬소 소장, 書目ID.54892)를 참조. 「御公儀江御訴訟之御請幷竹島渡海之次第先規より書附之寫」는 1740년 가쓰후사가 막부에 청원한 활동에 관한 기록으로, 가쓰후사를 '祖父'라고 칭한 것을 보면 가쓰후사의 손자 가쓰나가(勝長)가 정리한 것으로 추정된다.

60) 大谷文子, 앞의 책, p.177.

61) 시미즈타니(淸水谷) 가문은 公家 중의 하나이다. 후지와라홋케 간인류(藤原北家 閑院流) 사이온지(西園寺) 가문의 일문. 가업은 書道, 후에(笙 : 관악기의 일종), 노가쿠(能樂), 가구라(神樂)이다.

개시켜주는 서한을 받아내는 데 성공했다. 우에노미야란 에도 시대 미야몬제키(宮門跡)의 하나로, 도쿠가와 쇼군 가문의 보제사(菩提寺)인 간에이지(寬永寺)의 주지승을 가리킨다. 간에이지의 소재지가 에도의 우에노(上野)이고, 역대 주지승이 출가한 신노였던 관계로 주지승을 우에노미야라 불렀다.

가쓰후사가 청탁을 넣은 시기나 생몰년도로 보아 당시의 우에노미야는 고준호신노(公遵法親王)로 추정되는데, 고준호신노의 모친이 시미즈타니(清水谷) 가문 출신이었다. 가쓰후사는 1739년 에도로 가서 10월에 우에노미야를 알현하고, 이후 매년 정월에 '年始의 오메미에(御目見)'를 해도 좋다는 허가를 받았다.[63]

1740년 막부에 대한 오야 가쓰후사의 본격적인 청원이 시작되었다. 1740년 4월 가쓰후사는 지샤부교(寺社奉行) 마키노 사다미치(牧野貞通)에게 원서(願書), 첨서(添書), 유서서(由緒書)를 제출하고 '大坂廻米船借'의 건과 '長崎貫物連中에 참여'하는 건을 청원했다. 마키노를 비롯하여 혼다 마사요시(本多正珍), 오오카 다다스케(大岡忠相), 야마나 도요나리(山名豊就) 등의 지샤부교들이 참석한 가운데 가쓰후사는 다

---

62) 우에노 도에이잔(上野東叡山) 간에이지(寬永寺) 주지승은 닛코 닛코산(日光日光山) 린노지(輪王寺) 몬제키(門跡)를 겸무하고 히에이잔 엔랴쿠지(比叡山延暦寺) 천태종 주지에 취임하기도 했다. 모두 황족출신자 또는 皇子가 취임했기 때문에 三山管領宮이라고도 칭하였다. '三山管領宮' '日光宮' '上野宮' '東叡大王' 등 다양한 호칭으로 불렸다. 에도 시대의 역대 간에이지의 주지승은 다음과 같다. 덴카이(天海)—고카이(公海: 생몰 1608~1695년)—슈초홋신노(守澄法親王)—덴신호신노(天眞法親王)—고벤홋신노(公弁法親王: 생몰 1669~1716년)—고칸호신노(公寬法親王: 1697~1738년)—고준호신노(公遵法親王: 1722~1788년)—고케이호신노(公啓法親王)—고준호신노(재임)—고엔호신노(公延法親王)—고초호신노(公澄法親王)—닌뉴도신노(舜仁入道親王)—고쇼호신노(公紹法親王)—지쇼뉴도신노(慈性入道親王)—곤겐뉴도신노(公現入道親王).

63) 「延享元年於江戶表奉願上候一件」, 앞의 사료, 未九月二三日條, 申ノ正月二日六條.

음과 같이 진술했다.

竹嶋(울릉도)·松島(독도) 양도도해(兩嶋渡海)가 금지된 이후에는 호키(伯耆) 요나고(米子) 성주(城主)께서 가엽게 여겨주신 덕택에 생활하고 있다고 청원서에 썼더니, '봉록(扶持) 등을 받고 있는가'라고 물으셨다. 그래서 '봉록은 없습니다. 가엽게 여겨주셨다고 쓴 것은 요나고 성하(城下)로 여기저기서 유입되는 어조(魚鳥) 도매업의 수수료(口錢)를 저의 가독(家督)으로 분부하셨고, 무라카와 이치베(村川市兵衛)도 성하(城下)에 들어와 있는 소금도매업(塩問屋) 수수료를 취하도록 조처해 주신 것을 뜻합니다. 두 사람 모두 위와 같이 받았습니다'라고 말씀드렸다. (후략)[64]

이미 앞에서 언급한 것처럼 가쓰후사는 두 가문이 각각 '魚鳥問屋口錢', '塩問屋口錢' 취득권으로 생활을 유지해왔고, 그러한 상황은 '竹嶋(울릉도)·松島(독도) 양도 도해가 금지된 이후'라고 진술하였다. 죽도(울릉도)와 송도(독도)가 돗토리 번 소속이 아니라는 사실을 충분히 확인한 연후에 막부가 죽도도해금지(1696년)를 결정했듯이, 도해금지령의 해당자인 두 가문도 1696년 이후 두 섬에의 도항을 모두 철폐

---

64) 「延享元年於江戶表奉願上候一件」, 앞의 사료, 申ノ四月十八日條 ; 「御公儀江御訴訟之御請并竹嶋渡海之次第先規より書附之寫」, 앞의 사료. 사료 원문은 다음과 같다.
竹嶋松島兩嶋渡海禁制ニ被爲仰付候以後ハ、伯州米子之御城主より御憐愍を以、渡世仕罷在候由、願書ニ書顯シ候段、然者扶持扞請申候哉与、御意被爲成候、隋而申上候、御扶持ニ而者無御座候、御憐愍与書上申候義ハ、米子御城下江諸方より持參候魚鳥之問屋口錢之座、則私家督与被爲仰付下シ被置候、并同役村川市兵衛儀茂、御城下江入込候塩問屋口錢之儀被爲仰付候、兩人共ニ右之趣頂戴仕置奉存候旨申上候。(후략)

했던 것이다. 따라서 실제로 1696년 이후에 송도 도해만을 단독으로 시도했다는 기록은 찾아볼 수 없다. 이 사료가 지니는 의미에 관해서는 제2장 보론에서 상세하게 논할 것이다.

어쨌든 1740년을 전후한 시기가 되면 가쓰후사는 오사카 회미선업(廻米船業) 또는 나가사키의 해산물(俵物) 무역상의 일원으로 참가하는 권리를 획득하기 위해 노력했다. 울릉도 도해의 부활이 현실적으로 불가능하다는 것을 깨닫게 되었는지, 울릉도에 집착하기보다는 다른 영역으로의 진출을 꾀하기 시작한 것이다.

가쓰후사의 청원은 지샤부교 마키노 사다미치에 의해 로주에게 상신되었고, 과거 에도에 참부(參府)하던 시기 오야 씨가 정계의 요인들과 주고받은 각종 서한과 기록들도 제출되었다. 1740년 7월 우에노미야가 지샤부교 마키노에게 '요나고의 조닌 오야 규에몬이라는 자가 막부(公儀)에 청원할 것이 있다고 하니 잘 처리해 달라'는 의사를 내밀히 전달했다.[65] 물론 이것은 우에노미야가 이전 가쓰후사로부터 부탁받은 것을 행동에 옮긴 것이었다. 우에노미야의 입장에서는 본인이 불문(佛門)에 몸담고 있는 관계로 막부의 다른 부교가 아닌 지샤부교에게 청탁하여 오야 씨를 지원해 준 것이라 추정된다. 그러나 그해가 저물도록 가쓰후사는 아무런 답변을 얻지 못했다.

이듬해 1741년 그는 '오사카 회미선업은 간조부교쇼(勘定奉行所)의 관할이다'라는 지샤부교의 지시에 따라, 이번에는 간조부교들을 찾아가 가문의 유래와 청원하게 된 이유 등에 관해 설명했다. 4월이 되자 간조부교들은 '오사카 회미선 건에 관해서는 오사카의 도마야 규베에(とま屋久兵衛)·에치젠야 사쿠에몬(越前屋作右衛門)이라는 자가 연한

---

65) 「延享元年於江戸表奉願上候一件」, 앞의 사료, 申／七月九日六條.

을 정해두고 일하고 있기 때문에 의정(議定)된 연한 내에 관청이 그것(권리)을 박탈하기가 어렵다. 그러니 그대가 두 사람과 직접 상대하여 선차역인(船借役人)에 참가해야 할 것이다'라는 평의를 내렸다.[66]

곧이어 가쓰후사는 지샤부교 마키노를 통해 나가사키부교(長崎奉行) 하기와라 요시키요(萩原美雅)에게 청을 넣어 6월 하기와라에게 직접 청원문을 제출했다. 이에 대한 하기와라의 답변은 '나가사키 관물입찰(貫物入札) 집단에 참여하고 싶다는 건에 관해서인데, 이 일은 예로부터 에도, 교토, 오사카, 사카이(堺), 스루가(駿河), 나가사키 등 모두 막부직할령(御領)에서 입찰집단에 참여해 왔다. 다이묘 령(大名下)에서 관물입찰인수(貫物入札人數)에 들어가는 일은 아직까지 예가 없었다'는 것이었다.[67] 결과적으로 '大坂 廻米船借'의 건과 '나가사키 관물 무역에 참여'하려는 시도는 모두 실패로 돌아갔다.

오야 가쓰후사는 1692년에 가독을 계승하여 1696년 '막부의 울릉도 도해금지 명령으로 인한 가업의 변경'을 경험한 당사자이기 때문인지 가업확장을 향한 열정이 남달랐다. 비록 그의 계획이 막부의 허가를 얻어내지는 못했지만 오야 씨가 막부에 청원하는 일련의 과정은 후대에 그저 조닌으로 통칭되던 오야 씨의 특성을 재고하게끔 한다.

동생이 공가(公家)의 세계에 몸담고 있는 관계로 여건 상 오야 가쓰후사가 공가의 인맥을 활용할 수 있는 상황이기는 했다. 그러나 신노(親王)를 끌어들여서 막부의 지샤부교에게 청탁을 넣는 수완은 물론이거니와, 이미 수행자가 고정되어 있는 상업 분야에 진출하기 위해

---

66) 「延享元年於江戶表奉願上候一件」, 앞의 사료, 酉ノ四月十八日條.
67) 「延享元年於江戶表奉願上候一件」, 앞의 사료, 酉ノ六月十日條;『竹嶋渡海由來記拔書』, 앞의 사료.

'막부의 명(命)'을 획득하려는 노력 등, 가쓰후사는 소시민적인 조닌 이상의 행동양상을 보여 주었다. 여기에는 당시 오야 씨가 마치도시 요리(町年寄)였다는 점도 어느 정도 작용했겠지만 수십 년 동안 '독례 (獨禮)의 쇼군 알현'을 허락받아서 막부의 최고 요인들을 두루 상대해 본 특권상인의 관록이 발휘된 것이 아니었을까.

어쨌거나 수년 동안 교토, 에도, 오사카, 요나고를 동분서주하면서 청원활동을 전개했지만 가쓰후사는 성과를 거두지 못한 채 1754년 73세로 사망했다. 뒤를 이어 가업을 계승한 가쓰오키(勝起)에게 요나 고의 관청은 금후 어조(魚鳥)도매업을 관청에서 직접 관장하고 세금 (運上)으로 1관목(貫目)을 거둔 나머지를 주기로 결정했다. 가쓰후사 가 막부 청원에 전력을 기울인 나머지 어조도매업 업무를 소홀히 하여 요나고에서의 평판이 나빠진 탓이었다.

1771년에 이르자 생활이 곤궁해진 가쓰오키가 요나고 관청에 어조 도매업 운영을 예전의 형태로 복원시켜 달라는 탄원서를 수차례 제출 했으나 허가받지 못했다. 그의 후계자 가쓰나가(勝長)도 돗토리 번과 오사카를 잇는 구라마이(藏米) 운송 사업에 뛰어들었으나, 폭풍우에 선박이 파괴되어 선박 구입비를 변제하느라 고생하다가 병사했다.

1800년에 가독을 이은 가쓰오키(勝意)는 오로지 어조도매업에만 정성을 쏟아서 부친이 남긴 부채를 청산하고, 20여 채의 셋집을 보유 하는 등 가운(家運)을 일으켰다. 1819년부터 6년간 매년 12냥(兩)씩 번주에게 헌금도 했을 정도였다. 그의 후계자 가쓰히로(勝廣)에 이어 가쓰아키(勝明)는 5인분의 봉록(俸祿)과 대도(帶刀)를 허가받아 '町人 上席'을 유지했다. 메이지 시대로 접어들어 1893년 기치로(吉郎)가 호주(戶主)가 되었고, 1902년(메이지 35) 오야 씨의 어조(魚鳥) 도매 상은 산인수산주식회사(山陰水産株式會社)에 흡수되었다고 한다.[68]

5. 맺음말

이 장에서는 돗토리 번 조닌(町人)인 오야 가문과 무라카와 가문의 울릉도 도항활동에 초점을 맞추어, 두 가문의 내력(出自), 17세기 초 울릉도에 도해하게 된 경위, 막부와의 관계, 돗토리 번청과의 관계, 울릉도 산물의 활용, 울릉도 도해가 금지된 이후 두 가문의 행보 등을 검토하였다. 또한 이 장은 일본사회와 울릉도가 에도 시대의 일정 기간 동안 하나의 생활권이자 경제권으로 어떻게 연결되어 있었는지를 조망해보는 시도이기도하다.

두 가문은 전국시대에 무사로 존재하다 요나고에 이주하여 정착한 내력을 지니며, 17세기 초까지만 해도 무사적인 성격을 완전히 떨쳐 내지 못한 상황이었다. 그러던 중 인맥이 닿아 있던 막부 관리 아베 씨의 알선을 받아 막부로부터 '죽도도해허가' 로주 봉서를 발급받는 데 성공, 울릉도 도항권을 독점하게 된다.

그들은 이 권한을 근거로 삼아 쇼군 알현 등의 특권을 획득했고, 매년 울릉도에 교대로 도항하여 엄청난 양의 전복과 해산물을 채획했다. 그들은 전복을 막부의 요인들에게 헌상하는 한편 채획한 물품을 나가사키로 싣고 가서 견직물, 호피(虎皮), 설탕(砂糖)과 같은 수입품과 교환하여 각 국(國)을 돌며 판매하기도 했다.

울릉도쟁계를 계기로 울릉도의 소속에 관해 심의한 막부는 1696년 돗토리 번주 이케다 쓰나키요(池田綱淸)를 수신자로 하여 '죽도도해금지'를 명하는 로주 봉서를 하달했다. 이 로주 봉서는 오야·무라카와

---

68) 당주 가쓰오키(勝起)부터 메이지 시대의 기치로(吉郎)에 이르는 오야 가문의 역정은 大谷文子, 앞의 책, pp.164~169.

양가에도 전달되었다. 당주였던 오야 가쓰후사(大谷勝房)와 무라카와 마사카쓰(村川正勝)의 대에 이르러 두 가문은 약 70년 동안 향유해 온 울릉도 도해의 권리를 상실하게 되었다.

울릉도 도항을 완전히 중단한 결과 경제사정이 어려워지자 돗토리 번은 오야 씨에게 요나고의 성하(城下)에서 어류도매업(魚鳥問屋)의 구전(口錢) 취득권을 가록(家祿)으로 부여했고, 무라카와 씨에게는 요나고 지역 소금도매업(鹽問屋) 구전을 취하도록 조처하여 생계기반 을 마련해주었다.

그럼에도 불구하고 두 가문 모두 울릉도 도해를 재개시키기 위한 운동을 오랫동안 계속했다. 오야 씨의 경우는 1740년 무렵 가업을 확대시키기 위해 '大坂廻米船借', '長崎貫物貿易'에의 참여를 허가해 줄 것을 막부에 새롭게 청원하기도 했다. 그러나 이러한 노력이 모두 실패로 돌아간 이후 오야 가문은 경제적인 부침을 거듭하다가 메이지 유신을 맞이하게 되었다.

〈표 2-1〉 오야 가문의 계보

	당주의 이름	개인 사항	가족 사항
始祖	和田九右衛門尉良淸	文正(1466) 연간 기소(木曾) 후쿠시마(福島) 씨의 가신으로 있었지만 사정이 있어서 떠나고, 다지마노쿠니(但馬國. 효고 현) 오야(大屋)에 칩거. 永正 15년(1518) 1월 3일 그곳에서 사망.	
2대	和田瀨兵衛永順	호키노쿠니(伯耆國) 오다카(尾高)에 자리잡고 源光寺 건립. 永祿 4년(1561) 1월 26일 그곳에서 사망.	
3대	大谷玄番尉勝眞	오야(大谷) 姓의 開祖 오다카(尾高) 성주 스기하라 모리시게(杉原盛重)를 섬긴 후 武道를 버리고 隱士가 됨. 元和 2년(1616) 8월 27일 오야타니(大屋谷)에서 사망.	부인은 1616년 사망.
	大谷甚吉 (울릉도 발견자)	겐바(玄番)의 조카. 겐바의 두 아이를 지키고자 호키 요나고에서 해운업을 일으킴. 울릉도를 발견하고 울릉도에서 사망. 죽은 연도가 명확하지 않아서 울릉도 도해 허가가 난 元和 4년(1618) 5월 16일을 命日로 정함.	
4대	大谷九右衛門勝宗	요나고 오야 가문의 元祖. 요나고 나다마치(灘町)에 정착. 해운업·울릉도 개발사업에 힘썼고 參勤獨禮하기 위해 수차례 에도를 방문. 寬文 2년(1662) 12월 23일 97세로 사망. 隱居名은 道喜.	본처는 1626년 사망. 후처는 1653년 사망. 5대 勝實의 생모. 大谷兵左衛門宗梅(勝宗의 동생)은 別家 오야 가문의 조상.
5대	大谷九右衛門勝實	兒名 소스케(惣助). 아버지 勝宗 대신 아명인 채로 에도에 가서 參勤, 에도 성에서 성인식을 치르고 九右衛門으로 개명. 延寶 7년(1679) 9월 3일 사망.	본처는 1690년 사망. 후처는 1636년 사망
6대	大谷九右衛門慰勝信	元祿 5년(1692) 9월 10일 사망.	부인은 1699년 사망. 딸은 이즈모 오하라 군(大原郡) 사토(佐藤) 씨와 결혼.

7대	大谷九右衛門慰勝房	요나고 오야 가문을 중흥시킨 사람. 울릉도 도해가 금지되자 魚鳥도매업을 가록으로 받고 상업을 시작함. 에도에 가서 이전에 하던 사업의 계속과 확장을 탄원함. 寶歷 4년(1754) 2월 4일 73세로 사망.	勝房의 동생 도쿠다 몬도(德田主水)는 교토에서 황실 업무를 봄. 도쿠다의 딸 於多貴는 교토 皇居의 시녀였음
8대	大谷九右衛門慰勝起	寬政 1년(1789) 10월 29일 사망.	부인은 1821년 사망.
9대	大谷九右衛門慰勝長	寬政 12년(1800) 10월 4일 사망.	부인은 1794년 사망.
10대	大谷新九郎勝意	文化(1804~1817), 文政(1818~1829) 시기에 가업을 크게 번성시킴. 文政 10년(1827) 5월 23일 사망.	부인은 1829년 사망.
11대	大谷九右衛門勝廣	俗名은 九之平. 시대의 추이를 따라 어류도매업은 山陰水産株式會社가 되어 다른 사람 손에 넘어감. 明治 22년(1889) 12월 9일 사망.	부인 구마(くま)는 본가 구즈모(車尾) 후카다(深田) 가문 출신. 1831년 사망.
12대	大谷養右衛門勝明	俗名은 範九郎. 明治 6년(1873) 1월 12일 사망.	
13대	大谷吉郎	구즈모(車尾) 본가 후카다(深田) 가문의 차남으로, 양자로 들어옴. 昭和 12년(1937) 4월 1일 사망.	부인 누이(ぬい)는 다테마치(立町) 무라카와(村川) 가문 출신. 1908년 사망.
14대	大谷弘	오바야시구미(大林組), 滿鐵, 산요 전철회사(山陽電鐵會社)에 근무하다 오야 건축설계사무소를 자영. 昭和 46년(1971) 1월 11일 사망(70세).	부인은 文. 교토 萩野治二郎의 딸. 자식은 奈加子, 仁子, 卓生.
15대	大谷武廣	1남 2녀를 둠.	부인 紀久子는 고베(神戶) 仁木久雄의 딸.

(1) 전거 : 大谷文子, 『大谷家古文書』, 久保印刷所, 1984, pp.173~181.
(2) '始祖·2대 당주' 등의 분류는 모두 『大谷家古文書』의 정리를 그대로 인용함.
(3) 본고의 내용과 직접적인 관계가 없다고 판단되는 지엽적인 가족 사항은 필자가 임의로 생략함.

울릉도도항금지령 이후 松嶋(독도) 도항 문제 재고(再考)

1. 머리말

1966년에 발간된 가와카미 겐조(川上健三)의 저서 『竹島の歷史地理學的研究』(古今書院)는 제목 그대로 독도(竹嶋)가 역사적, 지리적으로 일본의 영토라는 점을 증명하는 데에 주안점을 둔 저서이다. 지금으로부터 거의 반세기 전에 발간된 책이어서 짐짓 학문적인 신선함을 상실한 구시대의 유물과도 같은 책일 것이라는 선입견을 갖기 쉽다.

사실 그의 연구 성과는 이후에 등장한 후진 연구자들에 의해 보다 면밀한 문헌 고증을 거쳐 여러 가지 문제점이 지적되어 왔다. 그러나 그럼에도 불구하고 가와카미의 연구 성과에는 현재까지 일본정부의 공식 견해로 계승되고 있는 부분이 엄연히 존재하고 있다. 그의 저서는 일본 측 주장에 논리적인 근거를 제공했으며, 그 논리는 아직까지도 일본정부의 공식 입장으로 살아 숨 쉬고 있다. 필자가 가와카미의 주장에 주목하는 이유는 여기에 있다.

보론에서는 가와카미가 역사학의 관점에서 전(前) 근대 시기의 독도를 일본 영토로 규정하는 논리 세 가지를 비판적으로 검토하고자 한다.

2. 왜 가와카미 겐조인가

현재 일본 외무성은 홍보 팸플릿 「다케시마 문제 10포인트(竹嶋問題10のポイント)」에서 "① 일본은 늦어도 17세기 중반에는 다케시마(독도)의 영유권을 확립했다. ② 일본은 17세기 말 울릉도에의 도항은 금지했지만 다케시마(독도)에의 도항은 금지하지 않았다. 이것으로도 당시부터 우리나라(일본)가 다케시마(독도)를 자국의 영토로 생각하고 있었음이 분명하다"[1]는 주장을 내걸고 있다.

이 주장을 그 근거가 되는 사실과 함께 풀어서 설명하면 다음과 같다.

① 17세기 초 에도 막부가 울릉도도해면허를 발포한 것을 계기로 오야, 무라카와 씨가 독도와 울릉도에 도항하기 시작했고, 이는 곧 일본이 두 섬에 대한 영유권을 확립했다는 것을 의미한다.
② 에도 막부가 17세기 말 울릉도에의 도항은 금지했지만 독도에의 도항은 금지하지 않았는데 이것은 독도를 일본의 영토로 생각했기 때문이다. 결국 독도에 관한한 일본은 17세기 중엽 이래 영유권을 포기한 적이 없다는 결론이다.[2]

가와카미가 역사학의 관점에서 전근대 시기의 독도(松嶋)를 일본

---

1) http://www.mofa.go.jp/mofaj/area/takeshima/pdfs/takeshima_point.pdf. (2014년 5월 7일 현재).
2) 허나 17세기 말 막부의 '울릉도 도해금지'가 결정된 이후 1905년 시마네 현의 독도편입에 이르기까지 일본은 200년간 독도에 관해 영유권 주장을 하지 않았다. 김영수, 「독도의 '실효적 지배'에 관한 국제법 판례와 사료적 증거」 『獨島研究』 10, 2011, p.96.

영토로 규정하는 논리는 크게 세 가지로 정리된다.

　A 막부는 竹嶋(울릉도)도해면허 외에 松嶋(독도)도해면허도 발급했
　　다.
　B. 막부는 1696년 竹嶋(울릉도)도해금지령을 발포했으나 松島(독도)
　　도해는 금지하지 않았다.
　C. 1696년 이후에도 일본은 松島(독도)를 오키 령으로 인식하고 있었
　　다.

　일본 외무성의 홍보 팸플릿과 가와카미의 주장을 대조해 보면 ①
-A, ②-B·C의 상호연관성을 어렵지 않게 파악할 수 있다.

3. 松嶋(독도)도해면허

　그러면 첫 번째 'A. 막부는 竹嶋(울릉도)도해면허 외에 松嶋(독도)
도해면허도 발급했다'는 주장부터 살펴보자. 가와카미는 울릉도 어로
에 종사하던 돗토리 번 조닌(町人) 오야 가문의 3대 당주 오야 가쓰노
부(大谷勝信)와 4대 당주 오야 가쓰후사(大谷勝房)의 기술을 근거로
하여, "松島(독도)도해면허가 막부에 의해 발급되었으나 그 시기에
관해 가쓰노부(勝信)는 쇼군 이에쓰나(家綱)의 치세기(1651~1679),
가쓰후사(勝房)는 쇼군 히데타다(秀忠 : 1605~1622), 쇼군 이에미쓰
(家光 : 1623~ 1650) 등 제 각각이다. 1659년에 아베 시로고로(阿倍四
郎五郎)[3]가 독도 도해에 관한 막부의 뜻을 받들어 1661년부터 오야
가문의 독도 도해가 시작되었다"[4]고 주장했다.

가와카미는 울릉도도해가 시작되고 얼마 되지 않아 독도개발이 이루어졌을 것이며, 두 가문이 막부의 정식 승인 하에 독도에 처음 도해하게 된 것은 1660년 혹은 1661년이라고 추측하였다. 그러나 독도도해면허의 사료 상의 존재여부에 관해서는 전혀 언급하지 않았고, 인용한 사료 중에도 독도도해면허의 발급 여부를 직접적으로 언급한 구절은 찾아볼 수 없다.

다음은 가와카미가 인용한 사료 중의 하나로 오야 가쓰노부(大谷勝信)가 1681년 요나고 지역을 방문한 막부의 준켄시(巡見使)[5]에게 제출한 청서(請書)이다.

3대 규에몬 가쓰노부(九右衛門勝信)

가쓰노부(勝信)의 代 延寶 9년(1681) 5월 준켄시(巡見使)께서 숙박하시어 울릉도의 상황에 관해 질문하셨을 때 제출한 답서의 사본이다.

一. 3대 쇼군 도쿠가와 이에미쓰(德川家光) 시기이므로 50년 전에 아베 시로고로 님의 주선으로 울릉도를 배령(拜領)했습니다. 그 후에 선조들이 쇼군 알현을 허가받아 감사히 여기고 있습니다.

一. 그 섬에 매년 도해하여 바다사자 기름, 전복 채취하는 일에 종사했습니다.

一. 울릉도는 오키(隱岐) 도고(島後)의 후쿠우라(福浦)에서 100리(里) 정도 떨어져 있다고 하는데 해상의 일이어서 확실히 알지 못합니다.

---

3) 여기의 아베 시로고로는 죽도도해면허가 발급되도록 알선한 幕臣 아베 마사유키(阿倍正之)의 장남 阿倍正繼를 가리킨다.

4) 川上健三, 『竹島の歷史地理學的硏究』, 古今書院, 1966, pp.73~83.

5) 에도 막부가 지방정치를 감찰하기 위해 각 國에 파견한 관리를 말한다.

一. 울릉도의 둘레는 10리(里) 정도입니다.

一. 4대 쇼군 도쿠가와 이에쓰나(德川家綱) 시기에 울릉도로 가는 길에 둘레 20정(町) 정도 되는 <u>작은 섬</u>이 있었습니다. <u>초목은 없고 바위섬이며 25년 전 아베 시로고로 님의 주선으로 배령(拜領)하여 배가 도해했습니다.</u> 이 작은 섬은 오키 도고의 후쿠우라에서 해상으로 60리(里) 정도 떨어져 있습니다.

5월 13일[6]

가쓰노부가 제출한 위의 청서(請書)에는 '50년 전에 울릉도를 배령했고, 25년 전에 울릉도로 가는 길에 있는 작은 섬을 막부로부터 배령(拜領)했다'고 기술되어 있다. '작은 섬'이란 독도로 추정된다. '배령(拜領)'의 사전적인 의미는 '쇼군이나 번주 등 신분이 높은 사람으로부터 물(物)을 받는 것'이다. 그러나 제2장에서 검토한 바와 같이 '울릉도도해면허'는 울릉도에 도항해도 좋다는 막부의 허가서이지, 울릉도를 영지로 하사한다는 문서는 아니다.

나이토 세이추(內藤正中)가 지적했듯이 일본의 봉건사회는 모든 토지가 영주의 소유인 것이 원칙이나 비록 육지에서 멀리 떨어진 섬이라고 해도 조닌이 영주로부터 토지의 소유권을 부여받는 일은 있을 수 없다.[7] 그럼에도 불구하고 위의 사료에서도 확인되듯이 오야 가문과 무라카와 가문에 전승되는 고문서에는 '울릉도와 독도를 배령했다'는 표현을 도처에서 발견할 수 있다.

그것은 오랜 세월 무인도나 다름없는 울릉도에 드나드는 사이에

---

6) 大谷家文書, 『竹嶋渡海由來記拔書』, 돗토리 현립박물관 소장, 受入번호 15325.

7) 內藤正中外, 『史的檢證 竹島·獨島』, 岩波書店, 2007, p.8.

오야 씨와 무라카와 씨가 '도항권한'을 점차 '배령'으로 인식하게 되었고, 그러한 인식이 두 가문에서 자신들의 역사로 전승되어 갔기 때문일 것이다. 두 가문이 울릉도 도항을 계기로 하여 돗토리 번 내에서 특권상인의 지위를 구축하고, 막부로부터 특별대우를 받았다는 사실도 그러한 인식이 고정, 계승되는 데에 한몫했을 것이다.

따라서 두 가문의 고문서는 과거 울릉도 도항으로 인해 자신들이 향유했던 사회적인 지위를 현창하려는 의도에서 기록되었다는 사실을 염두에 두고 분석할 필요가 있다. 헌데 가와카미는 조닌이 봉건권력으로부터 섬을 '배령'받는 것이 있을 수 없다는 사실을 도외시한 채, 사료 상의 '배령'이라는 표현과 '도해면허' 발급을 동일시했다. 전근대 일본사회를 지배하던 토지소유의 기본 논리가 고려되지 않은 것이다. 독도의 경우에도 두 가문의 고문서에 기재된 '독도를 배령했다'는 문구를 '독도도해면허의 발급'과 동일시했다.

그러면 '막부가 독도도해면허를 발급하여 두 가문이 막부의 정식 승인 하에 독도에 처음 도해하게 된 것은 1660년 또는 1661년이다'라는 가와카미의 주장은 유효할까.

여기에 대해 이케우치 사토시(池內敏)는 가와카미가 활용한 사료를 재검토하여 그의 주장을 다음과 같이 비판했다. 즉 "1657년에는 이미 무라카와 씨가 단독으로 독도 도해를 시도했거나 했고, 독도 도해에 수반되는 이권을 둘러싸고 두 가문이 의견 차이를 보였다. 의견조정에 나선 아베가 1658년에 두 가문의 교대제 독도 도해를 획책했으며, 1661·1662년 오야 가문이 독도에 도해한 이후 두 가문이 교대로 도해한다는 조정안대로 되어갔다. 따라서 이 같은 일련의 사태는 도해면허 발행이 아닌 도해를 둘러싼 양가의 '이해 조정'에 불과하다"[8]고 하며, '독도도해면허'라는 것은 존재하지 않는다고 못 박았다. 이케우치는 '독도도해면허'는 존재하지 않지만 1661·1662년 이후 두 가문이 교대로 독도에 도해했다고 보았다.

실제로도 '울릉도도해면허'는 현재 사본이 존재하지만 '독도도해면허'에 해당하는 문서는 발견되지 않은 상태이다. '울릉도도해면허'는 두 가문의 고문서에 빈번하게 등장하고 있는 데 반해, '독도도해면허'에 해당하는 문서는 전혀 등장하지 않는다.

무엇보다도 독도는 오키에서 울릉도로 가는 도중 당연히 거쳐야 하는 중간지점이었기 때문에 별도로 독도도해면허라는 것이 필요하지 않았다. 따라서 '독도도해면허'가 막부에 의해 발급되었다는 것을 전제로 하여 '일본은 늦어도 17세기 중반에는 독도의 영유권을 확립했다'는 주장은 설득력을 가질 수 없다.

또한 독도의 실질적인 상황을 고려할 때 두 가문의 독도 도해를 둘러싼 이권 다툼에 관해서도 여전히 의문이 남는다. 이케우치의 주장은 '독도 도해에 수반되는 이권을 둘러싸고 두 가문이 의견 차이를 보였으나, 아베가 의견을 조정한 결과 1661·1662년 이후 두 가문이 교대로 도해했다'는 내용으로 정리된다. 일련의 사태는 독도도해면허 발행이 아닌 독도 도해를 둘러싼 양가의 '이해 조정'에 불과하다는 것이다.

그런데 두 가문의 입장에서 독도 도항이 과연 서로 이권 다툼을 할 정도로 독자적인 수익의 창출을 수반하는 것이었을까. 이러한 의문이 생기는 이유는 독도의 자연조건이 울릉도의 자연조건과 많이 다르기 때문이다. 울릉도는 해류의 산물이 풍부했고 선박이 정박할

---

8) 池內敏, 『大君外交と武威』, 名古屋大學出版會, 2006, pp.251~259. 松嶋(독도)도해에 수반되는 이권을 둘러싸고 두 가문이 의견 차이를 보인 이유와 이 문제에 아베가 개입하게 된 경위 등은 이케우치 사토시(池內敏)의 책에 상세하다.

수 있는 포구가 곳곳에 있었다. 배를 대어두고 일정 기간 해류의 산물을 채취하는 것이 가능했던 것이다.

그에 비해 독도는 온통 바위섬인 탓에 배를 육지에 착안시키는 것조차 어려웠을 텐데, 그런 상황에서의 어획활동이 이권 다툼으로 이어질 정도의 경제 가치를 지니고 있었을까. 여기에서 중요한 것은 두 가문이 독도를 어떻게 활용했는가 하는 문제인데, 두 가문의 고문서에도 독도에서의 활동은 그다지 상세하게 기록되어 있지 않다.[9]

4. 17세기 말에도 막부는 독도 도항을 금지하지 않았다?

두 번째로 'B. 막부는 1696년 竹嶋(울릉도)도해금지령을 발포했으나 松島(독도)도해는 금지하지 않았다'는 가와카미의 주장을 검토하자.

일본정부의 주장대로 17세기 말 막부가 '독도도해금지령'을 별도로 발포하지 않은 것은 사실이다. 그리고 '울릉도도해금지령'에는 울릉도만 언급되어 있고, '독도 도항을 금지한다'는 문구가 들어있지 않은 것도 사실이다.

그런데 막부가 17세기 말에 독도도항에 관해 별도로 언급하지 않았던 이유는 현재 일본정부가 주장하는 것처럼 '독도를 일본의 영토로

---

9) 오야 후미코(大谷文子)는 "독도에도 바다사자가 서식하고 있어서 石井宗悅가 오야 가쓰무네(大屋道喜)에게 보낸 편지에 의하면 '독도에 70, 80石 정도의 작은 배를 보내서 화승총으로 바다사자를 쏘면 작은 섬이라서 울릉도로 바다사자가 도망간다'고 되어 있다. 가쓰무네의 생존 시에 이미 독도에 건너가 바다사자를 포획하기 위한 방법의 하나로 독도를 이용했다는 것을 알 수 있다"라고 하였다. '道喜'는 가쓰무네의 隱居名으로, 그는 1662년 12월에 사망했다.

판단해서'라고 보기 어렵다. 왜냐하면 제2장에서 검토한 것처럼 울릉도쟁계가 발생하자 막부는 돗토리 번에 울릉도와 독도의 소속을 확인했고, 두 섬 모두 돗토리 번 소속이 아니라는 사실을 확인한 바 있기 때문이다. 1696년의 울릉도도해금지령은 그러한 확인과정을 거친 결과 발포되었다는 점을 상기할 필요가 있다.

그러한 울릉도도해금지령에 '독도 도항을 금지한다'는 문구가 들어 있지 않은 것은 막부의 입장에서 볼 때 '독도도해면허'에 해당하는 막부의 공식 문서가 발급된 적이 없었기 때문이다. 더구나 울릉도 도항이 금지되면 자연히 독도에도 가지 않게 될 것이 자명하므로 별도로 '독도도해금지령'을 발포할 필요가 없었던 것이다.

일찍이 가지무라 히데키(梶村秀樹)는 "막부가 '울릉도도해금지령'에서 '松嶋(독도)' 도항도 금지한다고 명문(明文)상으로 명시하지는 않았지만, 사실문제로써 울릉도 도항이 금지된 이후 독자적으로 경제적 가치가 없는 '松嶋'만을 목표로 해서 도항하는 일이 막말까지 없었던 게 확실하고, 松嶋 단독도항을 적극적으로 증명하는 사료도 없다"[10]는 견해를 피력한 바 있다.

이것은 단순한 추론에 그치지 않는다. 실제로 울릉도도해금지령이 발포된 이후 오야 가문과 무라카와 가문이 울릉도뿐만 아니라 독도 도항까지 중지한 사실을 두 가문의 고문서가 생생하게 전해주고 있기 때문이다. 다음 사료가 그것이다.

竹嶋(울릉도)·松島(독도) 양도도해(兩嶋渡海)가 금지된 이후에는 호키(伯耆) 요나고(米子) 성주(城主)께서 가엽게 여겨주신 덕택에 생활

---

10) 梶村秀樹, 「竹島=獨島問題と日本國家」『朝鮮研究』182, 1978, pp.19~20.

하고 있다고 청원서에 썼더니, '봉록(扶持) 등을 받고 있는가'라고 물으
셨다. 그래서 '봉록은 없습니다. 가엽게 여겨주셨다고 쓴 것은 요나고
성하(城下)로 여기저기서 유입되는 어조(魚鳥)도매업의 수수료(口錢)
를 저의 가독(家督)으로 분부하셨고, 무라카와 이치베(村川市兵衛)도
성하(城下)에 들어와 있는 소금도매업(塩問屋) 수수료를 취하도록 조
처해 주신 것을 뜻합니다. 두 사람 모두 위와 같이 받았습니다'라고
말씀드렸다. (후략)11)

오야 가문과 무라카와 가문이 울릉도 도항이 금지된 후 어떻게
생계를 유지했는가에 관해서는 이미 제2장에서 상세히 소개한 바
있다. 위 사료는 오야 가쓰후사가 다른 상업 분야로의 진출을 청원하
고자, 1740년 막부의 지샤부교(寺社奉行)들 앞에서 울릉도도해금지
후 두 가문이 생계를 이어온 경위에 관해 진술한 내용이다. 여기에서
주목해야 할 곳은 오야 씨가 그 경위를 설명하면서 '竹嶋(울릉도)·松島
(독도) 양도(兩嶋)도해가 금지된 이후'라고 전제한 부분이다.

에도 막부가 독도 도항을 명문상으로 금지한 것도 아닌데, 정작
당사자인 두 가문은 1696년의 울릉도도해금지령을 '울릉도와 독도에

---

11) 村川家文書, 「延享元年於江戸表奉願上候一件」(『村川氏舊記』 所收, 도쿄 대학 史料
編纂所소장, 書目ID.55386), 申ノ四月十八日條 ; 大谷家文書, 「御公儀江御訴訟之
御請并竹島渡海之次第先規より書附之寫」(『大谷氏舊記 三』 所收, 도쿄 대학 史料編
纂所소장, 書目ID.54892). 원문을 인용하면 다음과 같다.
竹嶋松島兩嶋渡海禁制ニ被爲仰付候以後ハ、伯州米子之御城主より御憐愍を以、
渡世仕罷在候由、願書ニ書顯シ候段、然者扶持抔請申候哉与、御意被爲成候、隋
而申上候、御扶持ニ而者無御座候、御憐愍与書上申候義ハ、米子御城下江諸方よ
り持參候魚鳥之問屋口錢之座、則私家督与被仰付下シ被置候、并同役村川市兵
衛儀茂、御城下江入込候塩問屋口錢之儀被爲仰付候、兩人共ニ右之趣頂戴仕置奉
存候旨申上候。(후략)

의 도항 금지'로 받아들인 것이
다. 이것은 매우 흥미로운 사실
이 아닐 수 없다. 그 이유는 여러
가지로 생각해 볼 수 있다.

　우선 막부가 돗토리 번청에 울
릉도와 독도의 소속을 확인하자
돗토리 번이 '두 섬은 돗토리 번
소속이 아니다'라고 답변한 사실
이 두 가문에 전달되었을 가능성

『村川氏舊記』 표지

이 매우 크다. 실제로 돗토리 번청은 두 가문의 거주지인 요나고를
지배하는 요나고(米子) 성주를 통해 막부의 결정을 두 가문에 통보했
는데,[12] 그 때 막부가 왜 그러한 결정을 내렸는지에 관한 설명도
수반되었을 것이다. 사실상 막부의 '울릉도도해금지령'은 두 가문이
70여 년간 누려오던 특권을 갑자기 폐지하겠다는 결정이므로, 그간
막부와 돗토리 번청 사이에서 오고간 얘기 즉 막부의 질의와 돗토리
번의 답변 내용이 두 가문에게도 전달되었을 것이라고 보는 게 자연스

---

12) 막부의 로주 봉서(울릉도도해금지령)는 1696년 1월 28일부로 작성되었는데,
　같은 해 8월 1일, 돗토리 번청은 로주 봉서의 사본을 작성하여 요나고(米子)
　성주 아라오(荒尾) 씨에게 전달했다. 아라오 씨는 같은 달 오야 씨와 무라카와
　씨에게 로주 봉서의 사본과 함께 막부의 결정사항을 전달했다. 로주 봉서가
　8월이 되어서야 사본의 형태로 요나고 성주에게 전달된 이유는 '번주 이케다
　씨가 에도에서 돗토리 번으로 귀성하고나서 막부의 결정을 두 가문에 하달하라'
　는 로주 오쿠보 다다토모(大久保忠朝)의 명령이 있었기 때문이다. 당시 돗토리
　번 번주 이케다 씨가 에도에서 돗토리 성으로 귀성한 것은 1696년 7월 19일이었
　다. 鳥取藩政史料, 『控帳(家老日記)』, 元祿 9년(1696) 7월 19일條·8월 1일條(돗토
　리 현립박물관 소장, 受入번호 2537) ; 鳥取藩政史料, 『御用人日記』, 元祿 9년
　(1696) 8월 1일條(돗토리 현립박물관 소장, 受入번호 3726).

'竹嶋松嶋兩嶋渡海禁制' 부분   『村川氏舊記』

럽다. 그렇기 때문에 두 가문은 울릉도도해금지령을 '실질적인 울릉도
와 독도에의 도항 금지'로 받아들인 것이다.

오야 가문의 경우 18세기 중반까지도 울릉도 도해 재개를 향한
희망을 버리지 않았다. 막부로부터 울릉도 도해 허가를 다시 받아내
기 위해, 오야 가문은 상당히 오랜 세월 막부 또는 막부와 연결된
주요 인사들에게 청원을 넣었다. 그리고 도해 재개를 허가받는 것이
현실적으로 불가능해지면서 오야 가문은 경제적인 부침을 거듭하였
다.

그런데 그런 와중에서도 오야 가문이 독도 도항을 단독으로 시도했

다는 기록을 필자는 아직 발견하지 못했다. 그들이 17세기 말 이후 경제적인 어려움에 봉착했음에도 불구하고, 독도에 단독으로 도항하지 않은 이유는 다름 아니라 '울릉도와 독도에 도항해서는 안 된다'는 막부의 명령을 충실하게 이행한 결과였다.

머리말에서 언급했듯이 현재 일본 외무성은 '일본은 17세기 말 울릉도에의 도항은 금지했지만 다케시마(독도)에의 도항은 금지하지 않았다. 이것으로도 당시부터 우리나라(일본)가 다케시마(독도)를 자국의 영토로 생각하고 있었음이 분명하다'라고 주장하고 있다.

반면 정작 울릉도에 도항하던 당사자인 오야 가문은 '1696년의 울릉도도해금지령으로 인해 울릉도와 독도에의 도항이 금지되었다'라고 이해했고, 그렇게 이해했기 때문에 그후 독도에 도항하지 않은 것이다.

5. 1696년 이후에도 독도를 오키 령으로 인식했다?

세 번째 'C. 1696년 이후에도 일본은 松島(독도)를 오키 령으로 인식하고 있었다'는 주장을 살펴보자.

가와카미는 그의 책에서 17세기 말 이후 산인 지역의 주민들이 남긴 기록물에, 松嶋(독도)를 일본의 영역으로 기재한 사례를 여러 건 소개하고 있다. 예를 들어 19세기에 편찬된 가나모리 겐사쿠(金森建策)의 『竹島圖說』은 '隱岐國松島', '隱岐ノ松島'라고 하여, 松嶋(독도)를 오키 섬의 일부인 것처럼 기술하였다. 『長生竹島記』는 17세기 돗토리 번 오야 가문의 울릉도 도해 선박에 고용되곤 했던 오키섬의 어부 이타야(板屋)라는 자가 말한 체험담을 이즈모타이샤(出雲大社)의 신관(神官) 야다 다카마사(矢田高씌)가 1801년에 정리한 것인데, 松嶋를 '본조(本朝) 서해(西海)의 끝'이라고 기록하고 있다.

이러한 기록들은 울릉도와 독도 도항이 금지되고 나서 수십 년, 혹은 100년 이상의 세월이 경과한 시점에서 전승이나 체험담 등을 토대로 편찬된 것이다. 울릉도와 독도의 위치라든가 거리 등은 비교적 대동소이하게 기록되어 있으나, 독도는 일반인들 사이에서 오키 섬의 일부로 혹은 일본의 최서단으로 기억되기도 했다. 그것은 울릉도에 비해 독도가 위치상으로 오키에 가까웠기 때문이었을 것이다.

산인 지역, 지금의 돗토리 현이나 시마네 현 지역 사람들에게 유의미했던 것은 독도가 아니라 울릉도에의 도항이었기 때문에, 울릉도에 비해 독도에 대한 기억은 한층 애매했을 것이다. 따라서 위와 같이 독도를 기록한 문헌들이 존재하는 이유는 그 애매모호한 기억이 수십 년, 혹은 백년의 세월을 거치면서 '독도는 오키의 일부'라는 식으로 변이되고, 변이된 기억이 전승되어 기록으로 남은 결과이다. 이것은 울릉도와 독도에 도항하던 당사자인 요나고의 오야 씨와 무라카와 씨가 두 섬에의 도항을 금지사항으로 받아들인 사실과는 사뭇 다른 현상이 아닐 수 없다.

그렇다고 해서 산인 지역 주민들이 울릉도에 관한 명확한 인지도와 지식을 공유하고 있었다고 단언할 수도 없다. 왜냐하면 1696년 막부의 울릉도도해금지령이 돗토리 번주 이케다 씨 앞으로 하달된 것이지 일본 전역에 공포된 법령은 아니었기 때문이다. 따라서 같은 산인 지방이라고 해도 '竹嶋(울릉도)=조선'이라는 사실에 관한 인지도는 지역에 따라 편차가 있었을 것이다.

실제로 19세기 초 하마다 번(浜田藩)의 주민이 울릉도에 불법으로 도항한 사실이 발각되는 사건이 발생했는데, 이 사건에 깊이 관여했던

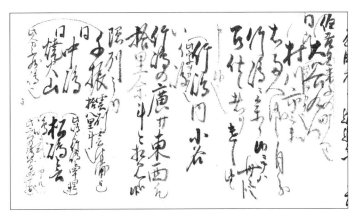

『竹嶋之書附』

하마다 번청은 쓰시마 번에 연락하여 울릉도가 어디 소속인지를 확인
했다. 하마다 번이 이와미노쿠니(石見國), 즉 같은 산인 지방인 시마네
현에 위치하고 있었음에도 불구하고 울릉도의 소속에 관한 지식은
그처럼 부정확했다. 울릉도에 관한 인지도가 이 정도이니 울릉도에
비해 경제가치가 훨씬 떨어지고 1696년 울릉도도해금지령에 언급되
지 않은 독도에 관한 인지도는 울릉도에 비해 더욱 낮았을 것이다.
하마다 번 주민의 울릉도 도항 사건에 관해서는 제5장에서 상세하게
다룰 것이다.

　여하튼 가와카미가 인용한 사례 가운데 『竹嶋之書附』[13])에 기재된

---

13) 『竹嶋之書附』에는 흥미로운 사료들이 수록되어 있다. 우선 1695년 로주 아베
　마사타케가 돗토리 번에 竹島(울릉도)의 소속에 관해 문의한 12월 24일부 '질의
　서'와, 돗토리 번이 막부에 제출한 답변서, 에도 막부의 죽도도해면허가 수록되어
　있다. 1724년 막부가 돗토리 번에 과거의 울릉도 도해에 관해 질의했을 때
　돗토리 번이 막부에 제출한 답변서, 오야, 무라카와 두 가문이 제출한 '7개조의
　답변서'와 과거의 울릉도 관련 기록류, 울릉도 산물의 설명서, '竹嶋之圖' 등이
　수록되어 있다.

松嶋(독도)에 관한 그의 해석을 보자. 『竹嶋之書附』는 현재 돗토리 번정사료(藩政史料)로 분류되어 돗토리 현립박물관에 소장되어 있다 (受入번호 8438). 『竹嶋之書附』가 작성된 정확한 시기는 알 수 없지만, 1724년 이후의 어느 시점에서 울릉도 도항과 관련된 문건들을 모아 돗토리 번청이 작성한 것으로 추정된다.

竹嶋(울릉도)에서 조선국까지 40리(里)정도이다.

호키노쿠니(伯耆國) 요나고(米子)의 조닌이다.

오야 규에몬(大谷九衛門)　　이 글자를 쓴다.

마찬가지　　무라카와 이치베(村川市兵衛)

위 두 사람도 자기 자신이 竹嶋(울릉도)에 가지는 않았다.

고용한 사람들을 보냈다고 한다.

竹嶋(울릉도)에 小谷　　이 글자를 쓴다.

이카시마(いか嶋)14)

竹嶋(울릉도)의 넓이 동서 약 10리(里) 정도로 보인다.

인슈(隱州 : 오키) 내에

　　지부리(千振 : 현재 知夫里) 운슈(雲州 : 이즈모) 구모즈우라(雲 津浦) 18리 정도이다.

　　마찬가지 나카노시마(中嶋 : 中ノ島)

　　마찬가지 다쿠히야마(燒火山)

　　　이 섬에서 竹嶋(울릉도)까지 40리

　　松嶋(독도)라고 한다.

---

14) '이카시마(いか嶋)'는 일본인들이 울릉도의 여러 지역에 붙인 지명 중의 하나로 보인다. 『小谷伊兵衛より差出候竹嶋之繪圖』에 '磯竹嶋 안에(磯竹嶋之內)'라는 제 목으로 열거되어 있는 지명들 가운데 'いか嶋'라는 명칭이 보인다.

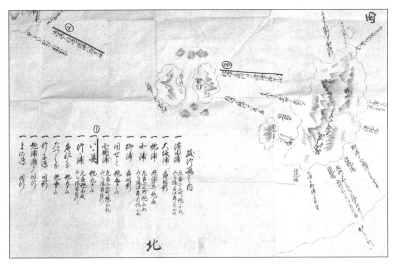

『小谷伊兵衛より差出候竹嶋之繪圖』

섬이 두 개 있다.

이 두 개 섬의 간격은 40간(間)이다.[15]

가와카미는 이 문서에서 "松島(독도)가 '隱州之內'로 千振, 中嶋, 燒火

---

15) 본문에 다룬 '인슈(오키) 내에(隱州之內)' 부분의 원문은 다음과 같다.

　隱州之內

　千振　雲州雲津浦迄

　　　　拾八里斗也

　同

　　中嶋

　同

　　燒火山

　　　　此嶋より竹嶋迄四十里斗

　　　　松嶋と云

　　　　嶋貳ツアル也

　　　　此二ツの嶋間四十間斗也

山 등과 함께 열거되어 있고 竹嶋와 구별되어 있는 점, 松嶋가 두 개의 섬으로 이루어져 있다는 점"[16]을 강조하고 있다. 사료 원문에서 가와카미가 지적한 '인슈(오키) 내에(隱州之內)'로 시작되는 부분을 자세히 보면, 지부리(千振), 나카노시마(中嶋), 다쿠히야마(燒火山)라는 지명이 하나의 곡선 아래에 표시되어 있어, 이 세 개의 섬이 모두 오키에 속한다는 사실을 나타내고 있다. 문제는 松嶋인데 사료 원문에서 松嶋는 千振, 中嶋, 燒火山가 나열된 위치 바로 아래에 기재되어 있다. 그로 인해 얼핏 보면 가와카미의 주장대로 '隱州之內'로 千振, 中嶋, 燒火山과 함께 松嶋를 열거한 듯이 보일 수 있다.

그런데 松嶋 부분은 '松嶋라고 한다(松嶋と言う)'는 짙은 글자체의 문장을 중심으로 해서 그 우측에 '이 섬에서 竹嶋(울릉도)까지 40리', 좌측에 '섬이 두 개 있다. 이 두 개 섬의 간격은 40간(間)이다.'라는 작은 글자체의 부기(附記)가 적혀 있다. 문제는 우측 부기에 있는 '이 섬'이 어디인가 하는 점이다. 일본의 고사료는 통상 지면의 우측 상단에서 시작해서 좌측을 향해 세로쓰기를 하므로, '이 섬'이란 '이 섬'의 바로 앞 문장에 등장하는 다쿠히야마(燒火山)를 가리킬 가능성을 고려해 볼 수 있겠다.

그러나 에도 시대의 각종 문헌을 보면 오키에서 松嶋(독도)까지 해상으로 60~80리, 松嶋(독도)에서 竹嶋(울릉도)까지가 40리라고 기록되어 있다. 제2장에서 소개한 지도 『小谷伊兵衛より差出候竹嶋之繪圖』에도 '도고(嶋後 : 오키)에서 松嶋(독도)까지 도해 80리 정도(② 嶋後より松嶋江渡海八拾里程)', '松嶋(독도)에서 磯竹(울릉도)까지 도해 40리 정도(③ 松嶋より磯竹江ハ渡海四拾里程)'라고 기재되어 있는 것을

---

16) 川上健三, 앞의 책, p.55.

알 수 있다.[17] 따라서 '이 섬에서 竹嶋(울릉도)까지 40리'라는 구절에서 '이 섬'은 松嶋(독도)를 가리킨다. 마지막의 4행 '이 섬에서 竹嶋(울릉도)까지 40리. 松嶋(독도)라고 한다. 섬이 두 개 있다. 이 두 개 섬의 간격은 40間이다.'는 모두 松嶋(독도)에 관한 설명이다.

결국 이 사료는 울릉도(竹嶋)와 오키(隱岐)에 관해 설명하는 흐름 속에서 그 중간에 위치하는 松嶋를 부차적으로 언급한 것이지 松嶋를 오키에 속하는 섬으로 기록한 것이 아니다. 만약 松嶋를 오키의 부속 섬으로 기술하려는 의도가 있었다면 지부리(千振), 나카노시마(中嶋), 다쿠히야마(燒火山)와 평행한 높이에 병렬로 松嶋를 적거나, 나카노시마(中嶋), 다쿠히야마(燒火山)와 동일하게 '同 松嶋'라 기록하여 '인슈 안의 松嶋'라는 의미로 표시했을 것이다. 그러므로 이 사료를 근거로 당시 松嶋가 오키의 일부로 인식되었다는 가와카미의 해석은 타당하지 않다.

---

17) 『竹島圖說』(일본국립공문서관 소장)에도 '오키의 福浦에서 松嶋까지 60리, 松嶋에서 竹嶋까지 40리'라고 되어 있다.

제3장
1693년 돗토리 번 어민의 조선인 연행 사건

1. 머리말

1693년, 울릉도에 와서 어획을 하던 일본인 선원들에 의해 두 명의 조선인이 일본으로 연행되는 사건이 발생했다. 일본에서는 돗토리 번(鳥取藩)의 조닌(町人) 오야(大谷) 씨와 무라카와(村川) 씨가 막부에서 발행한 '죽도(울릉도)도해허가' 로주 봉서(老中封書)를 근거로 하여 1620년대부터 울릉도에서 어획활동을 하고 있는 상황이었다.

이 사건이 계기가 되어 조선과 에도 막부 사이에 울릉도 영속문제가 외교문제로 부상했다. '울릉도쟁계(鬱陵島爭界)'로 지칭되는 이 사건에서 막부는 자체적인 조사를 거친 결과 1696년, 돗토리 번 조닌의 울릉도 도해를 금지한다는 결정을 내렸다. 또한 그로부터 몇 달 후 일본에 연행되었다 송환된 조선인이 재차 자의로 일본에 건너가는 사건이 발생했다.

주지하는 바와 같이 조선후기에 조일(朝日) 양국의 통교는 그 통로가 쓰시마 번(對馬藩)으로 한정되어 있었다. 따라서 울릉도의 영속문제에 관한 실질적인 외교교섭은 물론이거니와 일본에 표착한 조선인을 조선으로 송환하는 일 역시 쓰시마 번이 수행하였다. 그런데 사실 쓰시마 번은 울릉도쟁계가 발생하기 훨씬 전인 조선전기부터 울릉도와는 모종의 관계가 있었다. 또한 조선후기에는 오야, 무라카와 가문이 울릉도에 매년 도항하던 시기에도 조선에 표착한 두 가문의 선원들을 수차례 일본으로 송환한 경험이 있었다.

이처럼 쓰시마 번은 조일통교 수행자의 입장에서 오랜 세월 직접, 간접으로 울릉도와 연관되어 있었다. 더구나 에도 시대에 쓰시마 번은 조선통교 전담자로서 대조선 업무에 한해서는 이른바 '전문가로서의 발언권'을 행사할 수 있었다. 그러한 위치에 있던 쓰시마 번은 울릉도쟁계를 처리하는 과정에서 과연 어떤 입장을 취하였고, 그들의 움직임은 해당 사건의 추이에 어떤 영향을 끼쳤을까.

제3장에서는 울릉도쟁계에 관한 실증적인 검토 작업의 일환으로, 먼저 1693년 조선인이 돗토리 번에 연행된 사건으로 인해 양국이 취한 후속조치를 검토할 것이다.[1] 특히 여기에서는 연행된 조선인의 귀국과정을 상세하게 추적하고자 한다. 또한 이 사건이 발생하기 이전의 조일관계에서 쓰시마 번이 울릉도에 대해 취했던 움직임과, 1696년 막부가 울릉도도해금지를 결정하기까지 쓰시마 번이 조선을 상대로 진행한 교섭의 추이를 규명할 것이다.

---

1) 본 주제와 관련된 연구논저로는, 川上健三, 『竹島の歷史地理學的研究』, 古今書院, 1966 ; 內藤正中外, 『史的檢證 竹島·獨島』, 岩波書店, 2007 ; 池內敏, 『大君外交と武威』, 名古屋大學出版會, 2006 ; 송병기, 『울릉도와 독도 그 역사적 검증』, 역사공간, 2010 ; 홍성덕, 「17세기 후반 한일 외교교섭과 울릉도-안용복 피랍·도일 사건을 중심으로」 『독도·울릉도 연구-역사, 고고, 지리학적 고찰』, 동북아역사재단, 2010 ; 이계황, 「일본인의 울릉도 도해와 조·일 외교교섭」 『일본역사연구』 33, 2011 ; 최은석, 「안용복 사건의 무대-17세기 돗토리 번과 오키국」 『역사와 지리로 본 울릉도·독도』, 동북아역사재단, 2011 ; 윤유숙, 「18~19세기 전반 朝日 양국의 울릉도 도해 양상」 『동양사학연구』 118집, 2012 ; 同, 「근세 돗토리번(鳥取藩) 町人의 울릉도 도해」 『한일관계사연구』 42, 2012 등이 있다. 울릉도쟁계에 관해서는 최근 들어 朝日 외교교섭의 측면에서, 혹은 돗토리 번 조닌의 어업활동의 측면에서 고찰한 논고들이 활발하게 발표되고 있다.

2. 울릉도쟁계 이전의 쓰시마와 울릉도

조선과 오랜 통교관계에 있던 쓰시마의 경우, 조선정부에 울릉도에의 이주(移住) 허가를 요청한 적이 있었다. 1407년 대마도주(對馬島主) 소 사다시게(宗貞茂)는 평도전(平道全)을 조선에 파견하여 토물(土物)을 바치고, 잡혀 갔던 조선인들을 돌려보내면서 가신(家臣)을 이끌고 무릉도(武陵島 : 울릉도)에 이주하고 싶다는 의사를 전했다. 그러자 태종은 "만일 이를 허락한다면, 일본국왕(日本國王)이 나더러 반인(叛人)을 불러들였다 하여 틈이 생기지 않을까? (중략) 그 경내(境內)에서는 상사(常事)로 여기지만, 만일 월경(越境)해 오게 되면 저쪽에서 반드시 말이 있을 것이다"고 하며, 소 사다시게의 요청을 거절했다.[2]

당시 북부 규슈에서는 남북조(南北朝) 동란의 여파가 남아 쇼니씨(少貳氏)와 소 씨(宗氏)가 연합하여 무로마치 막부와 군사적으로 대립하고 있었다. 때문에 조선은 소 사다시게를 일본국왕인 무로마치 쇼군에 등을 돌린 '반인(叛人)'으로 표현한 것이다.

소 사다시게와 쇼니 씨의 연합체제는 울릉도로의 이주 요청이 있기약 2년 전인 1405년부터 약체화하기 시작하여, 사다시게는 1406년부터 지쿠젠슈고다이(筑前守護代)를 실질적으로 동생에게 위양(委讓)하고, 쓰시마 정착을 본격적으로 지향하고 있었다. 비록 쓰시마를 방기하고 울릉도로 이주를 단행해야 할 정도로 절박한 상황은 아니었지만, 울릉도 이주를 언급한 것은 이와 같은 북부 규슈의 정치동향과 연동된 일종의 외교교섭으로 볼 수 있다.[3]

---

2) 『태종실록』 7년(1407) 3월 庚午條.

그가 울릉도를 지목한 것은 1403년 태종이 '강릉도(江陵道) 무릉도(武陵島 : 울릉도)의 주민을 육지로 이동시키라'는 명을 내린[4] 이후, 조선정부가 울릉도로의 이주를 금지함은 물론 거주민을 색출하여 내륙으로 이주시키는 '쇄환(刷還)' 내지는 '쇄출(刷出)'을 실시하고 있던 사실을 알고 있었기 때문일 수도 있다.

조선이 소 사다시게의 요청을 허가하지 않은 이유는 이른바 일본국왕인 무로마치 쇼군과 정치적으로 대립관계에 있던 소 씨가 조선의 도서(島嶼)로 '월경(越境)'하여 이주해 올 경우, 조일관계에 복잡한 문제가 야기될 수 있다는 우려 때문이었을 것이다. 소 사다시게는 울릉도뿐만 아니라 진도와 남해도(南海島) 등 한반도 남해안 도서에의 이주를 조선조정에 요청한 적도 있었다.[5]

---

3) 荒木和憲,『中世對馬宗氏領國と朝鮮』, 山川出版社, 2007, pp.32~33.

4)『태종실록』3년(1403) 8월 丙辰條.

5)『세종실록』1년(1419) 10월 己丑條. 세종실록의 기사는 다음과 같다.

"都都熊瓦가 보낸 사람 都伊端都老가 대궐에 나아가 사명을 배확였다. 예조판서 허조가 그 서신에 답하여 말하기를, "使者가 와 서신을 받아 사연을 자세히 알았노라. 말하여 온 바 本島人을 돌려보내는 것과 印信을 내리는 것들의 일을 삼가 아뢰어 바쳤노라. 병조판서 신 조말생이 삼가 선지를 받들었나니, 그 내용은 대략 다음과 같노라. (중략) 이제 대마도 사람들이 작은 섬에 모여들어 窟穴을 만들고 마구 도적질을 하여, 자주 죽음을 당하고도 기탄하는 바가 없는 것은, 하늘이 내려 준 才性이 그렇게 달라서 그런 것이 아니요, 다만 작은 섬은 대개 다 돌산이므로, 토성이 磽薄해서 농사에 적합치 않고, 바다 가운데 박혀 있어 물고기와 미역의 교역에 힘쓰나, 사세가 그것들을 늘 대기에 어렵고, 바다 나물과 풀뿌리를 먹고 사니, 굶주림을 면하지 못해 핍박하여 그 양심을 잃어, 이 지경에 이르렀을 뿐이니, 나는 이것을 심히 불쌍하게 여기노라. 도도웅와의 아비 宗貞茂의 사람됨은 사려가 깊고 침착하며, 지혜가 있어 정의를 사모하여, 성의를 다해 무릇 필요한 것이 있으면, 신청해 오지 않은 적이 없노라. 일찍이 진도와 남해 등의 섬을 청하여, 그의 무리들과 함께 옮겨 와 살기를 원했으니, 그가 자손만대를 위해 염려함이 어찌 얕다 하겠느뇨. 나는 이를 매우 가상히 여겨, 막 그의 청하는 바를 들어 주려고 하였던 차에, 貞茂가 세상을 버렸으니,

조선후기로 접어들어 쓰시마 번이 울릉도에 관해 언급한 것은 1614년이다.

　광해군 6년 갑인(1614)에 동래부사 윤수겸(尹守謙)이 장계를 올려, "왜소선(倭小船) 1척이 의죽도(礒竹島)의 형세를 살펴보려고 온 까닭에 그 섬이 어느 곳에 있느냐고 물었더니 '경상, 강원의 사이에 있다'고 답하였습니다. 그 말의 뜻을 살펴보니 이것은 울릉도(鬱陵島) 같습니다"라고 하였다. 이후에는 다시 왕래가 없었다.6)

　『邊例集要』에 의하면 이들 왜인들은 도쿠가와 이에야스의 명령을 받아 의죽도(礒竹島 : 울릉도)의 크기와 지형을 탐색하기 위해 왔으며, 바람을 만나 표류할까 두려워 노인(路引)을 발급받았고 서계도 지참하고 있었다7)고 한다. 이에 조선정부는 경상감사와 부산의 변신(邊臣)으로 하여금 울릉도가 우리나라에 소속되어 있다는 내용의 회답서계를 쓰시마 번에 보내도록 했다.8)

아아, 슬프도다. (후략)".

6) 『증정교린지』 권4, 鬱陵島礒竹島辨正顚末.

7) 『邊例集要』 권17, 雜條附鬱陵島, 甲寅(1614) 6월조.

8) 『광해군일기』 6년(1614) 9월 2일 辛亥條. 광해군일기의 기사는 다음과 같다. 비변사가 아뢰기를, "울릉도에 倭奴의 왕래를 금지하라는 뜻으로 전일 예조의 書啓 가운데 이미 사리에 근거하여 回諭하였습니다. 그런데 지금 대마도의 왜인이 아직도 울릉도에 와서 살고 싶어 하여 또 서계를 보내었으니 자못 놀랍습니다. 本島가 우리나라에 소속되었음은 『輿地勝覽』에 기록되어 있는데, 方物을 거두기도 하고 島民을 조사 정리하기도 한 典故가 명확히 있습니다. 이 일을 회답하는 서계 가운데 갖추어 기재하고 의리에 의거하여 깊이 꾸짖어서 간사하고 교활한 꾀를 막는 것이 편리하고 유익할 듯합니다. 경상감사와 부산의 邊臣에게 공문을 보내 온 배에 특별히 유시를 하고 이 글을 전적으로 맡아 싸가지고 속히 돌아가 島主에게 보고하여 조정의 禁約을 준수하도록 하소서."라

동래부사는 "이른바 의죽도라는 곳은 실제로 우리나라의 울릉도입니다. 지금은 비록 황폐하게 버려져 있지만 어찌 다른 사람들이 함부로 거주하도록 허용하여 시끄럽게 틈이 벌어질 단서를 열겠습니까"는 내용으로 회답서계를 두 차례 쓰시마 번에 발급하였다. 동래부사 윤수겸(尹守謙)의 서계(1614년 7월부)와 박경업(朴慶業)의 서계(1614년 9월부)가 그것이다.[9]

조선은 이 사건에서도 쓰시마 번의 의도가 '울릉도 입거'라고 이해하고 있었고, 요청이 거절된 것을 마지막으로 쓰시마 번이 조선조정에 울릉도 이주를 공식적으로 요청한 사실은 확인되지 않는다. 하지만 1693년 울릉도쟁계가 발생하여 쓰시마 번이 본격적으로 그 건에 관여하게 되기까지 쓰시마 번은 직접, 간접의 형태로 울릉도에 연루되어 있었다.

먼저 1620년 쓰시마 번은 쇼군 히데타다(秀忠)의 명을 받아 울릉도에 있던 야자에몬(弥左衛門), 진에몬(仁右衛門)이라는 이름의 두 사람을 체포하여 교토에서 처벌하는 사건이 있었다. 『通航一覽』의 편자는 이 사건을 잠상(潛商)으로 추정했지만 구체적으로 어떤 잠상활동을 했는지 확인할 수 있는 사료가 현재로는 부족한 상황이다.

다만 1620년 이전 시기에 울릉도에서 생활하거나 또는 활동하는 일본인이 있었던 것은 사실인 듯하다. 아마도 히데요시 정권기에 야

고 하니, 따랐다.

9) 『通航一覽』第4, pp.21~22에는 윤수겸과 박경업의 서계 두 건이 각각 수록되어 있다. 『竹嶋紀事』元祿 8년(1695) 5월 15일조에 인용된 동래부사 회답서(1614년)의 내용은 다음과 같다.

八十二年前, 弊州寄書於東萊府, 以告看審磯竹島之事, 府使答書云, 本島卽我國所謂鬱陵島者也, 今雖荒廢, 豈可容他人之冒占以啓鬧釁耶. 再答書亦云, 所謂磯竹島者, 實我國之鬱陵島也. 今雖廢棄, 豈可容許他人之冒居, 以啓鬧釁耶.

자에몬(弥左衛門)이라는 인물이 울릉도와 관련된 모종의 권리를 갖고 있었으나, 정권교체 등 정치적 상황이 변화하면서 도쿠가와 정권이 그의 권리를 박탈한 것으로 보인다.[10)]

쓰시마 번은 그 후 세 차례 조선 동해안에 표착한 일본의 어민을 송환하게 되었고, 그 과정에서 울릉도의 상황을 파악할 수 있는 기회를 가질 수 있었다. 조선의 동해안에 표착한 사람들은 현재의 시마네현 주민들과, 막부에서 발행한 '죽도도해허가' 봉서(封書)를 근거로 하여 울릉도에서 어획활동을 하고 있던 돗토리 번 주민들이었다.

1618년 이즈모노쿠니(出雲國 : 시마네 현) 미호노세키(三尾關 : 美保關)의 주민 馬多伊 등 7명이 울릉도에서 어획하던 도중 풍파를 만나 조선에 표착하였다. 표류민들은 같은 해 예조참의 이명남(李命男)의 서계와 함께 쓰시마 번에 인도되었다.[11)]

1637년 무라카와 이치베(村川市兵衛)의 선원들이 3월 16일에 요나고를 출발하여 윤3월 9일에 울릉도에 도착, 6월 29일 귀국하던 길에 서풍(西風)을 만나 표류하던 중 7월 6일 울산에 도착했다. 표류자들은 총 30여 명으로, 무라카와 씨의 대관(代官) 야소에몬(弥三右衛門), 선두(船頭) 요키치(與吉) 등이 한 척의 배에 타고 있던 상태였다. 쓰시마 번이 그들을 송환하는 과정에서 준비한 문건 중에는 '松平新太郎へ参候御連書之寫'와 '竹嶋之繪圖幷竹木之書立' 등이 포함되어 있었다.[12)] '松平

---

10) 1620년 쓰시마 번이 야자에몬(弥左衛門), 진에몬(仁右衛門)을 체포한 건에 관해서는 제1장에서 상술하였다.

11) 『通航一覽』 第3, 609쪽. 『交隣知津錄』 「和漂民送來之例」 『善隣通書』 17.

12) 宗家記錄, 「日本漂民之一件」 『分類紀事大綱』 14, 일본국립국회도서관 소장. 이 표착사건을 계기로 소 씨(宗氏)가 돗토리 번의 가로 아라오(荒尾內近)에게 보낸 서한이 「竹嶋渡海由來記拔書控」(『村川氏舊記』 所收, 도쿄 대학 사료편찬소 소장, 書目ID.55386)에 수록되어 있다.

新太郎へ參候御連書之寫'에서 마쓰다이라 신타로(松平新太郎)란 돗토리 번주 이케다 미쓰마사(池田光政)이므로, 이는 막부가 발급한 '죽도도해면허'[13]에 해당한다. 울릉도 도항 시에도 무라카와 선원들은 '죽도도해허가' 봉서의 사본을 소지하고 있었던 것이다.

이 표류사건을 간략하게 기록한 또 다른 宗家記錄「深見彈右衛門古帳之寫」[14]에는 흥미로운 구절이 등장한다. 무라카와 선원 일행이 울산에 표착했다는 소식이 왜관에 전해진 것은 7월 7일로, 배안에는 기름통, 해산물 등이 적재되어 있었다. 표류자들의 진술을 인용하면 다음과 같다.

> 그들(표류자)이 말하기로는 13년 전에 쇼군이 竹嶋(울릉도)를 호키노도노(伯耆之殿 : 돗토리 번주)에게 주시었고 무라가와 이치베(村川市兵衛)가 명을 받아 매년 죽도에 건너갔다. 바다사자 기름, 전복, 용목(用木) 등을 취하러 올해에도 갔다. 3월 16일에 호키노쿠니 요나고(八木子)를 출발하여 오키에 도착했고 윤3월 4일 오키를 떠나 竹嶋에

---

13) 大谷家文書, 『竹嶋渡海由來記拔書』에 수록된 죽도도해면허는 다음과 같다.
   호키노쿠니(伯耆國 : 돗토리 현) 요나고(米子)에서 竹島(울릉도)에 이전에 배로 도해하였고 이번에 도해하고 싶다는 뜻을 요나고 조닌(町人) 무라카와 이치베(村川市兵衛)와 오야 진키치(大屋甚吉)가 상신한 바, [쇼군께] 말씀드리자 이를 허가하셨으니 그렇게 알고 도해할 것을 명합니다. 이만 줄임.
       5월 16일   나가이 시나노노카미 나오마사(永井信濃守 尙政) 判
                  이노우에 가즈에노카미 마사나리(井上主計守 正就) 判
                  도이 오이노카미 도시카쓰(土井大炊頭 利勝) 判
                  사카이 우타노카미 다다요(酒井雅樂頭 忠世) 判
              마쓰다이라 신타로(松平新太郎) 님께
14) 宗家記錄,「深見彈右衛門古帳之寫」『分類紀事大綱』38, 일본국립국회도서관 소장. 이 사료에는 '深見彈右衛門이 一特送使 正官으로 왔을 때'라는 부기가 달려 있다.

112

9일 도착했다.(후략)

이때 표류자들은 "13년 전에 쇼군이 竹嶋를 돗토리 번주에게 하사하셨고, 쇼군의 명을 받아 무라카와 이치베가 매년 죽도에 건너갔다"고 울릉도에 건너가게 된 연유를 설명했다. '죽도도해허가' 봉서가 본래 '도항'을 허가한 것임에도 불구하고, 울릉도에 도항하던 두 가문과 그 휘하의 선원들은 '쇼군이 울릉도를 돗토리 번주에게 영지로 하사했다'는 인식을 갖고 있었다.

세월의 흐름과 함께 기억의 '선택적인' 계승은 더욱 강고해져서, 울릉도 도항이 공식적으로 금지된 17세기 말 이후에도 '막부로부터 울릉도를 배령(拜領)했다'라든가, '울릉도는 본래 일본의 땅'이라는 인식은 잔존했다. 심지어 위의 사료에는 '쇼군이 울릉도를 돗토리 번주에게 하사했다'고 되어 있으나, 훨씬 후대에 기록된 두 가문의 고문서에는 하사받은 주체가 마치 두 가문인 것처럼 애매하게 기록된 경우조차 있다.

이러한 인식은 수십 년간 울릉도에 직접 도항하여 그 도항이 가져다주는 수익과 특권을 향유했던 오야·무라카와 두 가문과 그 관계자들에게 특히 강하게 남아 있었다. 현존하는 두 가문의 고문서류에 그러한 문언이 빈출하고 있는 사실이 이를 반증한다.[15] 그러나 제2장의

15) 1692년 울릉도에 도착한 무라카와 선원들은 포구에서 약 30여 명의 조선인이 어획하고 있는 모습을 발견했다. 무라카와 선원들은 조선인 두 명을 자신들의 배에 태우고, 마침 의사소통이 가능한 조선인에게 '이 섬은 원래 일본의 땅으로, 쇼군 님에게서 拜領받아 매년 도해하고 있는데 당신들은 무슨 일로 왔는가'라고 섬에 온 연유를 물었다고 한다(「竹島江渡海之次第先規より書府之寫」『大谷氏舊記一』所收, 도쿄 대학 사료편찬소 소장, 書目ID 54892. 『竹島に關する七箇條返答書』, 국사편찬위원회 소장, 등록번호 74365). 또한 오야 가문의 11대 당주 오야

보론에서 논했듯이, 죽도도해면허는 울릉도 도항을 허가하는 봉서이지 두 가문에 울릉도를 하사한다는 내용이 아니다.

또한 '13년 전에 쇼군이 竹嶋를 돗토리 번주에게 하사했다'는 것으로 보아, 당시 무라카와 선원들은 죽도도해를 허가하는 로주 봉서가 발급된 시기를 13년 전, 즉 1624년으로 기억하고 있었다. 죽도도해 봉서가 발급된 시기에 관해서는 일찍이 가와카미 겐조(川上健三)가 오야 가문의 고문서를 근거로 하여 '1618년 설(說)'을 주장했다. 그 후 이케우치 사토시(池內敏)는 도해면허에 연서한 로주들의 재직 기간 등을 근거로 하여 '1625년 설'을 제기한 바 있다.[16] 비록 1년의 오차가 있기는 하지만 1624년이라는 기억은 1625년 설을 뒷받침하는 증언으로 볼 수 있을 것이다.

주목해야 할 점은 돗토리 번의 주민들이 매년 죽도에서 해류의 산물을 채획하고 있다는 사실을 접했을 때 쓰시마 번이 취한 반응이다. 당시 왜관측이 쓰시마 번청에 보고한 서한에는 '요즘 竹嶋에 배가 건너간다는 것은 公儀의 御法度(禁令, 禁制)인 듯하다'는 구절이 보이며, 무라카와 선원들이 '고슈인(御朱印)'을 지참하고 있는지 궁금해했다.[17]

1630년대에 들어서면서 이른바 '쇄국정책'을 본격화하기 시작한 막부는 해외 도항선의 경우 1631년부터 슈인조(朱印狀) 외에 로주

가쓰오키(大谷勝意)가 분세이(文政 : 1818~1829년) 무렵 필사시킨 것으로 추정되는 『竹嶋渡海由來記拔書』에도 '쇼군으로부터 竹嶋를 拜領했다'는 표현을 어렵지 않게 찾아볼 수 있다. 『竹嶋渡海由來記拔書』는 돗토리 현립박물관(受入번호 15325)에 소장되어 있다.

16) 川上健三, 앞의 책, pp.71~73 ; 池內敏, 앞의 책, pp.245~251.
17) 宗家記錄, 「深見彌右衛門古帳之寫」(앞의 사료).

봉서도 지참하도록 했으나, 1635년에는 일본인의 해외도항 전면 금지 조치에 따라 슈인센(朱印船)의 해외도항도 금지되었다. 무라카와 선원들이 조선에 표착한 1637년 당시는 일본 내에서 '일본에서 해외로의 도항'이 전면 금지된 시점이므로, 왜관의 쓰시마인들도 그들이 죽도에 도항한 행위의 적법성 여부에 의문을 품고 '막부의 금지사항(御法度)인 것 같다'고 쓰시마 번청에 보고한 것이다.

더욱이 '礒다케(礒竹)에 갔던 배가 조선에 흘러왔다'[18]고 한 것으로 보아, 쓰시마 번은 무라카와 선원들의 도항지인 죽도가 의죽도(礒竹島)이자 울릉도라는 사실도 알고 있었다. 이때 쓰시마 번은 무라카와 선원들이 소지한 죽도도해 로주 봉서의 사본을 가지고 도항행위의 근거로 이해한 것으로 추정되며, 선원들을 일본으로 직접 송환한다는 사실을 막부의 로주들에게 보고하기까지 했다.[19]

쓰시마 번 이외의 세력이 조선의 섬에 출입하고 있다는 사실을 쓰시마 번이 어떤 식으로 수용했는지에 관해서는 향후 좀 더 검토가 필요하다. 돗토리 번의 조닌이 파견한 선박이 울릉도에 출입한다고 해도 쓰시마 번이 조선통교에서 점하는 위치나 이익에 영향을 미치지 않는다는 판단 하에 위 사실에 관해 침묵하는 길을 선택했던 것일까.

1666년이 되자 이번에는 오야 가문의 선박 2척이 선원 50명의 규모로 4월 울릉도에 건너갔다. 그들은 현지에서 조달한 목재로 선박 1척을 건조하여 7월 초 귀항 길에 올랐다. 그러나 곧 풍랑에 휩쓸려서 구(舊) 선박 2척은 행방불명이 되고 선박 1척만이 경상도 장기(長鬐)에 표착했다. 구조된 21명은 일단 부산으로 호송되어 10월에 부산

---

18) 宗家記錄, 「日本漂民之一件」(앞의 사료), 寬永 14년 8월 10일 日狀.
19) 宗家記錄, 「日本漂民之一件」(앞의 사료), 寬永 14년 8월 13일 江戶御老中へ被遣.

왜관을 출발, 쓰시마를 거쳐 이듬해 2월 오사카에서 돗토리 번 측에 인도되었다.[20]

宗家記錄에 의하면 오야 선원들이 조선에 체류할 당시 '동래부사와 담당 역관이 표류민과 면담했을 때 특기할 만한 사항은 없었다. 표류민이 소지하고 있던 「御老中樣より松平新太郎殿へ被遣候御狀之寫」를 역관이 받아왔고, 그것을 다시 필사하여 보냈기에 선인(船印)과 함께 [번주님께서] 모두 확인하셨다'고 한다.[21] 조선에 표착했을 당시 오야 선원들도 앞서 무라카와 선원들과 마찬가지로 '죽도도해면허'(필사본)를 소지하고 있었고, 쓰시마 번은 그 문서 및 도쿠가와 가문의 가문(家紋)이 새겨진 선인(船印)[22]을 필사하여 쓰시마 번청으로 보낸 것이다.

사실상 근세 일본사회에서 쓰시마 번은 울릉도가 조선의 통치지역임을 확인할 수 있는 기회를 다른 지역에 비해 빈번하게 가질 수 있었던 곳이다. 그러던 중 1637년에 무라카와 선박이, 1666년에는 오야 선박이 각각 조선에 표착하는 사건이 발생하면서 쓰시마 번은 돗토리 번 조닌의 선박이 막부의 공식 문서에 의거하여 울릉도에 도항하고 있다는 사실을 알게 되었다.

---

20) 鳥取縣立公文館縣史編纂室編, 『江戶時代の鳥取と朝鮮』, 綜合印刷出版株式會社, 2010, pp.23~24. 관련 사료로는 『因府年表』寬文 7년(1667) 3월 22일, 岡島正義 『竹嶋考』, 「渡海之調議並物産」. 『竹嶋考』는 돗토리 번사(鳥取藩士) 오카지마 마사요시(岡島正義)가 1828년(文政 11)에 작성한 기록이다. 울릉도와 일본 역사와의 관계, 울릉도에 도항하지 못하게 된 경위, 울릉도와 독도의 산물, 일본과의 지리적인 관계 등이 상세히 소개되어 있다. 울릉도는 원래 돗토리 번의 屬島이기 때문에 조속하게 일본이 탈환해야 한다는 시각에서 작성되었다.

21) 宗家記錄, 「日本漂民之一件」(앞의 사료).

22) 오야·무라카와 두 가문이 매년 교대로 울릉도에 도해한 실상에 관해서는 제2장을 참조.

주지하는 바와 같이 쓰시마 번은 부산 왜관으로 가서 조선과 무역하는 것이 예외적으로 인정되었지만, 해외도항이 막부의 법으로 엄격하게 금지되어 있던 '쇄국의 시대'에 돗토리 번 조닌의 선박이 조선의 섬에 매년 도항하고 있었던 것이다. 더구나 본격적인 쇄국체제로 돌입하기 이전에 막부가 발급한 문서와 쇼군 가문의 가문(家紋)이 찍힌 선박표식(船印)을 앞세운 도항이었다.

하지만 쓰시마 번이 이런 사실을 조선정부에 제대로 전달했는지 여부는 알기 어렵다. 또한 조선정부가 돗토리 번 조닌의 울릉도 도해에 관해 쓰시마 번에 문의하거나 항의한 흔적도 아직 발견하지 못했다. 조선정부는 그들을 표류민으로써 구호해 주었지만 그들이 표착하게 된 '연유'를 과연 어디까지 파악하고 있었는지 의문이다. 필자의 추론에 지나지 않지만 적어도 울릉도쟁계가 발생하기까지 울릉도가 이처럼 기묘한 상황에 놓여있던 사실을 인지하고 있었던 것은 조일 양국에서 쓰시마 번이 유일하지 않았을까 생각된다.

3. 쓰시마 번의 정황 조사와 조선인 송환

1692년 2월에 요나고를 출발하여 3월 울릉도에 도착한 무라카와씨의 선박은 누군가가 전복을 대량으로 채취한 흔적을 발견했다. 이어서 다른 포구에서도 조선 선박 2척과 조선인 약 30여 명이 어획하고 있는 모습을 발견했다.

무라카와 선원들은 육지에 남아있던 조선인 두 명을 자신들의 배에 태우고, 마침 의사소통이 가능한 조선인에게 "이 섬은 원래 일본의 땅으로, 쇼군 님에게서 배령받아 매년 도해하고 있는데 당신들은 무슨

일로 왔는가"라고 섬에 온 연유를 물었다. 조선인은 '가와텐카와쿠(か わてんかわく)'[23] 사람으로, "이 섬의 북쪽에 섬이 있어 삼년에 한번 씩 국주(國主) 용으로 전복을 취하러 간다. 2월 21일에 배 11척이 출항했는데 난풍(難風)을 만나 배 5척과 53명만 이 섬에 도착했다. 섬을 둘러보니 전복이 많아서 체류하며 따고 있었다. 배의 수리가 끝나면 돌아갈 것이다"라고 대답했다.

이때 무라카와 선원들은 자신들이 전에 섬에 남겨두었던 어로 도구 들과 배를 조선인들이 사용하고 있는 바람에 어로활동을 단념하고 귀환했다. 무라카와 선원들은 자신들의 인원수(21명)가 조선인들의 숫자보다 훨씬 적다는 사실에 불안감을 느끼고 곧 귀항했다.[24] 돗토 리 번은 이 사실을 막부에 보고했지만 로주 아베 마사타케(阿部正武) 는 '조선인이 울릉도를 떠나겠다고 했으니 문제될 것이 없다'[25]면서 크게 문제 삼지 않았다.

이듬해 1693년 4월 중순 무렵 울릉도에 도착한 오야 가문의 선원들 은 여기저기에서 조선인들이 물고기를 잡거나 해조류를 건조시키고 있는 광경을 목격했다. 조선인들은 약 40여 명 정도로, 배 3척을 타고 울릉도에 건너와 있었다. 오야 선원들은 그 중 안용복(安龍福)과 박어 둔(朴於屯)을 배에 태워 돗토리 번으로 데려갔다.

오야 가문 선두(船頭)의 진술서에 의하면, 두 사람을 연행한 이유에

---

23) '가와텐카와쿠'란 무라카와 선원들이 조선인의 말을 듣고서 그것을 가나문자로 적은 것이라 정확하게 조선의 어디를 지칭하는지 알 수 없다.
24) 이상 1692년에 울릉도에서 무라카와 선원들이 조선인을 발견하고 나눈 대화 내용에 관해서는 「竹島江渡海之次第先規より書府之寫」, 앞의 사료, 『竹島に關する 七箇條返答書』, 국사편찬위원회 소장, 등록번호 74365을 참조.
25) 鳥取藩政史料, 『控帳(家老日記)』 元祿 5년(1692) 5월 10일(돗토리 현립박물관 소장, 受入번호 2537).

관해, "작년에도 이 섬에 唐人(조선인)이 와 있기에 다시 이 섬에 와서 어획해서는 안 된다고 위협했지만, 올해에도 당인이 와 있었다. 이렇게 되면 금후 어획하기가 어려워져 심히 곤란하므로, 송구스럽지만 이를 알려드려야겠기에 당인 두 명을 데리고 왔다"고 진술했다.[26] 조선인들이 2년 연이어 울릉도에 출어하자 선원들은 울릉도에서의 단독 활동이 불가능해질까봐 위기의식을 갖게 된 것이다. 그래서 '금후 조선인이 다시는 울릉도에 도항하지 못하도록' 상부에 호소하기 위한 증인으로 두 사람을 연행하였다. 이것이 이른바 '울릉도쟁계'의 시발점이 되었다.

4월 18일 울릉도를 출발한 오야 선원들은 먼저 오키 섬 도고(道後)의 후쿠우라(福浦)에서 오키 대관소(代官所) 관리의 조사를 받은 후 4월 27일 요나고에 도착했다. 요나고 성주 아라오(荒尾) 씨[27]에게

---

26) 岡島正義, 『因府歷年大雜集』, 「元祿六年竹嶋より伯州ニ朝鮮人連歸り候趣大谷九右衛門船頭口上覺」(돗토리 현립박물관 소장, 受入번호 19745).

27) 아라오(荒尾) 씨는 돗토리 번주 이케다 가문을 섬긴 가로(家老) 집안으로, 요나고 아라오 씨(米子荒尾氏)와 구라요시 아라오 씨(倉吉荒尾氏)가 있다. 에도 시대에 돗토리 번은 自分手政治라고 해서 번내의 중요한 거점이 되는 마치(町)를 가로직(家老職)에게 위임하여 통치하는 정책을 취하였는데, 두 아라오 가문은 각기 요나고와 구라요시를 통치했다. 요나고 아라오 씨(米子荒尾氏)는 但馬守成房이 선조이며 요나고 성주를 역임하여 아라오다지마 가문(荒尾但馬家)으로 불리기도 한다. 구라요시 아라오 씨(倉吉荒尾氏)는 그 동생 志摩守隆重이 선조이고, 겐나(元和)의 一國一城令으로 폐성이 된 구라요시 성 아래에 진야(陣屋)를 짓고 그 지역을 통치했으며 아라오시마 가문(荒尾志摩家)이라 칭하기도 한다.

〈역대 요나고 성주 아라오 씨의 계보〉

선조 成房(荒尾善次의 아들. 但馬守)-1대 성주 成利(米子 城代 初代)-2대 成直(米子 2代)-3대 成重-4대 成倫-5대 成昭-6대 成昌-7대 成熙-8대 成尙-9대 成緖-10대 成裕-11대 成富

위의 역대 요나고 아라오 씨 중 울릉도쟁계와 밀접한 관련이 있던 사람은 4대 당주 아라오 나리토모(荒尾成倫 : 생몰 1684~1734)로, 관련 사료에는 '아라오 야마토(荒尾大和)'라는 관직명으로 등장하기도 한다. 아라오 나리토모는 1684년

이 사실과 함께 '조선인구술서(朝鮮人口述書)'가 제출되었다.[28) 에도 로부터 별도의 지시가 있기 전에 조선인 두 명은 오야 가문에 맡겨서 감시자를 붙여 외출하지 못하게 했다.[29) 다음이 '조선인구술서'이다.

唐人 두 사람 중 통사(通詞)의 진술

통사   이름은 안헨치우   나이 43
      사는 곳은 조선의 돈넨기라는 곳
하인(下人)   이름은 도라헤
      사는 곳은 조선의 울산 사람
三界의 시야쿠완으로부터 전복을 따라는 명을 받았고 어느 지역이라 는 지시는 없었으며, 작년에 온 사람들이 竹嶋(울릉도)에 간다고 들었 는데 竹嶋에서 和希(미역 : 若布)와 전복을 땄다고 말했다.
      위 두 사람이 가슴에 걸고 있던 표찰(札)에 쓰인 문자는 다음과 같다.
      안헨치우 표찰   두 사람 다 가슴에 걸고 있었다고 한다.
      앞의 글자
            東   私奴用卜年三十三長四
                  尺一寸面鐵犁暫生疤無
            萊   主京屈吳忠秋

아라오 나리시게(成重)의 장남으로 태어나 1692년 9세의 나이로 家督을 상속, 요나고 성주가 되어 돗토리 번주 이케다 쓰나키요(池田綱淸)의 가로로 근무했다. 나이가 어리다는 이유로 1702년까지 숙부 荒尾成紹가 후견인이 되었다.

28) 『因府歷年大雜集』, 「元祿六年竹嶋より伯州ニ朝鮮人連歸り候趣大谷九右衛門船頭 口上覺」, 앞의 사료.

29) 鳥取藩政史料, 『控帳(家老日記)』, 元祿 6년 4월 28일條·5월 11일條.

뒤의 글자

　　　庚　　　釜山佐自川一里　　　燒印 있음

　　　午　　　第十四統三戶

도라헤 표찰

앞의 글자

　　　庚　　　靑良目島里

　　　　　　　第十二統　　　　燒印 있음

　　　午　　　五家

뒤의 글자

　　　蔚　　　　　　　辛丑

　　　　　　朴於屯

　　　山　　　　　　　塩干30)

　　위의 진술서는 안용복과 박어둔에 관해 안용복이 진술한 것이다. 여기에는 당시 두 사람이 소지하고 있던 호패의 내용이 전사(轉寫)되어 있어, 그들의 신상에 관한 정보를 얻을 수 있다. 안용복은 자신에 관해서는 '통사, 43세, 동래 거주', 박어둔에 관해서는 '하인, 울산 거주'라고 하여 박어둔이 마치 자신의 종복인양 소개했다.

　　그런데 호패의 글자를 보면 안용복은 서울에 사는 오충추(吳忠秋)라는 인물의 사노(私奴)로 이름은 용복(用卜), 거주지는 부산 좌자천

---

30) 『因府歷年大雜集』,「唐人貳人之內通じ申口」. 호패의 문면은 『因府歷年大雜集』에 기록된 원문을 그대로 옮기되 송병기의 판독을 따랐다. 호패의 내용은 岡島正義, 『竹嶋考』,「大谷之船人拿來朝鮮人」(돗토리 현립박물관 소장, 受入번호 84269)에도 수록되어 있다. 송병기, 『재정판 울릉도와 독도』, 단국대학교출판부, 2007, pp.52~55.

(佐自川) 1리 14통 3호이다. 부산에 거주했던 것으로 보아 그는 외거
노비(外居奴婢)였을 것이다. 호패가 발급된 경오년(庚午年 : 1690년)
에 나이가 33세였으므로 일본에 연행된 1693년 당시의 나이는 36세가
된다. 키는 4척 1촌, 당시의 신장척(身長尺)으로 1m 46cm이고 얼굴은
검고 검버섯이 돋아 있었다.

박어둔은 울산에 사는 염한(塩干 : 소금 굽는 염부[塩夫])으로 신축
년(辛丑年 : 1661년)생이므로 1693년 당시 33세이다. 거주지는 울산
청량(青良) 목도리(目島里) 12통 5가이다. 안용복은 노군(櫓軍 : 노를
젓는 수졸[水卒]), 박어둔은 염한(塩干)이라는 천역(賤役)을 지고 있었
지만, 안용복의 신분은 천민이고 박어둔은 양인(良人)이었다.[31]

안용복의 거주지로 나오는 좌자천(佐自川)은 두모포왜관 인근에
위치하고 있었고,[32] 왜관에는 주지하듯이 수백 명의 쓰시마 번 사람
들이 조선과 통교하기 위해 체재하고 있었다. 안용복은 왜관의 일본
인과 접촉하는 기회를 통해 일본어를 익힌 듯하며, 일본 측 문헌에
그가 '통사'라고 기록된 것도 일본인과의 의사소통이 어느 정도 가능
했기 때문이었을 것이다.

오야 가문과 요나고를 통해 이 같은 사실을 보고받은 돗토리 번은
5월 들어 막부를 상대로 '종래와 같이 요나고 상인이 죽도산(竹嶋産)
전복을 배타적으로 확보하여 막부에 계속 헌상하기 위해서는 앞으로
조선인이 죽도에 오지 못하게 해야 한다'고 주장했다.[33] 두 가문의

---

31) 송병기, 앞의 책, p.54.
32) 초량왜관의 통제와 관련하여 1678년에 성립된 「朝市約條」의 제1조에는 '倭人出入
不可不嚴定界限、舊館則以佐自川爲限'이라는 구절이 등장한다. 왜관에 체재하는
일본인의 통행구역을 규정하면서 '舊館은 좌자천을 한계로 삼는다'는 의미인데,
舊館이란 두모포왜관을 가리킨다.

어업권을 보호하기 위해 조선인의 울릉도 도해를 금해 줄 것을 막부에 요청한 것이다. 앞서 인용한 오야 가문 선두(船頭)의 진술서에 나오듯이 돗토리 번은 조선인들로부터 울릉도 어업권을 지키고자 하는 오야 가문의 입장을 그대로 대변하였다.

막부는 이를 인정하여 5월 13일 월번 로주(月番老中) 쓰치야 마사나오(土屋政直)가 쓰시마 번 에도루스이(江戶留守居)에게 "돗토리 번으로 연행한 조선인 두 명은 나가사카부교쇼(長崎奉行所)로 보내 쓰시마 번이 인수하고, 금후 조선인의 죽도 출입을 금하도록 조선정부에 전하라"고 명하였다.[34]

이에 쓰시마 번의 에도가로 다지마 주로베(田嶋十郎兵衛)가 막부의 결정을 쓰시마에 알리기 위해 작성한 서한의 약문(略文)에는 죽도에 대해서 "호키노카미(伯耆守 : 돗토리 번주) 님의 영내(領內)도 아니고, 이나바(因幡)에서 160리 정도 떨어진 곳이다. 전복(鮑)이 명물이어서 대대로 호키노카미 님이 竹嶋鮑(울릉도전복)를 막부에 헌상하던 곳이다"라고 설명하는 구절이 등장한다.[35] 막부가 연행한 조선인 두 명을 조선에 송환하기로 결정한 시점에서 이미 쓰시마 번은 죽도가 돗토리 번에 속하지 않는다는 정보를 갖고 있었다.

한편 쓰시마 번의 가로 스기무라 우네메(杉村采女)는 5월 5일 왜관 통사(通詞) 나카야마 가헤에(中山加兵衛)에게 죽도에 관한 조사를 비

---

33) 鳥取藩政史料, 『御用人日記』元祿 6년(1693) 5월 15일(돗토리 현립박물관 소장, 受入번호 3718).

34) 『御用人日記』, 元祿 6년 5월 13일, 5월 15일조 ; 『控帳(家老日記)』, 元祿 6년 5월 26일 ; 對馬藩 宗家記錄, 『竹嶋紀事』, 元祿 6년 5월 13일 綱(국사편찬위원회 소장, 등록번호 MF0005424) ; 對馬藩 宗家記錄, 『元祿六癸酉年竹嶋一件拔書』, 長崎縣對馬歷史民俗資料館 소장, 記錄類Ⅱ, 조선관계, R2.

35) 『竹嶋紀事』元祿 6년 5월 13일 綱.

밀리에 명한 적이 있었다.[36] 스기무라는 나카야마에게 막부에 보고해야 하니 절친한 조선인으로부터 정보를 얻되 비록 정확한 정보가 아니더라도 일반 서민들의 이야기까지 수집하여 자세하게 보고하도록 했다.

〈스기무라 우네메의 지시사항〉

① 죽도를 조선에서는 '부른세미'라고 한다는데 울릉도를 부른세미라 부르지 않는가. 일본에서는 울릉도를 磯竹이라 하는데 울릉도와 부른세미는 별개의 섬인가.

② 죽도에는 재작년부터 도항하기 시작했는가, 아니면 이전부터 도항한 사실을 숨기고 재작년부터라고 말한 것인가.

③ 조선인들은 자기들의 돈벌이를 위해 몰래 도항했는가, 아니면 정부의 지시로 도항했는가.

④ 일본에서 죽도로 12, 13단(端)의 선박이 매년 2, 3척씩 도항하여 소옥(小屋)을 3, 4헌(軒) 만들었다고 하는데 지금도 그러한가. 일본인은 어느 지역 사람들인가.

⑤ 죽도는 조선에서 어느 방향에 있고 어디에서 어떤 바람을 타고 가며, 해로로 어느 정도의 크기인가. 일본에서의 방각과 해로는 어떠한가.

〈나카야마 통사의 보고 내용(6월 13일자)〉

① 올해도 부산포에서 죽도로 상선(商船) 3척이 건너갔다는 말을 들었음. '한비차구'라는 부산 사람에게 섬의 상태를 자세하게 살피

---

36) 『竹嶋紀事』 元祿 6년 5월 13일 綱.

고 해로(海路) 등에도 신경을 쓰도록 일러서 (죽도로 가는) 상선에 가담하여 건너가게 했음. 돌아오는 대로 자세하게 듣고서 곧 상신할 것임.

② 부른세미는 다른 섬임. 자세히 들어보니 '우루친토우'라는 섬임. <u>부른세미는 우루친토우에서 북동쪽으로 희미하게 보인다고 함.</u>

③ <u>우루친토우의 크기는 하루 반 걸려 일주할 수 있는 정도이고, 高山·田畑·大木 등이 있다고 함. 우루친토우에는 강원도의 '에구하이'37)라는 항구에서 남풍을 타고 출항한다고 함.</u>

④ <u>우루친토우에는 재작년부터 도항했는데 조선정부는 그것을 모르며, 자기들이 돈벌이하러 몰래 건너갔던 것임.</u>

통사 나카야마의 보고에서 주목해야 할 부분은 일본에서 '竹嶋'라 불리는 섬을 조선에서는 '우루친토우'라고 하고 '부른세미'는 우루친토우에서 북동쪽으로 희미하게 보이는 섬이며, 사람들이 정부 몰래 우루친토우에 건너가기 시작한 것이 재작년(1691)부터라는 점이다.

또한 ①을 통해 당시 부산에서 울릉도로 출항하는 선박이 여러 척 있었다는 사실을 알 수 있다. 뿐만 아니라 통사 나카야마는 부산포에서 울릉도로 출항하는 상선(商船)에 '한비차구(한裨將?)'라는 조선인을 승선하게 했다. 울릉도가 왜관이 위치한 부산에서 원거리에 있는 섬이었기 때문에, 보다 정확한 정보를 얻기 위해 한비차구라는 인물로 하여금 아예 울릉도행 선박에 승선하도록 종용한 듯하다.

---

37) 에구하이는 후술하는 '나가사키부교쇼 진술서'에 나오는 '寧海'로 추정된다. 조선시대 영해는 행정구역상 경상도 寧海都護府로, 사방 경계는 동쪽으로 바다에 이르기 10리, 서쪽으로 眞寶에 이르기 65리, 남쪽으로 盈德에 이르기 18리, 북쪽으로 강원도 平海에 이르기 17리였다.

이 대목은 당시 조선인들의 울릉도 도항 실태뿐만 아니라 쓰시마 번이 왜관을 매개로 하여 조선에 관한 '정보'를 수집하는 방식의 전형을 보여주는 사례일 것이다. 조선과 관련된 특정 사항에 관해 집중적인 조사의 필요성이 있을 때, 왜관 외부로의 출입이 자유롭지 못했던 왜관의 쓰시마인들은 평소 왜관을 드나들던 조선인 상인이나 관리에게 은밀하게 부탁하여, 그들을 통해 원하는 정보를 얻는 일이 비일비재했다.

왜관의 관리(管理)와 관련된 조선정부의 각종 규정에는 '일본인에게 조선의 실정을 누설하는 자는 엄벌에 처한다'는 조항이 있다. 하지만 조선인 '한비차구'와 나카야마 통사와의 관계에서도 드러나듯이, 실제로 조선인이 쓰시마 번 측에 협력하여 조선의 내정을 구두 또는 서신을 통해 전달한 예가 적지 않았다.

어쨌든 막부가 조선인을 나가사키, 쓰시마를 통해 귀국조치하라는 결정을 내리자 돗토리 번은 오야 가문에 구류되어 취조를 받던 안용복과 박어둔을 육로를 통해 나가사키로 호송했다. 총 90여 명으로 구성된 호송단은 6월 7일 이나바를 출발하여 6월 30일 나가사키에 도착했다. 그리고 나가사키부교(長崎奉行)의 주도 하에 두 사람으로부터 돗토리 번에 연행된 경위, 울릉도 도항에 관한 정황, 인적사항 등에 관한 진술서(朝鮮人申分口上書)가 작성되었다. 이 진술서의 작성에는 쓰시마 번의 나가사키 구라야시키(藏屋敷) 루스이(留守居) 하마다 겐베에(濱田源兵衛)와 통사(通詞)가 동석했다.38)

그러면 두 사람의 사정청취 진술서를 통해 그들이 일본에 연행된

---

38) 『御用人日記』 元祿 6년 8월 9일조 ; 『御祐筆日記』 元祿 6년 5월 10일조·13일조 ;
　　『竹嶋紀事』 元祿 6년 6월 6일 綱.

정황을 살펴보자. 쓰시마 번의 기록『竹嶋紀事』[39]에 의하면 그들은 돗토리 번에서도 일본으로 연행된 연유에 관해 한차례 진술했고, 뒤이어 나가사키부교쇼와 쓰시마에서도 각각 진술한 것으로 되어 있다. 먼저 나가사키부교쇼에서의 진술서는 다음과 같다.

〈나가사키부교쇼 진술서 ロ上文(7월 1일)〉
조선인 2명의 진술

一. 조선국 경상도 동래군(東萊郡) 부산포의 '安요쿠호키', '朴토라히'라고 한다. 우리들은 울산(蔚山)에서 죽도라는 곳에 전복(鮑), 약포(若布 : 미역)를 취하러 3월 11일에 출범하여 유각(酉刻)에 죽도에 도착했다. 전복과 미역을 취하며 머물고 있던 차에 일본인이 4월 17일 우리가 있던 곳에 와서 옷가지 등을 넣어두는 보자기를 집었고 우리 두 사람을 그들의 배에 태워 즉시 오각(午刻)에 출발, 돗토리에 5월 1일 미각(未刻)에 도착하였다. 늘상 죽도에는 전복과 미역이 많다고 들어서 배 1척에 10명이 타고서 영해(寧海)라는 곳까지 갔는데, 10명 중 한 사람이 병이 나는 바람에 영해에 남고 나머지 9명이 죽도까지 건너갔다. 10명 중 9명은 울산 사람, 한 사람은 부산포 사람이다.

---

39) 『竹嶋紀事』는 쓰시마 번의 고시 쓰네에몬(越常右衛門)이 울릉도쟁계(1692~1699)와 관련하여 조선과 일본 사이에 전개된 외교교섭 과정을 1726년에 정리한 기록이다. 안용복의 일본 연행 사건, 그것을 계기로 해서 시작된 조일 간의 외교교섭, 쓰시마 번과 막부의 교섭, 번주 소 요시자네(宗義眞)가 조선의 역관사 일행(문위행)에게 막부의 결정(돗토리 번에 지시한 죽도도해금지 명령)을 통보하고 관련 문건을 건네준 정황, 1699년에 쓰시마 번 차원에서 이 건이 완전히 마무리되기까지가 상세히 기록되어 있다. 울릉도쟁계를 조일 외교교섭의 측면에서 파악할 수 있을 뿐만 아니라 울릉도쟁계에서 쓰시마 번의 역할이 무엇이었는지를 파악할 수 있는 자료이다.

一. 우리가 탄 배, 류선(類船)⁴⁰⁾ 합해서 3척 가운데 1척은 <u>전라도 선박</u>이라고 들었고 17명이 탔다. 또 한 척은 15명이 탔고 <u>경상도의 가덕(加德)이라는 곳</u> 사람들이라고 들었다. 우리가 일본인에게 붙잡혀가자 그들은 즉각 조선으로 돌아갔지만 어디로 갔는지 그 전후의 사정은 모른다.

一. 이번에 우리가 전복을 따러 간 섬을 조선국에서는 '<u>무르그세무</u>'라고 부르며, <u>일본의 '죽도(竹嶋)'라는 사실을 이번에 들었다.</u>

一. 이번에 여기까지 오던 중 경호원들로부터 접대를 받았는데 베(布), 면포(木綿), 의류 등도 받았다. 자세한 것은 이나바(因幡)에서 구상서로 진술한 바와 다름이 없다.

一. 우리는 늘 염불을 했다.

一. '朴토라히'는 34세, '安요쿠호키'는 40세이다. 이나바에서는 나이가 43세라고 했지만 이는 말이 정확하게 통하지 않아서 틀리기도 한다고 생각한다.

위와 같이 죽도에 갔던 조선인이 말한 바, 문건으로 제출합니다.

이상

겐로쿠(元祿) 6년 계유(癸酉) 7월 1일(朔日)

　　　　숙주(宿主) 스에쓰구 시치로베에(末次七郎兵衛)　印

　　　　통사(通詞) 오우라 가쿠헤에(大浦格兵衛)　印

　　　　가세 도고로(加勢藤五郎)　印

　　소 씨(宗氏)의 가신 하마다 겐베에(濱田源兵衛)　印⁴¹⁾

---

40) 동행하는 선박.

41) 『竹嶋紀事』 元祿 6년 6월 綱.

사정청취가 끝난 후 8월 14일 나가사키부교로부터 조선인의 쓰시마 이송을 정식으로 전달받은 쓰시마 번의 '조선인영사(朝鮮人迎使)' 이치노미야 스케자에몬(一宮助左衛門)은 두 사람을 대동하고 나가사키를 출발, 9월 3일 쓰시마에 도착했다.[42] 곧이어 그 이튿날인 9월 4일 쓰시마 번청에서 다시 문정(問情)이 행해졌다.

〈쓰시마에서의 진술서 全文(9월 4일)〉

조선인구서(朝鮮人口書)

一. 우리 두 사람 중 한 명은 부산포의 '안요구'라고 하고, 한 명은 울산의 '바쿠토라비'라고 한다. 우리는 한 척에 10명이 탔는데 그 중 한 명은 병이 있어 영해(寧海)라는 곳에 남기고 9명이 죽도로 갔다.

선두(船頭)

울산사람   기무요차키, 긴바타이, 긴덴토이, 세코치, 이하니, 기무토구소이, 자구차춘[43]

위 한 척에 타고 울산에서 준비했다. 3월 11일 승선하여 15일에 울산을 떠나, 그 날 울산의 '부이카이'라는 곳에 도착, 25일 부이카이를 출발, 경상도의 '엔바이(영해?)'라는 곳에 가서 27일 진각(辰刻)에 엔하이를 출발, 그날 유각(酉刻)에 죽도에 도착했다. 엔하이와 죽도는 50리 정도 거리였던 것 같고 조선 강원도에서 동쪽에 해당되며, 섬은 조선의 '목지도(牧之嶋 : 絶影島)'[44]보다 조금 큰

---

42) 『竹嶋紀事』 元祿 6년 8월 14일 綱, 9월 3일 綱.

43) 『邊例集要』 권17, 雜條 附 鬱陵島, 甲戌(1694) 8月條의 경상감영 狀啓에는 박어둔과 함께 울릉도에 간 인물로 '안용복, 金加乙洞, 金自信, 徐化立, 李還, 梁淡沙里, 金德生' 등의 이름이 나열되어 있다.

것 같다. 산은 험준하며 높다.

一. 섬의 조류(鳥類), 짐승, 어류 등에 특별한 점은 없고, 고양이가
많은 편이다.

一. 섬의 오래된 오두막에 도구가 있는데 일본인이 살던 흔적인 것
같다.

一. 그 섬의 이름을 조선에서는 '무르그세무'라고 한다.

一. 그 섬을 일본으로도 조선으로도 전혀 생각하지 않았는데, 일본에
건너가 일본의 땅이라는 것을 처음으로 들었다.

一. 동행하던 선박 한 척은 전라도 '슌덴'의 배로 17명이 타고 있었고,
또 한 척은 경상도 '가토쿠'의 배로 16명이 타고 있었다. 두 척
모두 4월 5일 그 섬에 갔다.

一. 우리 배에 식료용 쌀 10표(俵), 소금 3표가 있었고 다른 짐은 없었
다. 동행했던 배도 우리 배와 마찬가지였다.

一. 우리가 그 섬에 전복, 미역이 많다고 듣고 취하러 간 것이고, 동행
선박도 마찬가지이다. 딱히 장사 속으로 간 적은 없었다.

一. 그 섬에서 일본인과 매매를 한 적은 없지만 동행한 선박이 어떠했
는지는 모른다.

一. 우리는 이번에 처음 그 섬에 갔고, 승선원 중 '긴바타이'라는 자가
작년에 그 섬에 한번 다녀와서 섬의 상황을 알고 있기에 우리들도
건너갔다.

一. '가토쿠'의 배에 탄 두 사람이 그 섬에 전에 한 번 간 적이 있다고
들었다.

---

44) 현재 부산 앞바다의 영도를 조선시대에는 '絶影島'라 했고, 쓰시마 사람들은
'마키노시마(牧島, 牧の嶋)'라고 불렀다.

一. 우리가 전에 그 섬에 몰래 건너간 적은 없었다. 작년에도 울산 사람 20명 정도가 건너갔다. 정부가 지시한 적은 없고 스스로 취하러 간 것이다.

一. 그 섬에 조선에서 건너가는 일이 옛날부터 있었는지 아니면 근년 부터 건너가게 되었는지 어떤지 그건 모른다.

一. 우리가 그 섬에 갔을 때 오두막을 만들고 오두막을 지키도록 '하 쿠토라히'를 남겨 놓았는데 4월 17일에 일본 선박이 한척 와서 천간(天間)[45]에 7, 8명이 타고 그 오두막에 와서 하쿠토라히를 잡아 천간에 태웠다. 오두막에 둔 보자기를 가지러 나갔더니 '안 요구'가 그 곳에 나와 '하쿠토라히'를 육지로 보내야겠다고 여겨 천간에 타자 곧 배를 출발시켜 두 사람을 본선(本船)에 태우고 즉시 출항했다. 오키에 22일 도착했고 그간에는 바다에 있었다.

一. 28일에 오키를 출발, 5월 1일 돗토리에 도착했다. 34일 동안 체류 하고 6월 4일 돗토리를 떠나 6월 30일 나가사키에 도착했다.

一. 돗토리를 떠나 나가사키에 26일 만에 도착했다. 그간 곳곳에서 접대를 받았고 식단(膳部)은 1즙(汁) 7, 8채(菜)였다. 두 사람 모두 탈 것으로 나가사키까지 이동했다. 이상.[46]

위의 진술은 두 사람이 일본에 연행된 정황을 파악하는 데는 물론이 거니와 1693년 당시 조선인들의 울릉도 도해 상황을 엿볼 수 있는 귀중한 기록이다. 〈나카야마 통사의 보고〉와 두 건의 진술서를 종합 하여 그 주요 내용을 정리하면 다음과 같다.

---

45) 『竹嶋紀事』에 있는 원문의 표기를 그대로 인용했다. 자세한 의미는 불명확하다.
46) 『竹嶋紀事』 元祿 6년 9월 4일 綱.

첫째 울릉도로 도항하는 선박은 울산, 부산, 전라도 등지에서 출항하는데, 그들은 일단 강원도의 영해(寧海)에 기항했다가 남풍을 타고 울릉도로 갔다.

둘째 승선원은 전라도 순천, 경상도 울산, 부산, 가덕도의 주민들이다.

셋째 전복과 미역을 따는 것이 주된 목적이었다.

넷째 안용복이 탄 선박은 울산에서 출발했고, 당시 울릉도에는 전라도 순천과 경상도 가덕도의 배가 와 있었다.

다섯째 안용복과 박어둔은 이번이 첫 출항이지만 이미 울릉도에 도항경험이 있는 사람도 있었다.

여섯째 두 사람은 조선에서 '무르그세무'라고 부르는 섬을 일본에서는 '죽도(竹嶋)'라 부른다는 사실을 이번에 처음 알게 되었다.

나카야마 통사의 보고에는 조선인들이 울릉도에 도항하기 시작한 것이 재작년(1691)부터라고 되어 있으나 돗토리 번정사료와 오야·무라카와 가문의 고문서에는 공통적으로 '오야·무라카와 선원들이 울릉도에서 조선인을 처음 목격한 것은 1692년'이라고 기록되어 있다. 1724년 오야·무라카와 가문이 막부에 제출하기 위해 작성한 문건에서도 "겐나(元和 : 1615~1623) 년중 이후 (죽도에서) 당인(唐人 : 조선인)을 보지 못했다"[47]고 진술한 점으로 미루어, 조선인들은 대체로

---

47) 「竹嶋渡海由來記拔書控」『村川氏舊記』所收, 도쿄 대학 史料編纂所 소장, 書目ID 55386. 1724년이 되어 오야·무라카와 가문이 막부에 제출하기 위해 문건을 작성한 이유는 같은 해 쇼군 요시무네(吉宗)가 돗토리 번에게 울릉도 도해에 관해 질의하는 일이 발생했기 때문이다. 막부의 질문은 과거 17세기 말 울릉도에 도항했다가 조선인을 일본으로 연행한 경위, 울릉도에서 나는 산물의 종류, 섬의 크기, 그림(繪圖), 호키(伯耆)와 조선 각각에서 울릉도까지의 도항거리(海

1691, 1692년 무렵부터 울릉도에 본격적으로 도항하기 시작한 것 같다.

4. 쓰시마 번의 대조선 교섭

박어둔과 안용복을 상대로 문정(問情)이 행해진 1693년 9월 4일, 쓰시마 번청에서는 '다시는 죽도에 조선인이 오지 않도록 조선정부에 전하라'는 막부의 명령을 놓고 논의가 행해졌다. 다음의 사료는 쓰시마 번의 입장이 결정되는 상황을 보여주고 있다.

이때 덴류인 공(天龍院公 : 宗義眞)의 긴죠야쿠(近所役)인 가노 코노스케(加納幸之介)를 통해서 말씀하시기를, 죽도는 이소타케시마(磯竹嶋)라고도 한다. 지난번 다이유 대군(大猷大君 : 쇼군 家光) 때 그 섬에 살고 있던 이소타케 야자에몬(磯竹弥左衛門)·진자에몬(仁左衛門)이라는 자를 붙잡아 보내도록 고운인 공(光雲院公 : 宗義成)[48]에게 지시하셨으므로 즉시 우리 쪽에서 체포하여 보낸 일이 있었다. 그런데 죽도를 일본의 호키(伯耆) 지역 내의 섬이라고 막부가 판단했다면 호키노카미 님에게 야자에몬·진자에몬을 체포하여 보내도록 지시하셨을 텐데, 쓰시마 번에 [체포하도록] 분부하신 것은 '조선의 죽도'라고 판단하셨기 때문이라고 생각된다. 그러니 이상의 전말을 일단 막부에 문의하

路) 등이었다. 이에 오야 씨와 무라카와 씨는 1724년 윤4월 3일자로 7개조의 답변서를 작성하여 돗토리 번청에 제출했다. 이에 관해서는 제2장에서 언급하였다.

48) 고운인 공(光雲院公)은 쓰시마 번의 2대 번주 소 요시나리(宗義成)의 戒名.

여 막부의 의중을 잘 들어본 다음 조선에 전달해야 한다. 이때 모두의 의견은 막부의 명령이라고 하면서 조선에 전달하면 어렵지 않을 테니 굳이 참판사(參判使)를 보내자는 것이다.[49)]

위 사료에 보이는 덴류인 공은 쓰시마 번의 3대 번주 소 요시자네(宗義眞)이다. 덴류인(天龍院)은 은거(隱居)[50)] 이후의 계명(戒名)이고, 관위(官位)는 형부대보(刑部大輔)이다. 그는 1657년 19세로 가독(家督)을 상속했으나 장남이 일찍 사망한 탓에 차남인 소 요시쓰구(宗義倫 : 1671년생)가 세자(世子)로 지명되어, 겐로쿠(元祿) 5년(1692) 6월 27일 요시자네의 은거(隱居)로 요시쓰구가 4대 번주가 되었다.

소 요시쓰구(宗義倫)의 관위는 우경대부(右京大夫), 계명은 레이코인(靈光院)이다. 나이가 어려서 실권은 부친인 요시자네가 여전히 장악하고 있던 중, 요시쓰구가 겐로쿠 7년(1694) 9월 27일, 번주 재위 2년 만에 에도에서 향년 24세로 사망하였다. 그 뒤를 이어 1694년 11월 1일 요시자네의 또 다른 아들인 소 요시미치(宗義方)가 11세의 어린 나이에 5대 번주가 되었고, 요시자네(宗義眞)는 섭정을 맡게 되었다.

따라서 울릉도쟁계가 발생하여 쓰시마 번청에서 막부의 지시를 놓고 한참 논의가 전개된 1693년 9월 시점에 번주는 소 요시미치이지만, 실제로 번정을 주도하고 있던 인물은 전(前) 번주이자 소 요시미치

---

49) 宗家記錄, 『元祿六癸酉年竹嶋一件拔書』(長崎縣對馬歷史民俗資料館 소장, 記錄類 Ⅱ, 조선관계, R2)·『竹嶋紀事』 元祿 6년 9월 4일.

50) 家長이 관직을 사직하거나 家督을 후사에게 물려주고 은퇴하는 것을 말한다. 에도 시대에 隱居는 公家와 武家에게 가해지는 형벌의 하나이기도 했다. 즉 형벌로서의 은거는 지위를 삭탈하고 家祿을 그 자손에게 양위하게 하는 것을 말한다.

의 부친인 소 요시자네였
다.

전 번주 소 요시자네는
이때 과거에 막부의 명령
으로 이소타케 야자에몬
(磯竹弥左衛門)·진자에몬
(仁左衛門)을 체포했던 일
을 떠올렸다. 그러면서
'그 때 막부가 죽도를 조
선의 영토라고 판단했기

소 요시자네(宗義眞) 반쇼인(万松院) 소장

때문에 돗토리 번이 아닌 쓰시마 번에 체포명령을 내린 것'이라는
결론을 이끌어냈다. 즉 과거의 사건으로 미루어 죽도가 울릉도의 이
칭(異稱)이자 조선의 섬일 가능성이 있으므로 이 점을 막부에 재차
확인한 후 교섭에 임하자는 의견이다. 그러나 바로 뒤이은 구절에서
알 수 있듯이 중의(衆議)는 '막부의 의향이라는 점을 전면에 내세워
임하면 교섭이 어렵지 않게 풀릴 테니 참판사를 파견하자'는 쪽으로
기울어졌다. 대차왜인 참판사[51]를 조선에 파견하기로 결정한 것이

---

51) 차왜(差倭)란 임란 이후 일본(쓰시마 번)이 조선에 파견한 임시 외교사절을
일컫는 말로, 참판사는 일본 측 명칭이다. 조선은 차왜가 제출하는 외교문서의
수취인을 기준으로 하여 대차왜와 소차왜로 분류하였는데, 예조참판 앞으로
문서를 제출하는 차왜가 대차왜, 예조참의 앞으로 제출하는 차왜가 소차왜이다.
또는 개개의 차왜가 띠는 사명에 연유하여 조선은 '○○差倭'(예를 들어 '通信使請
來差倭'), 대마번은 '○○使'('請聘使'), '參判使'(대차왜) 등의 명칭을 사용하였다.
대차왜는 쇼군 가문의 길흉과 세습교체, 쓰시마 번주 소 씨의 세습교체(家督
관계)·통신사 관계(통신사행의 요청, 護行, 護還), 圖書改給을 주로 담당하고,
소차왜는 조선 국왕의 즉위, 조선 왕실에 대한 조문, 대마번 내의 동정(번주의
죽음, 歸島) 통보, 표류민 송환 등을 담당했다.

다.52)

참판사에 앞서 선문사(先問使)로 파견된 나가세 덴베에(永瀨傳兵衛)
가 참판사가 가져올 교섭주제에 관해 미리 전하자 그 내용을 검토한
조선조정은 '참판사를 파견할 필요가 없다'며 거부했다. 죽도가 조선
의 울릉도라면 그곳은 예로부터 조선의 땅인데 그러한 곳에서 조선인
을 일본으로 잡아갔다가 정식 사자(使者)를 통해 송환한다는 것 자체
가 말이 안 된다는 이유에서였다.

그러나 여기에 맞서 재판(裁判) 다카세 하치에몬(高勢八右衛門)은
'죽도는 고래(古來)로부터 일본의 땅'이며, 이것을 '조선의 땅'이라고
하는 것은 문제발언이라고 반박했다. 그러자 조선의 역관은 '일본이
말하는 죽도가 울릉도가 아닌 다른 섬이라면 사자를 파견해도 좋다'며
사자의 파견을 허용했다.53)

또한 조정에서는 참판사의 접위관으로 임명된 홍문관 교리 홍중하
(洪重夏)가 부산으로 내려가기에 앞서 그 대응에 관한 논의가 이루어
졌다.

접위관(接慰官) 홍중하(洪重夏)가 하직 인사를 하고, 좌의정(左議政)
목내선(睦來善), 우의정(右議政) 민암(閔黯)이 홍중하와 함께 청대(請
對)하였다. 홍중하가 아뢰기를, "왜인(倭人)이 이른바 죽도(竹島)는 바
로 우리 나라의 울릉도(鬱陵島)입니다. 지금 상관하지 않는다고 해서
내버린다면 그만이겠지만, 그렇지 않다면 미리 명확히 판변하지 않을
수 없습니다. 그리고 또 만약 저들의 인민(人民)이 들어가서 살게 한다

52) 최초의 藩論이 결정되는 과정에 관해서는 池內敏, 앞의 책, pp.282~283에서
이미 지적된 바 있다.
53) 『竹嶋紀事』 元祿 6년 10월 綱.

면 어찌 뒷날의 걱정꺼리가 아니겠습니까?" 하고, 목내선·민암은 아뢰기를, "왜인들이 민호(民戶)를 옮겨서 들어간 사실은 이미 확실하게 알 수는 없으나, 이것은 3백 년 동안 비워서 내려둔 땅인데, 이것으로 인하여 흔단(釁端)을 일으키고 우호(友好)를 상실하는 것은 또한 좋은 계책이 아닙니다." 하니, 임금이 민암 등의 말을 따랐다. (후략)[54]

죽도가 울릉도의 다른 이름이라는 사실을 확인하기는 했으나 이 문제로 일본과의 사이에 외교적인 마찰이 생기지 않도록 처리한다는, 다소 애매한 방침이었다.

참판사에 임명된 다다 요자에몬(多田與左衛門)은 박어둔·안용복과 함께 10월 22일 쓰시마의 후추(府中)를 출발, 왜관이 있는 부산포로 향했다.[55] 宗家記錄 『館守每日記』에 의하면 다다 일행은 11월 2일 왜관에 도착했다. 박어둔과 안용복은 두 달 가까운 기간 동안 쓰시마에 체류한 셈이다. 쓰시마 번은 그들을 '질당인(質唐人)'이라 지칭했는데 삼대관(三代官)이 관수(館守)에게 '질당인회은(質唐人賄銀)'이 부족하니 올려달라고 요청한 것으로 보아 왜관 측이 두 사람의 식비 등을 부담한 것으로 추정된다.[56] 처음 두 사람의 거처는 대관가(代官家)로 지정되었으나 대관이 왜관에 도착하자 첨관가(僉官家) 안의 빈 방으로 바뀌었고, 쓰시마 측은 사람을 붙여서 그들의 행동을 밤낮으로 주시했다.[57]

---

54) 『조선왕조실록』 숙종 19년(1693) 11월 18일 丁巳條.
55) 『竹嶋紀事』 元祿 6년 10월 22일. 참판사 일행은 正官 다다 요자에몬, 都船主 內山郷左衛門, 封進 寺崎與四右衛門으로 구성되었다(『竹嶋紀事』 元祿 6년 10월).
56) 『館守每日記』 元祿 6년 11월 23일조.
57) 『館守每日記』 元祿 6년 12월 16일조. 두 사람이 쓰시마에 머물고 있을 때에도

12월 10일, 다다는 다례(茶禮)를 마치고 난 후 연향대청에 동래부사가 배석한 가운데 두 사람을 조선 측에 인도했다.[58] 『館守每日記』의 당일 기사에 의하면 쓰시마 번 측은 무사들로 행렬을 만들어 외교의례가 거행되는 외대청(外大廳 : 연향대청)으로 나아갔는데 그 행렬도의 가운데에 '唐人'이라는 글자가 두 개 쓰여 있다. 여기에서 '唐人'이란 박어둔과 안용복을 의미하는 것으로, 쓰시마 번 무사들이 박어둔과 안용복 두 사람을 둘러싸는 형태로 행렬을 지어서 연향대청까지 이동했음을 알 수 있다.

『竹嶋紀事』 겐로쿠 7년 정월 15일 강(綱)에는 박어둔과 안용복이 조선 측에 인도된 후 감옥에 구금되었다고 기록되어 있다. 『조선왕조실록』에는 '이에 울릉도에 배를 정박했던 사람을 치죄(治罪)하여 혹은 형신(刑訊)하기도 하고, 혹은 귀양을 보내기도 했다'[59]고 되어 있으나 개개인이 어떤 처벌을 받았는지는 불확실하다.

다다는 동래부사와 접위관(接慰官)을 상대로 "일본의 죽도에 최근 조선인이 건너와 고기잡이를 하기에, 사정을 헤아려서 다시는 오지 않도록 단단히 일러서 돌려보냈습니다. 그런데 금년 봄에 다시 40명 가량이 와서 고기잡이를 하기에 증거삼아 2명을 인질로 붙잡아, 자초지종을 영주님(돗토리 번주 이케다 씨)이 막부에 보고했습니다. '쓰시마 번주가 이 일을 맡아 조선국으로 돌려보내고 다시 오지 않도록

쓰시마 번은 그들의 숙소를 네 명의 무사로 하여금 지키게 하여 자유로운 출입을 통제했다(『竹嶋紀事』 元祿 6년 9월 3일 綱).

58) 『館守每日記』 元祿6년 12월10일조, 『竹嶋紀事』 元祿6년 12월 10일 綱.

59) 『竹嶋紀事』 元祿 7년 정월 15일 綱 ; 『조선왕조실록』 숙종 20년(1694) 2월 23일, 신묘조 ; 『邊例集要』 권17, 雜條 附 鬱陵島, 甲戌(1694) 正月條에 박어둔과 안용복이 귀국 후 조사를 받고 진술한 내용이 수록되어 있다.

엄하게 이르라'는 막부의 지시에 따라 두 사람을 이번에 송환하게 되었습니다."[60]고 하며, 조선인의 죽도도항을 금지해 줄 것을 요구했다.[61]

접위관 홍중하와 동래부사는 "대개 변토(邊土) 원도(遠嶋)에 도해하는 것을 엄하게 국법으로 금하고 있는 바, 이전에 귀국의 죽도(竹嶋)에 간 것은 중죄입니다. 이 점 한양에 상주하면 그들 모두가 반드시 처벌될 것이고, 앞으로 죽도는 물론 울릉도에도 건너가지 못하도록 엄하게 지시할 것입니다"[62]라고 답변했다. 이때 다다에게 발급된 조선의 회답서계의 내용은 다음과 같았다.

(전략) 우리나라는 해상의 금령이 지극히 엄격하여 바닷가에 사는 어민들이 먼 바다에 나가지 못하도록 단속하고 있습니다. 비록 우리나라 경계 안의 울릉도(蔚陵島)라 해도 까마득히 멀리 있다는 이유로 마음대로 왕래하는 것을 일절 허락하지 않고 있는데, 하물며 그 밖이겠습니까? 지금 이 어선이 감히 귀국의 경계에 있는 죽도(竹島)에

---

60) 『竹嶋紀事』元祿 6년 12월10일 綱.

61) 『邊例集要』권17, 雜條 附 鬱陵島, 癸酉(1693) 12月條. 이때 다다가 예조판서 앞으로 작성하여 제출한 서계는 『竹嶋紀事』元祿 6년 10월 綱에 수록되어 있다. 이 서계의 핵심적인 부분은 다음과 같다.
(전략) 貴域의 바닷가에 고기 잡는 백성들이 해마다 本國의 竹島에 배를 타고 왔으므로, 土官이 國禁을 상세히 알려 주고서 다시 와서는 안 된다는 것을 굳이 알렸는데도, 올봄에 漁民 40여 명이 죽도에 들어와서 난잡하게 고기를 잡으므로, 토관이 그 2인을 잡아두고서 한때의 證質로 삼으려고 했는데, 本國에서 幡州牧이 東都에 빨리 사실을 알림으로 인하여 어민을 弊邑에 맡겨서 고향에 돌려보내도록 했으니, 지금부터는 저 섬에 결단코 배를 용납하지 못하게 하고 더욱 禁制를 보존하여 두 나라의 交誼로 하여금 틈이 발생하지 않도록 하십시오. (후략) 元祿六年 癸酉九月 日(『조선왕조실록』숙종 20년(1694) 2월 23일, 신묘조).

62) 『竹嶋紀事』元祿 6년 12월 10일 綱.

들어가 번거롭게 거느려 보내도록 하고 멀리서 고생스럽게 서신으로 알리게 하였으니, 이웃 나라의 호의에 대하여 실로 고맙게 여기는 바입니다. 바닷가에 사는 백성은 고기를 잡아서 생계를 꾸리므로, 간혹 풍랑을 만나 표류하는 일이 없는 것은 아니지만 그래도 국경을 넘어 깊이 들어가서 난잡하게 고기를 잡은 것에 대해서는 법으로 마땅히 엄중하게 징계해야 할 것입니다. 지금 이 죄인들은 형률에 따라 죄를 과하게 하고, 이후에는 연해(沿海) 등의 지역에 대한 규례 조목을 엄격하게 제정하여 각별히 잘 타일러 경계하겠습니다. (후략)[63]

접위관의 대응과 회답서계에서 알 수 있듯이, 조선은 죽도와 울릉도가 일도이명(一嶋二名)이라는 사실에 관해서는 언급하지 않고 '귀국(일본)의 죽도', '조선 안의 울릉도'라고 전제하면서 교섭사안에 관한 대처방안을 제시하였다. 마치 죽도와 울릉도라는 두 개의 섬이 존재하고 있는 듯한 설명에, 조선정부는 마땅히 죽도에 조선인이 도항하는 것을 금지하여 외교적인 성의를 다하겠다는 입장을 표명한 것이다.

그런데 죽도와 울릉도가 하나의 섬이라는 사실을 알고 있으면서 조선은 왜 이렇게 모호한 표현을 쓴 것일까. 이것은 다다가 도해하기 전 조정에서 논의된 바와 같이, 울릉도를 포기하지 않으면서 동시에 영토문제로 인한 일본과의 충돌을 피하려는 외교적 전술이었다는 견해가 있다. 즉 조선이 이렇게 모호한 표현을 쓴 이유는 피랍된 어민들(박어둔과 안용복)의 안전한 송환을 달성하는 한편, 불필요한 영토문제를 야기하지 않으려는 판단에서 내려진 고도의 외교적 수사(修辭)

---

63) 宗家記錄, 『竹島紀事本末』(국사편찬위원회 소장, 기록류 No6583), 癸酉年 十二月 日 서계.

라는 해석이다.(64)

그러나 초반에 조선이 이렇게 애매모호한 태도를 취하는 바람에 쓰시마 번의 서계 수정요구가 이어졌고 외교적인 논쟁이 수년간 계속되었다. 결국 조선은 최종적으로 '울릉도=죽도'라고 표명하여 외교적인 입장을 번복했고, 그로 인해 쓰시마 번으로부터 '일관성의 부재(不在)'라는 집요한 비난에 직면하게 되었다.

한편 쓰시마 번의 입장에서 위 회답서계의 내용은 난감했다. 왜냐하면 서계에는 죽도 이외에도 울릉도라는 지명이 언급되어 있어서 만약 일도이명(一嶋二名)이라는 사실을 모르는 막부가 조선의 서계를 받게 되면 울릉도에 관해 의문을 품고 조사하게 될 것이고, 혹시라도 그렇게 되면 막부에 대한 해명은 쓰시마 번의 몫이 되기 때문이었다. 1694년 1월 쓰시마 번 가로(家老)들은 이 같은 점을 다다에게 알리고 교섭을 다시 시도하도록 지시했다.(65) 다다는 역관에게 서계에서 '蔚陵島' 세 글자를 삭제해 주기를 거듭 요청했으나 모두 거부되었다. 1694년 2월 24일 다다는 조선을 떠나 27일 후추(府中)에 도착했다.

다다가 귀국하자 쓰시마 번청에서는 곧바로 조선의 회답서계에 관한 논의가 전개되었다. 그리고 그 논의는 "죽도는 권현(權現 : 이에야스)님 이래 이나바(因幡)가 지배해 온 곳이 틀림없는데, 조선은 오랜 세월 버려두었던 섬을 '원래 우리의 땅'이라고 말할 수 없다. 그런데도 일도이명으로 만들어서 속이는 서면(書面 : 조선의 서계)을 중간에서

---

64) 홍성덕은 이 같은 견해와 더불어 '1678년 초량왜관의 완성과 1682년의 임술약조, 1683년 계해약조 등의 체결로 쓰시마를 통한 대일 통교가 안정화하고 있는 단계에서 새로운 갈등구조를 만드는 것이 좋은 계책이 아니라는 인식이 작용했다'는 점도 이유로 들었다. 홍성덕, 앞의 논문, pp.44~47.

65) 『竹嶋紀事』 元祿 7년 2월15일 綱.

제출하게 되면 사태가 중대해지므로, 기왕에 받은 서계를 반납하고 '蔚陵島' 세 글자가 삭제된 서계를 다시 받아야 한다"[66]는 결론으로 모아졌다.

1694년 윤5월 13일, 다시 왜관에 건너간 다다는 지참하고 간 새로운 서계를 조선에 건네고, '蔚陵島' 세 글자를 삭제한 서계를 새로 발급해줄 것을 요구했다.[67] 여기에 대해 조선의 역관은 "구두로는 봄에 받아간 답서가 일도이명(一嶋二名)으로 이해될 소지가 있다고 하면서, 서간에는 그런 연유가 적혀 있지 않고 그저 '울릉도'라는 글자를 삭제해달라고만 쓰여 있다. (중략) 이런 서간으로는 답서를 써줄 수가 없다. 이런 서간은 수취할 수 없음을 접위관이 조정에 보고하여 사자가 그냥 귀국하겠는가. 그렇지 않으면 서간만 제출하고 일도이명이라는 의견을 기재해야 구체적으로 회답할 것이다."[68]고 응대했다.

---

66) 『竹嶋紀事』 元祿 7년 2월 25일 綱. 다다가 후추에 도착한 것이 27일, 그리고 당시 쓰시마에 머물고 있던 도해역관사 일행에게 '다다가 차왜가 되어 다시 조선에 도해할 것'이라는 사실이 통보된 것이 29일이다.

67) 2차 도해 시에 다다가 조선에 제출한 서계는 『竹嶋紀事』 元祿 7년 3월 綱, 『竹島紀事本末』 등에 수록되어 있다.
"일본국 대마주 태수 拾遺 平義倫은 조선국 예조참판 대인 閤下의 편지를 받들어 보았습니다. 사신이 돌아오자 바로 회답을 받들어 여러 차례 되풀이 하여 읽었습니다. 지난번에 귀의 어민이 우리나라의 죽도에 들어 온 것을 돌려보낸 일이 있었습니다. 저의 서계에서는 蔚陵島에 관해 언급하지 않았는데 지금 (조선의) 답신에는 蔚陵島라는 이름이 있으니, 이는 이해할 수 없는 일입니다. 이에 다시 한 번 正官 橘眞重(多田與左衛門)과 都船主 藤成時를 보내니, 바라건대 '울릉'이라는 이름을 제거해 주시면 좋겠습니다. 제가 東行 일정이 가까워 하나하나 거론할 수 없으므로, 나머지는 사신의 입에 부쳐 보내겠습니다. 별거 아니지만 우리나라의 산물로 부족하나마 이렇게 멀리서 정성을 알리오니 웃으며 받아주십시오. 삼가 이만 줄입니다."(『竹島紀事本末』 元祿 7년(1694) 갑술 2월 일).

68) 『竹嶋紀事』 元祿 7년 8월9일 綱.

이어서 8월 9일 거행된 다례(茶禮)에서 접위관 유집일(兪集一)은 "지난번 서계(조선의 답서)는 아무런 문제가 없으니 사신께서는 가지고 돌아가십시오. 에도에 도착하면 자연히 아무 일도 없을 것입니다. 그래도 반드시 계문을 올려 수정하기를 청하고 싶다면 모름지기 원래의 서계를 돌려보내야 할 것입니다"[69]고 회유했다.

이 시점이 되면 조선도 쓰시마 번이 '울릉도' 세 글자의 삭제를 요청하는 이유를 간파한 터라 새로운 답서를 원하는 이유를 문서에 명확하게 기재하라는 요구를 제시했다. 조선의 입장에서는 쓰시마 번이 '一嶋二名'을 문서상으로 먼저 거론해주기만 하면 그것을 빌미로 해서 '죽도=울릉도'라는 입장을 표명하기가 수월해지기 때문이었을 것이다. 이때 조정은 "一嶋二名을 수일 내로 발설하지 않을 수 없는 형세이므로 역관들로 하여금 (차왜를) 한층 힐문하게 하여, 명백한 말을 얻은 후에야 전후(前後)의 서계를 제출하게 해야 한다"[70]는 지시를 동래부에 내렸다.

다다가 일도이명을 구두로 언급하는 데 그치자 조정은 "이번에 가져온 서계와 지난번 답서를 제출하고 사자가 구두로 말한 바를 자세히 서면으로 제출하면 회답서를 다시 발급하겠다"는 결정을 내렸다. 이에 다다는 조선이 요구하는 서계들을 건네주었다.[71]

한편 서계 재발급을 둘러싸고 양측이 팽팽한 줄다리기를 벌이고 있던 7월 21일, 쓰시마 번은 조선의 회답서계와 번주 명의로 작성된 구상서(口上書)를 로주 아베 마사타케(阿部正武)에게 제출했다.[72] 구

---

69) 『竹島紀事本末』.
70) 『邊例集要』 권17, 雜條 附 鬱陵島, 甲戌(1694) 8月條.
71) 『竹嶋紀事』 元祿 7년 8월25일 綱.
72) 『竹嶋紀事』 元祿 7년 21일 綱.

상서의 요지는 다음과 같았다.

첫째 이전에 내리신 막부의 명령에 따라 사자(使者)로 하여금 조선인을 송환하게 하고 앞으로는 죽도에 조선인이 도항하지 못하도록 해달라는 서한을 보냈습니다. 그랬더니 조선의 답서에는 '울릉도에도 가지 못하게 한다'는 구절이 있어서 '울릉도'를 삭제하기 위해 사자를 다시 파견했습니다.

둘째 조선의 울릉도는 죽도 쪽 방향에 위치하는 섬이라고 들었는데 <u>혹시 죽도를 조선이 울릉도라고 부르는지 염려됩니다.</u>

셋째 설령 죽도가 조선의 울릉도라고 해도 그 나라에서 수년간 버려두고 일본에 오랜 세월 속해 왔던 터라 이제 와서 새삼 할 말은 없을 것입니다. 하지만 울릉도가 일본에 속한다고 하면 북경(北京)과 조선 국내의 평판이 염려되어 원방(遠方)의 소도(小島)라서 일본에 속해도 상관없지만 이름만이라도 남겨두고자 조선의 울릉도라고 답서에 쓴 것 같습니다.

넷째 조선이 '죽도가 일본'이라는 사실을 모른 채 조선의 울릉도이므로 건너가도 된다는 답변이라도 하게 되면 이후에 충돌이 끊이지 않을 것입니다.

쓰시마 번은 조선에 다다를 다시 파견하기는 했지만 자신들이 원하는 결과를 얻지 못하게 될 가능성도 염두에 두고 있었을 것이다. 그리고 쓰시마 번은 조선이 '울릉도=죽도는 조선이므로 건너가도 되지만 일본인은 안 된다'고 정식으로 선포할 경우, 막부의 당초 명령과 완전히 반대되는 결과를 막부에 보고해야 하는 상황도 가정하고 있었다. 만약 그렇게 되면 설령 막부가 내린 당초의 지시가 죽도의 실상을 파악하지 못한 상황에서 나온 것이기는 하지만 막부의 외교적 체면이 손상되는 것이 사실이었다.

더구나 일도이명(一嶋二名)이라는 사실을 알면서도 그 사실을 막부에 알리지 않고 대조선 교섭을 강행한 사실이 알려지기라도 하면, 막부의 체면 손상에 대한 책임의 화살이 쓰시마 번으로 향할 것은 명약관화했다. 따라서 쓰시마 번은 위 구상서에 '혹시 죽도를 조선이 울릉도라고 부르는지 염려된다'는 문구를 넣어서 일도이명의 가능성이 있다는 점을 막부에 미리 흘려놓았다. 일도이명 여부에 대한 확인 작업을 막부의 숙제로 돌림으로써 자신들의 외교적인 책임을 모면하고자 한 것이다.

9월이 되어 조선의 새로운 답서가 다다에게 전달되었다. 주요 부분을 인용하면 다음과 같다.

(전략) 우리나라 강원도 울진현에 속한 섬 중에 울릉도라는 섬이 있습니다. 본 현의 동쪽 바다 가운데에 있는데 파도가 위험하여 뱃길이 편리하지 못합니다. 그렇기 때문에 여러 해 전에 그곳의 백성들을 이주시켜 땅을 비워놓고 수시로 관리(公差)를 보내 왕래하면서 수색하고 검사하게 했습니다. 이 섬의 산봉우리와 나무는 내륙에서도 또렷하게 바라볼 수 있고 무릇 산천의 구불구불한 굽이와 지형의 좁고 넓음, 백성들이 살던 자취가 남은 자리와 생산되는 토산물들이 모두 우리나라 『여지승람(輿地勝覽)』이라는 책에 실려 있으니, 대대로 전해오는 사실의 자취가 분명합니다. 이번에 우리나라 바닷가의 어민들이 이 섬에 갔을 때에 생각지도 않게 귀국의 사람들이 스스로 경계를 넘어 침범해 와서 서로 부딪치게 되었는데, 도리어 우리 백성 두 사람을 잡아서 에도(江戶)까지 끌고 갔습니다.[73] 다행히 귀국의 대군(大君)이

분명하게 사정을 통찰하고 넉넉하게 노자를 주어 돌려보내 주셨으니, 이는 교린을 하는 인정이 보통을 훨씬 넘어섬을 알 수 있는 일입니다. 높은 의리에 감탄하였으니, 그 감격을 어찌 말하겠습니까? 비록 그렇다 해도 우리나라 백성들이 고기잡이를 하던 곳은 본래 울릉도(蔚陵島)로서, 그곳에서 대나무가 생산되기 때문에 더러 죽도(竹島)라고도 불렀던 곳입니다. 이는 곧 하나의 섬을 두 가지 이름으로 부른 것입니다. 하나의 섬을 두 가지 이름으로 부른 정황이 다만 우리나라 서적에만 기록된 것이 아니라 귀주(貴州)의 사람들 또한 모두 알고 있는 일입니다. 그런데 이번에 온 서계 가운데 죽도를 귀국의 관내 지역이라 하여 우리나라로 하여금 어선이 다시 나가는 것을 금지시키게 만들려고 하면서, 귀국 사람들이 우리나라 국경을 침범해 들어와 우리의 백성을 붙잡아간 잘못은 논하지 않고 있습니다. 어찌 성실하게 신의를 지키는 도리에 흠이 되는 일이 아니겠습니까? 깊이 바라건대 이런 말뜻을 가지고 막부(東武)에 전해서 귀국의 변방 연해 사람들을 거듭 단속하여 울릉도에 오가며 사단을 야기하는 일이 다시는 없도록 한다면, 서로 좋게 지내는 도리에 있어 이보다 다행이 없겠습니다. (후략)[74]

---

73) 『竹島紀事本末』에 수록된 甲戌年 9월일 서계에는 이 구절 바로 뒤에 "이때 에도까지 가지는 않았는데, 서계에서 이렇게 말한 것은 아마 두 백성이 나가사키를 에도라고 생각했기 때문일 것이다(此時無轉到江戶之事. 而書中云云者. 蓋二氓認長崎爲江戶也)"라는 문장이 첨기되어 있다. 이 문장은 『竹島紀事本末』 편자가 자신의 의견을 삽입한 것으로 추정된다. 여기에서 두 백성이란 박어둔·안용복이다. 헌데 박어둔·안용복의 연행과 귀국 과정을 기록한 쓰시마 번 宗家記錄, 돗토리 번정문서 등에 두 사람이 에도까지 갔다는 기록은 찾아볼 수 없다. 두 사람은 조일 양국의 일반적인 표류민 송환 규정에 입각하여 송환되었으므로 도중 에도에는 들르지 않았다고 생각된다.

74) 『竹嶋紀事』 元祿 7년 9월 12일 綱 ; 『竹島紀事本末』, 甲戌年 9月日 서계.

조선의 답서에는 '죽도(竹島)는 울릉도의 다른 명칭이며 울릉도는 조선의 영역'이라는 점이 명확하게 언급되어 있다. 또한 '일본의 어민들이 경계를 넘어 침범해 와서 조선의 울릉도에 간 조선의 어민들을 잡아간 것이야말로 잘못된 행위'라고 항의하고 있었다. 이러한 답서는 이전 다다의 1차 교섭 때 '조선의 울릉도', '일본의 죽도'라는 이중적인 수사(修辭)를 사용했던 태도와는 사뭇 다른 내용이었다.

이처럼 2차 교섭에서 조선의 대응양상이 일변한 이유에 관해서는 조선정부 내의 정치세력의 변화가 거론되기도 한다. 다다가 파견되었을 무렵 조선정부에서는 갑술옥사(甲戌獄事)에 의해서 노론 정치세력을 대신하여 소론 정권이 들어섰고, 이들 소론 세력에 의해 대일정책이 강경책으로 전환되었다는 것이다.[75] 그 외에도 재차 도항한 다다가 지속적으로 울릉도 문구를 삭제해 줄 것을 요청하자 조선은 이를 쓰시마 번의 간계로 파악했고, 그냥 방치해 둘 경우 울릉도에 대한 영유권 침해 문제가 야기될 수 있을 것이라는 판단이 강경책으로 전환하게 했다는 견해[76]도 있다.

다다는 번청으로부터 질책을 당한 끝에 이듬해인 1695년 5월 귀국 명령을 받았다. 또한 쓰시마 번청은 5월 재판(裁判) 다카세 하치에몬(高勢八右衛門), 스야마 쇼에몬(陶山庄右衛門), 아비루 소헤에(阿比留惣兵衛)를 조선에 파견하여 동래부사 앞으로 조선의 답서에 관한 '4개조의 의문점'을 문서로 제출했다.[77] '4개조의 의문점'의 요지는 다음과 같다.

75) 남기훈, 「17세기 朝日 양국의 울릉도·독도 인식」 『한일관계사연구』 23, 2005, p.21.
76) 홍성덕, 앞의 논문, p.49.
77) 『竹嶋紀事』 元祿 8년 5월 15일 綱 ; 『竹島紀事本末』, 乙亥年 5月日 서계.

㉠ 귀국의 답서에는 '수시로 관리를 파견하여 왕래하면서 수색하고 검사했다'는 구절이 있지만 그간 일본의 주민들이 81년간 죽도에 도항하면서 그 섬에서 귀국의 관리들과 만났다는 일을 상주한 적이 없었다. 귀국의 관리가 만약 우리 백성들과 마주쳤다면, 즉시 통보하여 우리나라에 금단 조치를 요청했을 터인데 귀국은 일찍이 그런 일을 문의한 적이 없다.

㉡ 죽도에 가서 고기잡이를 하다 표류한 백성들을, 귀국의 예조가 서신과 함께 돌려보내 준 것이 이전에도 78년, 59년, 30년, 무려 세 차례나 된다.[78] 과거에 우리 백성들이 고기잡이를 하러 가서 국경을 넘어 경계를 침범했다면, 그 세 차례의 서신[79]에서는 어째서 국경을 넘어 경계를 침범했다는 뜻을 언급하지 않았는가? 과거 세 번의 서신에서는 조금도 언급한 일이 없다가 전날의 회답 서계에서 갑자기 '마음대로 국경을 넘어왔다'느니 '우리 국경을 침범하였다'느니 말한 것을 이해할 수 없다.

㉢ 서계에 '한 섬에 두 개의 이름이 있는 상황은 비단 우리나라의 서적에 기록되어 있을 뿐만 아니라 귀주의 사람들도 모두 알고 있다'고 되어 있다. 그렇다면 첫 번째 답서에서는 왜 '귀국 경계의 죽도'라느니 '우리 경계의 울릉도'라고 했는가?

---

78) 이것은 이 서한이 작성된 元祿 8년(1695) 시점에서 각각 약 78년 전(1618), 59년 전(1637), 30년 전(1666)에 울릉도에 도항한 일본인이 조선에 표착하여 쓰시마 번을 통해 일본으로 송환된 사건을 가리킨다.

79) 1618년, 예조참의 李命男의 서계에 대한 쓰시마 번의 답서는 이테이안(以酊庵) 輪番制 성립 이전이라 전해지지 않는다고 한다(『通航一覽』 第3, 609쪽). 1666년 조선에 표착한 오야(大谷) 씨 선원들을 송환하며 발급한 예조참의 鄭斗卿의 서계는 宗家記錄, 『兩國往復書謄』 11(일본국립국회도서관 소장)에 수록되어 있다.

ㄹ 전날 회답한 서계에서 '한 개의 섬이 두 가지 이름을 갖고 있는
상황을 귀주 사람들도 모두 알고 있다'고 한 것은 82년 전(1614)
두 편의 서계[80]에서 '의죽도(礒竹島)는 실제로 우리나라의 울릉도
이다'라는 말이 있었기 때문인가? 귀국에서 끝내 재고해주지 않는
다면 전날의 답서와 82년 전의 두 서신을 한꺼번에 막부에 전해야
하는데 그렇게 되면 80년 전과 78년 전의 편지의 뜻이 서로 합치
하지 않는 부분이 있는 사정을 궁구하지 않을 수 없다. 이 점을
분명히 밝혀 달라.

그러나 다다는 '4개조의 의문점'에 대한 동래부의 회신을 받지 못한
채 6월 10일 왜관을 출발, 귀국길에 올랐다. 그들의 배가 부산 앞
바다의 절영도에 계류(繫留)중이던 6월 12일에야 동래부의 회신[81]을
받을 수 있었다. 회신은 다다가 제시한 의문점을 조목조목 반박하는
내용으로, 다음은 그 요점을 정리한 것이다.

ㄱ 일찍이 82년 전 갑인년(1614)에 귀주에서 두왜(頭倭 : 正使) 1명과
사공(格倭) 13명이 의죽도의 크기와 실태를 탐사하는 일로 서계를
가지고 왔는데, 조정에서는 외람되게 국경을 넘었다 하여 접대를
허락하지 않았고, 다만 본부(本府)의 부사(府使) 박경업(朴慶業)을
시켜 답서[82]를 쓰게 하였다. 그 후에 일본에서 세 차례 표류해

---

80) 이것은 앞서 소개한 1614년 사건을 가리킨다. 1614년, 왜선이 울릉도를 탐색하기
   위해 왔을 때 동래부사가 조정의 지시에 따라 쓰시마 번에 발급한 답서를
   말한다.
81) 『竹嶋紀事』 元祿 8년 6월 10일 綱 ; 『竹島紀事本末』, 乙亥年 6月日 서계.
82) 다음은 『通航一覽』 第4, 21~22쪽에 수록된 박경업 답서의 내용이다.
   이른바 의죽도란 실은 우리나라의 울릉도로서, 경상도와 강원도 두 도의 바다에

왔던 왜인들은 어떤 이는 울릉도에 고기를 잡으러 왔다고 하고 어떤 이는 죽도(竹島)에서 고기잡이를 했다고 했는데, 예조에서는 서계를 보내며 아울러 표류해 온 왜인들을 돌아가는 배에 태워서 귀주로 돌려보냈다. 그런데 국경을 넘어 침범한 일을 가지고 질책하지 않았던 것은 전후의 일들이 각각 이유가 있었기 때문이다. 두왜(頭倭)가 왔을 때 신의(信義)로써 질책했던 것은 형지(形止)를 탐색하려고 침범하여 넘어온 정황이 있었기 때문이었고, 표착한 배를 그냥 돌아가는 편에 딸려 보낸 것은 물에 빠져 죽다가 살아남은 사람들이 속히 돌려보내 주기를 원했기에 살려 보내는 일이 급해서 다른 일은 물어볼 겨를이 없었기 때문이다.

ⓛ 수시로 관리를 파견하여 왕래하며 수색하고 검사한 일은 우리나라의 『여지승람(輿地勝覽)』이라는 책에 신라와 고려, 그리고 본조의 태종, 세종, 성종 삼조(三朝)에서 여러 차례 관인을 섬에 파견하였던 일이 상세하게 기록되어 있다. 그리고 또 전날 접위관 홍중하(洪重夏)가 내려왔을 때에 귀주의 소헤에(總兵衛 : 아비루 소헤에)라고 하는 사람이 역관 박재흥(朴再興)에게 『여지승람』을

끼여 있습니다. 이것은 『輿圖』에 실려 있으니 어찌 속일 수 있겠습니까? 대개 신라와 고려 이래로부터 일찍이 方物을 받아 취한 일이 있었고, 우리 조선조에 이르러서는 거듭 도망간 백성들을 데리고 돌아왔던 일이 있었습니다. 지금은 비록 황폐하게 버려져 있으나, 어찌 다른 사람들이 함부로 차지하는 것을 허용하여 시끄러운 틈이 생기는 단서를 열겠습니까? 귀주와 우리나라가 왕래하고 통행하는 방법은 오직 이 한 길밖에 없으니, 이 밖에는 표류한 선박이 진짜인지 가짜인지를 따지지 않고 모두 다 적의 선박으로 보고 논하여 판단하겠습니다. 우리 鎭과 연해 지역의 將官들은 오직 약속을 엄중히 지킬 뿐이니, 오직 바라건대 귀주에서는 국토를 구획하는 데에 분간이 있음을 살피고 국토의 경계를 침범하기 어려움을 알아서 각각 신의를 지켜 사리에 어그러지는 일이 생기지 않게 하기를 바랍니다.

보면, 울릉도는 과연 귀국의 땅이다.'라고 말했으니, 이 책을 귀주의 사람들이 일찍이 보았기에 이렇게 말했던 것입니다. 요사이 관리가 자주 왕래하지 않은 것과 어민들을 멀리 가지 못하게 금지하는 것은 대개 바닷길이 험한 곳이 많기 때문인데 저 나라 사람들과 우리나라 사람들이 섬에서 서로 마주치지 않았다는 것으로 의심거리를 삼으니, 이상한 일이 아닌가?

ⓒ 한 섬에 두 가지 이름이 있다고 말한 것은 박경업의 서신 가운데 이미 '의죽도(礒竹島)는 사실 우리나라의 울릉도이다.'라는 말이 있고, 또 박재홍이 정관왜(正官倭)와 만났을 때에 정관이 우리나라의 『지봉유설(芝峯類說)』 내용을 발설하면서, 『지봉유설』에 이르기를 '의죽도가 바로 울릉도이다.'라고 했다는 말을 하였기 때문이다. 한 섬에 두 가지 이름이 있다는 설은 본래 우리나라 서적에 실려 있었던 것이나, 이번에 그 말의 실마리를 발설한 것은 사실 귀주 정관 입에서 나온 것이다. 회답한 서계에 '하나의 섬인데 두 가지 이름을 가지고 있는 상황은 비단 우리나라 서적에 기재되어 있는 것뿐만이 아니고 귀주의 사람들도 또한 모두 다 알고 있다.'고 한 것은 바로 이것을 가리켜 말한 것이다.

ⓓ 계유년(癸酉年)의 첫 번째 답서에서 '귀주의 죽도'와 '우리 경계의 울릉도'라는 말을 했던 것은 당시 예조의 관원이 이전의 제도에 밝지 못했던 소치로 조정이 바야흐로 그 잘못된 말을 문책하였다. 그런 즈음에 귀주에서 그 서신을 내보내어 고쳐주기를 청했으므로 조정에서는 그 청에 따라 고쳐서 첫 번째 서계의 잘못을 바로잡았다. 첫 번째 서계는 이미 착오가 있어서 고쳤는데, 어찌 오늘날에 증거로 삼아 의문을 제기하는 단서가 될 수 있겠는가?

동래부사는 첫 번째 답서에서 '귀주의 죽도'와 '우리 경계의 울릉도'라고 기재했던 것을 조선 측의 실수로 정리하고, 쓰시마 번의 요청에 따라서 첫 번째 답서의 착오를 바로잡아 두 번째 답서를 발급했으므로, 더 이상 답서를 문제시하여 왈가왈부하는 것은 부당하다고 답변하였다.

그럼에도 불구하고 전(前) 번주 소 요시자네는 조선의 두 번째 서계의 내용이 적절하지 않다는 이유로 6월 말 가로(家老) 스기무라 우네메(杉村采女)를 정사(正使)로 하는 대차왜(부관 幾度六右衛門, 도선주 陶山庄右衛門)를 조선에 파견하기로 결정했다. 그러나 이 사행(使行)은 7월이 되어 연기되었다. 그것은 또다시 조선과 교섭을 재개하기 전에 일단 막부와 논의할 필요가 있다는 의견이 번론(藩論)을 움직였기 때문이다. 그와 같은 의견을 주도한 것은 유학자 스야마 쇼에몬(陶山庄右衛門)을 비롯하여 다키 로쿠로에몬(瀧六郎右衛門), 히라타 시게자에몬(平田茂左衛門) 등이었다.[83]

쓰시마 번은 방침을 바꾸어 그간의 대조선 교섭 경과를 막부에 보고한 뒤 막부의 지시를 받아서 행동하기로 한 것이다. 1695년 10월 에도에 도착한 소 요시자네는 로주 아베 마사타케에게 그간 조선과 주고받은 서계 4통의 사본과 『여지승람』『지봉유설』의 발췌서, 본인의 구상서를 11월에 제출하고, 차후의 교섭방향에 관해 막부의 의향을 구했다.[84]

이때 요시자네가 제출한 구상서(11월 25일부·28일부)에는 그간 대조선 교섭의 경위, 특히 조선 답서의 문언 및 그에 대해 쓰시마 번이

---

83) 『竹嶋紀事』 元祿 8년 6월 綱.
84) 『竹嶋紀事』 元祿 8년 10월 綱.

항변한 과정이 비교적 사실대로 서술되어 있다. 그리고 구상서에는 "죽도에 다시는 조선인이 건너가지 않도록 한다는 것을 쓰시마 번주의 사견(私見)이라고 조선이 사추(邪推)하여 그러한 답서를 보낸 것 같다", "이처럼 일본에서 오랜 세월 도해했다는 것을 조선도 잘 알면서 알리지 않다가 이제 와서 이러쿵저러쿵 말하는 것은 조선의 불찰이니, 그 점을 명확하게 전달하면 일이 해결될 수도 있을 것이다"[85]라는 구절도 삽입되어 있었다. 쓰시마 번은 막부와의 협의 중에도 조선으로 하여금 죽도를 일본령으로 인정하게 하려는 입장을 고수했던 것이다.

지난 수십 년간 돗토리 번 요나고의 조닌이 도항해 온 죽도가 조선의 섬일 수 있다는 사실을 보고받은 막부는 당혹했을 것이다. 이에 로주 아베 마사타케는 돗토리 번에 12월 24일부로 '질의서'를 보내 竹嶋(울릉도)와 松嶋(독도)의 소속에 관해 문의했다. 그러자 돗토리 번은 "竹島는 이나바(因幡), 호키(伯耆)에 속하지 않는다. (중략) 竹島(울릉도), 松島(독도) 그 외 兩國(이나바, 호키)에 부속된 섬은 없다"고 회답했다.[86] 이 회답이 죽도 도항에 관한 막부의 의사를 결정짓는 요인으로 작용했을 것이다.

이듬해인 1696년 1월 9일 로주 아베 마사타케는 쓰시마 번의 가로 히라타 나오에몬(平田直右衛門)에게 "죽도에 일본인이 거주했다는 사실이 없고 일본의 것이었다는 증거도 없는 이상, 죽도에 관해서 이쪽

---

85) 11월 25일부·28일부 口上書 모두 『竹嶋紀事』 元祿 8년 10월 綱.

86) 막부의 질의 내용과 돗토리 번의 답변에 관해서는 제2장을 참조. 막부의 12월 24일부 질의서와 질의서에 대한 돗토리 번의 답변서는 鳥取藩政史料, 『竹嶋之書附』(돗토리 현립박물관 소장, 受入번호 8438). 『鳥取藩史』 6, pp.471~472(池田家所藏竹島關係文書에서 인용).

이 문제 삼을 사안이 아니지 않은가. (중략) 위광(威光)이나 무위(武威)를 배경으로 하여 조리에 맞지 않는 일을 강하게 주장할 필요가 없다"고 지시했다.[87]

그리고 막부는 돗토리 번주 이케다 쓰나키요(池田綱淸)를 수신자로 하여 로주 봉서를 하달했다. 1696년 1월 28일부로 작성된 이 로주 봉서[88]는 돗토리 번에 '죽도도해금지'를 명하는 것으로, 오야·무라카와 양가에도 전달되었다. 이로써 두 가문은 약 70년 동안 독점적으로 향유해 온 울릉도 도항의 권리를 상실하게 되었고, 이후에도 그 권리는 두 번 다시 부활되지 않았다.

한편 이 사실은 1월 28일 쓰시마 번에도 전달되었다. 에도 성에 등성한 요시자네는 로주 4명이 참석한 가운데 막부가 내린 죽도도해 금지 결정을 통보받았다. 이때 로주가 요시자네에게 발급한 각서에는 "예전부터 호키 요나고의 조닌 두 명이 죽도에 가서 어로를 해왔는데, 조선인도 그 섬에 와서 일본인과 섞여 어로를 하게 되니 일본인의

---

87)『竹嶋紀事』元祿 9년 정월 28일 綱.
88) 죽도도해금지 봉서의 전문은 다음과 같다(『鳥取藩史』6, p.466 인용).
　이전에 마쓰다이라 신타로(松平新太郎 : 池田光政)가 因州(因幡 : 이나바)·伯州(伯耆 : 호키)를 영지로 다스리고 있었을 때 호키 요나고(米子)의 조닌(町人) 무라카와 이치베(村川市兵衛)·오야 진키치(大屋[大谷]甚吉)가 竹島에 도해하여, 지금까지도 어업을 하고 있으나 향후 竹島 도해를 금지한다고 명하셨으니 이를 명심하십시오. 이만 줄임.
　　　　　　　　정월 28일
　　　　　　　　　　　　쓰치야 사가미노카미(土屋相模守)
　　　　　　　　　　　　도다 야마시로노카미(戶田山城守)
　　　　　　　　　　　　아베 분고노카미(阿部豊後守)
　　　　　　　　　　　　오쿠보 가가노카미(大久保加賀守)
　　　마쓰다이라 호키노카미(松平伯耆守 : 池田綱淸) 님께
　　그 외 大谷家文書『竹嶋渡海由來記拔書』, 北澤正誠,『竹島考證』上(일본국립공문서관 소장 마이크로필름번호 012500-1350) 참조.

154

어로가 무익해졌다. 그러므로 향후 요나고 조닌의 도해를 금지한다는 뜻을 마쓰다이라 호키노카미(돗토리 번주)에게 봉서(封書)로 명하기로 했다"고 되어 있었다.[89]

그 후 막부의 지시에 따라 쓰시마 번은 막부가 돗토리 번에 '죽도도해금지' 명령을 내렸다는 사실을 조선정부에 통보했다.[90] 1696년 10월 번주 소 요시쓰구(宗義倫)의 사망을 조문하고 요시자네의 섭정을 축하하기 위해 쓰시마에 도해한 문위행에게 요시자네가 직접 막부의 결정을 통보하고, 그 내용을 기술한 구상서를 건네주었다.[91] 이렇게 해서 1693년부터 시작된 조일 간의 울릉도 영속 논쟁은 막부가 울릉도를 조선의 영토로 인정함으로써 일단락되었다.

---

89) 北澤正誠,『竹島考證』中, 元祿 9년 正月 28일(일본국립공문서관 소장 마이크로필름번호 012500-1365) ;『竹嶋紀事』元祿 9년 정월 28일 綱.

90) 北澤正誠,『竹島考證』中, 元祿 9년 10월(마이크로필름번호 012500-1365).

91) 이 정황은 宗家記錄,『譯官記』元祿 9년 10월 16일條(국사편찬위원회 소장, 기록류 No.1501)에 상세히 기록되어 있다. 1696년 10월 16일, 쓰시마 번주의 저택에서 문위행에 대한 외교의례가 행해진 후 前 번주 소 요시자네가 조선의 역관과 직접 대면하고 막부의 죽도도해금지 결정을 구두로 전했다. 구두로 전달한 이유는 막부가 그렇게 명령했기 때문이라고 설명했다. 그러나 문위행의 兩使는 구두만으로는 이 문제의 결말을 짓기는 어려우니 문서로 만들어 주기를 요청했다. 이에 쓰시마 번은 구상서 2통과 眞文(한문체) 2통을 교부했다. 진문이 추가로 교부된 것도 구상서만으로는 충분히 이해하기 어렵다는 양사의 요청이 있었기 때문이다. 그러나 구상서 2통과 진문 2통에는 모두 발신자, 수신자, 날짜가 기재되어 있지 않았다. 이처럼 정식 외교서한이 아닌 문건을 양사에게 발급했음에도 불구하고 쓰시마 번은 이 '통보'에 대한 조선정부의 정식 답서를 요구했다. 조선은 이 건에 대해 답서를 발급하기는 했지만, 그 답서는 양사가 쓰시마에서 받아온 4통의 문건에 기재된 내용을 바탕으로 하여 작성된 것이었다. 따라서 쓰시마 번은 막부가 당초 '구두로 전달하라'고 지시한 점을 의식하여, 조선의 답서에 있는 '쓰시마 번이 이 건과 관련하여 조선에 먼저 서한을 보냈다'는 구절을 삭제, 수정하기 위해 또다시 조선정부와 긴 교섭을 벌여야 했다.

5. 맺음말

이 장에서는 1693년에 발생한 조선인의 돗토리 번 연행 사건을
소재로 하여, 조일관계에서 쓰시마 번이 취했던 일련의 외교적인 움직
임을 검토하였다. 특히 조선통교 담당자로서 조선인 송환 과정에 깊
숙이 개입했던 쓰시마 번이 취한 외교적인 입장과 그 의도를 추적하였
다.

쓰시마는 1407년 도주(島主) 소 사다시게(宗貞茂)가 가신을 이끌고
울릉도에 이주하고 싶다는 의사를 조선에 전한 바 있으며, 조선후기
통교체제가 성립한 17세기에는 울릉도에 도항했다가 조선에 표착한
일본 어민들을 수차례 송환하는 기회를 가졌다. 그 기회를 통해 쓰시
마 번은 돗토리 번의 어민들이 울릉도에 도항하고 있다는 사실을
알게 되었으나, 울릉도가 조선의 섬이라는 점을 숙지하고 있으면서도
조선정부에 이를 공식적으로 알렸는지 여부는 알기 어렵다.

또한 1693년 연행된 조선인을 송환하라는 막부의 지시를 받은 쓰시
마 번은 독자적인 조사를 통해 문제의 '죽도'가 '울릉도'임을 재확인했
지만, 이 사실을 막부에 상신하지 않은 채 조선과의 교섭을 개시했다.
더구나 당초 막부의 지시는 '죽도에 조선인의 도항을 금지하라는 뜻을
조선정부에 전하라'는 것이었는데, 쓰시마 번은 '일본의 죽도'라는 문
구가 들어간 서계를 조선에 제출했다.

1693년 11월부터 1695년 중반까지 조선 답서의 문구를 놓고 양측
의 논쟁이 반복되는 상황에서, 쓰시마 번은 시종일관 조선으로 하여금
죽도를 일본의 영역으로 인정시키려 했다. 그러나 외교교섭의 후반부
에 접어들어 조선은 두 번째 답서에서 '죽도는 울릉도의 다른 명칭이
며 울릉도는 조선의 영역'이라는 점을 명확하게 언급하는 한편, '일본

의 어민들이 경계를 넘어 침범해 와서 울릉도에 있던 조선의 어민들을 잡아간 것이야말로 잘못된 행위'라는 입장을 분명히 했다.

이처럼 조선정부의 대응이 강경책으로 전환되면서 쓰시마 번은 소기의 목적을 달성하지 못하게 되었다. 더불어 도중에 막부가 직접 사실 관계를 확인한 결과, 조선은 막부로부터 '향후 일본인의 울릉도 도항을 금지하겠다'는 외교적인 답변을 얻어낼 수 있었다.

제4장

1696년 조선인들의 오키(隱岐) 도항과
그들의 송환과정

1. 머리말

제3장에서 검토한 바와 같이 쓰시마 번은 조선으로 하여금 죽도를 일본의 영역으로 인정하게 하려는 교섭을 강행했으나, 수년간 계속되던 논쟁은 결국 막부가 '울릉도는 조선의 영역'임을 공식적으로 인정하면서 끝이 났다. 1696년 1월 '향후 울릉도 도항을 금지한다'는 막부의 명령이 돗토리 번에 전달되었고, 같은 해 10월에는 쓰시마에 도해한 문위행(問慰行)에게 막부의 결정이 통보되었다.

그런데 막부가 울릉도 도해금지령을 돗토리 번에 하달하고 나서 불과 몇 달 후인 1696년 5월, 조선의 선박이 울릉도에서 오키(隱岐)로 건너가는 사건이 발생했다. 승선한 조선인들을 조선으로 송환하는 일은 이번에도 1693년에 이어 쓰시마 번이 담당하게 되었다. 헌데 이번 사건은 조선의 선박이 자발적으로 도항한 경우인데다 그들 조선인 중에는 1693년 울릉도에서 돗토리 번으로 연행되었다가 조선으로 송환된 자가 포함되어 있었다.

표착(漂着)이나 연행도 아닌데다가 무엇보다도 돗토리 번주에게 직소(直訴)할 것이 있다는 승선원의 주장이 일본 측 관계자들을 당혹시켰다. 조선과의 사안은 모두 쓰시마 번을 매개로 추진되던 당시의 조일 통교 시스템 속에서, 일반 조선인이 일본에 도항하여 '지배 권력층에 직소할 것이 있다'고 주장하는 상황 자체가 지극히 드문 사례였기 때문이다.

쓰시마 번과 막부는 이처럼 이례적인 상황에 과연 어떻게 대응했을까. 그리고 오키에 도항한 조선인들이 직소하고자 했던 것은 무엇이며, 그들은 어떠한 방식으로 조선에 귀국했을까. 17세기 말의 울릉도 쟁계는 그간 한일 학계에서 발표된 연구성과[1]를 통해 대략의 전개과정은 이미 소개된 상태이다. 1696년의 사건 역시 오키에 건너간 조선인들이 울릉도와 독도를 조선의 영토라고 주장했던 사실이 일본 측 문헌을 통해 입증된 결과, 그 중요성이 강조되어 왔다.

그러나 1696년 사건의 경우 도항한 조선인들의 궤적과 일본 측의 대응에 관한 실증적인 검토에서는 미진한 부분이 없지 않다. 그로 인해 도항한 조선인들의 행적 중 일부가 사료상의 검토를 거치지 않은 채 기정사실처럼 인용되는 예가 왕왕 있었다. 또한 막부가 조선인의 귀국방식을 1693년 연행사건과 전혀 다른 형태로 결정하게 된 이유도 설명이 부족했다. 제4장에서는 조일(朝日) 통교사의 관점에서

---

1) 본 주제와 관련된 연구논저로는, 川上健三, 『竹島の歷史地理學的硏究』, 古今書院, 1966 ; 內藤正中外, 『史的檢證 竹島·獨島』, 岩波書店, 2007 ; 池內敏, 『大君外交と武威』, 名古屋大學出版會, 2006 ; 남기훈, 「17세기 朝日 양국의 울릉도·독도 인식」『한일관계사연구』23, 2005 ; 송병기, 『울릉도와 독도 그 역사적 검증』, 역사공간, 2010 ; 홍성덕, 「17세기 후반 한일 외교교섭과 울릉도-안용복 피랍·도일 사건을 중심으로」『독도·울릉도 연구-역사, 고고, 지리학적 고찰』, 동북아역사재단, 2010 ; 이계황, 「일본인의 울릉도 도해와 조·일 외교교섭」『일본역사연구』33, 2011 ; 최은석, 「안용복 사건의 무대-17세기 돗토리 번과 오키국」『역사와 지리로 본 울릉도·독도』, 동북아역사재단, 2011 ; 윤유숙, 「18~19세기 전반 朝日 양국의 울릉도 도해 양상」『동양사학연구』118집, 2012 ; 同, 「근세 돗토리번(鳥取藩) 町人의 울릉도 도해」『한일관계사연구』42, 2012 ; 同, 「1693년 조선인의 돗토리번(鳥取藩) 연행과 쓰시마 번(對馬藩)」『동양사학연구』123, 2013 등이 있다.

이러한 의문점들을 해결해 보고자 한다.

2. 울릉도에서 오키(隱岐)로 도항한 조선인들

1695년 12월, 돗토리 번으로부터 '竹島(울릉도)는 이나바(因幡), 호키(伯耆)에 속하지 않는다. (중략) 竹島, 松島(독도) 그 외 兩國(이나바, 호키)에 부속된 섬은 없다'[2]는 사실을 확인한 막부는 돗토리 번주 이케다 쓰나키요(池田綱淸)를 수신자로 하여 로주 봉서를 하달했다. 1696년 1월 28일부로 작성된 이 로주 봉서는 '죽도도해금지'를 명하는 것으로, 같은 해 8월 1일에 돗토리 번청은 '오야(大谷), 무라카와(村川) 양가의 죽도 도해가 무용(無用)하다'라는 로주 봉서의 사본을 요나고 성주 아라오(荒尾) 씨에게 전달했다.

아라오 씨는 같은 달 오야·무라카와 씨에게 로주 봉서의 사본과 막부의 결정사항을 전달했다. 로주 봉서의 사본이 8월이 되어서야 요나고 성주에게 전달된 이유는 '번주가 돗토리 번에 귀국한 후에 막부의 결정을 두 가문에 하달하라'는 로주 오쿠보 다다토모(大久保忠朝)[3]의 명령이 있었기 때문이다.[4] 당시 돗토리 번의 번주 이케다

---

2) 막부의 12월 24일부 질의서와, 질의서에 대한 돗토리 번의 답변서는 鳥取藩政史料 『竹嶋之書附』(돗토리 현립박물관 소장, 受入번호 8438). 鳥取縣立圖書館, 『鳥取藩史』 6, 矢谷印刷所, 1971, pp.471~472(池田家所藏竹島關係文書에서 인용).

3) 로주 오쿠보 다다토모는 에도 시대 초기에 혼다 마사노부(本多正信)·마사즈미(正純) 父子와의 항쟁에서 패하여 실각한 오쿠보 다다치카(大久保忠隣)의 손자이다. 가독을 상속하기 전부터 고쇼(小姓), 고쇼구미반가시라(小姓組番頭)를 지냈다. 1670년 히젠가라쓰 번(肥前唐津藩) 9만 3000석을 상속, 1677년에 로주가 되었다. 1686년에는 祖父 다다치카의 영지였던 오다와라(小田原)로 복귀하였다. 加增을 받아 최종적으로 11만 3000석이 되었다.

씨가 에도에서 돗토리 성으로 귀성(歸城)한 것은 1696년 7월 19일이었다.[5] 오야·무라카와 두 가문은 이로써 약 70년 동안 독점해 온 울릉도 도항의 권리를 상실하게 되었다.

한편 울릉도 도항에 관한 막부의 결정사항은 1696년 1월 28일 쓰시마 번에도 전달되었다. 전 번주 소 요시자네(宗義眞)는 에도 성에서 로주들로부터 막부의 '죽도도해금지' 결정을 통보받았다.[6] 이때 로주가 요시자네에게 발급한 각서에는 "예전부터 호키(伯耆) 요나고의 조닌 두 명이 죽도(울릉도)에 가서 어로를 해왔는데, 조선인도 그 섬에 와서 일본인과 섞여 어로를 하게 되니 일본인의 어로가 무익해졌다. 그러므로 향후 요나고 조닌의 도해를 금지한다는 뜻을 마쓰다이라 호키노카미(돗토리 번주)에게 봉서(封書)로 명하기로 했다"고 되어 있었다.

그런데 이 같은 막부의 결정이 봉서를 통해 돗토리 번 조닌들에게 미처 전해지기 전인 1696년 5월, 조선의 선박이 돌연 오키 섬에 나타나는 사건이 발생했다. 그 선박의 승선자 중에는 1693년 돗토리 번에 연행되었다가 조선으로 송환된 인물, 안용복이 타고 있었다. 앞서 1693년에 발생한 안용복과 박어둔의 도일(渡日)은 오야 가문의 선원들에 의해 '연행'된 것이었지만, 1696년 5월의 사건은 어획하기 위해 울릉도에 건너갔던 조선인들이 자의로 독도를 거쳐 오키 섬에까지

---

4) 鳥取藩政史料, 『控帳(家老日記)』, 元祿 9년(1696) 8월 1일條(돗토리 현립박물관 소장, 受入번호 2537) ; 鳥取藩政史料, 『御用人日記』, 元祿 9년(1696) 8月條(돗토리 현립박물관 소장, 受入번호 3726).

5) 『控帳(家老日記)』, 元祿 9년(1696) 7월 19일條.

6) 對馬藩 宗家記錄, 『竹嶋紀事』元祿 9년(1696) 정월 28일 綱(국사편찬위원회 소장, 등록번호 MF0005424). 『竹島考證』中, 元祿 9년(1696) 정월 28일(일본국립공문서관 소장 마이크로필름번호 012500-1365).

도항한 것이었다.

그러면 오키 섬에 도착한 조선인들은 귀국하기까지 어떤 과정을 거쳤을까. 일본에서의 그들의 궤적을 구체적으로 추적해보고자 한다.

돗토리 번정 사료에 의하면 조선인 11명이 승선한 배 한 척이 오키에 나타난 것은 1696년 5월 20일이었다. 당시 오키는 막부의 직할령(天領)으로, 마쓰에 번(松江藩)이 막부로부터 통치를 위탁받아, 오키의 도젠(島前)과 도고(島後)에 각각 대관(代官)을 파견한 상태였다.[7] 오키의 대관 고토 가쿠에몬(後藤角右衛門)의 수대(手代) 나카세 단에몬(中瀨彈右衛門)·야마모토 세이에몬(山本淸右衛門)이 도항해 온 조선인들을 조사한 결과, "이번에 조선의 선박 32척이 울릉도에 건너갔고, 그 중 한 척(11명 승선)은 호키노쿠니(伯耆國)에 '원하는 것이 있어서' 도해했다"는 진술을 얻었다.

이 사실은 6월 2일 오키 대관에 의해 돗토리 번청에 보고되었고, 6월 4일 조선의 배는 돗토리 번(伯耆國)의 아카사키(赤崎) 항구로 옮겨졌다가[8] 다시 아오야(靑谷) 항구로 옮겨졌다.[9] 그 후 번청은 6월 14일 조선인을 가로(加路 : 현재 돗토리 시 賀露町)의 도젠지(東禪寺)

---

7) 근세의 오키에 관해 보충하면 다음과 같다. 1600년 호리오 요시하루(堀尾吉晴)가 이즈모(出雲)·오키(隱岐)의 國主가 되었으나 1634년부터 무로마치 시대의 오키· 이즈모의 슈고케(守護家)의 자손인 교고쿠 다다타카(京極忠高)로 교체되었다. 1638년에는 마쓰다이라 나오마사(松平直政)가 이즈모에 들어왔고, 이후 오키는 막부의 天領(松江藩의 預地)이 되었다. 막부로부터 통치를 위탁받은 마쓰에 번(松江藩)은 도고(島後)의 사이고(西鄕)에 진야(陣屋)를 두고 군다이(郡代)에게 총괄하게 하고, 도젠(島前)과 도고(島後)에는 각각 대관을 파견하여 행정을 담당하게 했다. 오키의 총 석고는 1만 8,000석, 實高는 1만 2,000석 정도였다.

8) 『御用人日記』, 元祿 9년(1696) 6월 13일條 ; 『控帳(家老日記)』, 元祿 9년(1696) 6월 5일條.

9) 『御用人日記』, 元祿 9년(1696) 6월 2일條.

로 옮겼고,[10] 6월 21일에는 가로(加路) 정회소(町會所)로 옮겼다.[11]

조선의 배가 오키에 나타났을 때 오키 대관의 수대(手代)들이 선원들을 취조하여 작성한 『元祿九丙子年朝鮮舟着岸一卷之覺書』[12]는 당시 선원들의 인적 사항과 도항 목적을 전해주는 사료이다. 이 기록은 5월 23일자, 앞서 언급한 오키 대관의 수대 야마모토 세이에몬(山本淸右衛門)의 이름으로 작성되었다. 문정(問情)에 나선 일본 측 관리들이 조선인 일행을 관찰한 상황과, 그들의 질의에 안용복이 답변한 사항을 기록한 것이다. 전문을 인용하기에는 지면의 한계가 있으므로 선원들의 상황을 엿볼 수 있는 부분을 발췌하여 인용하면 다음과 같다.

Ⓐ 승선한 인원수는 총 11명, 그 중 승려[13]가 5명 포함되어 있다.

Ⓑ "본인(안용복)은 3월 18일에 조선에서 아침식사 후에 출선하여 같은 날 죽도(울릉도)에 도착하였고, 저녁식사를 했다."고 말했다.

Ⓒ 선박의 수는 13척으로, 사람은 한 척에 9명, 10명, 11명, 12명, 13명, 15명 정도씩 타고 죽도까지 왔다는데 사람 수가 전부 몇 명이었는지 물어도 도무지 대답하지 않았다. "위의 13척 중 12척은 죽도에서 미역과 전복을 채취하고 대나무를 베었다. 이 일을

---

10) 『控帳(家老日記)』, 元祿 9년(1696) 6월 14일條.

11) 岡嶋正義, 『竹嶋考』, 鳥取縣立博物館 소장, 受入번호 84269.

12) 이 고문서는 오키 섬 무라카미(村上) 가문에 전해지고 있었던 기록이라 흔히 무라카미 문서라고 부른다. 2005년 시마네 현 오키 섬 아마초(海土町) 무라카미 스케구로(村上助九郎)의 저택에서 발견되었다.

13) 이름이 기록된 승려는 興旺寺의 주지 雷憲(55세), 뇌헌의 제자 衍習(33세) 등 2명이다. 오키의 관리가 배에 승려 다섯 명이 탄 이유를 묻자, '울릉도를 구경하고 싶어서 동행했다'고 답했다고 한다.

지금 하고 있었다. 올해는 전복이 많지도 않았다."라고 말했다.

ⓓ 안용복이 말하기를, "우리가 타고 온 배에는 열한 명이 탔는데 호키에 가서 돗토리(鳥取) 호키노카미(伯耆守) 님에게 말할 것이 있어 건너왔다. 순풍이 마땅치 않아 이 땅에 이르렀다. 순풍이 부는 대로 호키에 도해할 것이다. 5월 15일 죽도에서 출선하여 같은 날 송도(독도)에 도착했다. 16일에 송도를 출발하여 18일 아침에 오키섬 니시무라(西村)의 해안에 도착했고 20일에 오쿠무라(大久村)에 입항했다."고 말했다. 니시무라의 해안은 거친 파도가 이는 바위 해안으로, 그 날 나카무라(中村)에 입항했는데 이곳은 항구가 좋지 않아서 다음날 19일 그 곳을 출발하여 그 날 밤에 오쿠무라의 가요이우라라고 하는 곳에 정박하고, 20일에 오쿠무라에 가서 머물렀다고 했다.

ⓔ 안용복과 토라베(박어둔?) 두 사람은 4년 전 계유(癸酉)년 여름에 죽도에서 호키의 배로 데려왔다. 그 토라베도 이번에 데려와서 죽도에 남겨두었다고 한다.

ⓕ 호키에서 용무를 마치고 죽도로 돌아가 12척의 배에 짐을 다시 싣고 6, 7월 무렵에 귀국하여 위에도 상납을 바칠 예정이라고 한다.

ⓖ 4년 전인 계유년 11월에 일본에서 받은 물건과 문건 한 묶음(一冊)을 제출했기에 필사해 두었다.

ⓗ 11명 중에서 이름과 나이를 밝히지 않은 부분과 그 외 각기 어떤 종파인지 적어주었으면 좋겠다고 했고, 호키에 탄원하고 싶은 사정도 적어달라고 했더니 처음에는 그렇게 하겠다고 했다. 그런데 22일 아침이 되자 그것들을 적어내지 않았다. 호키에 가서 자세한 사정을 말할 것이며 재차 물어보아도 소용없다는 내용을

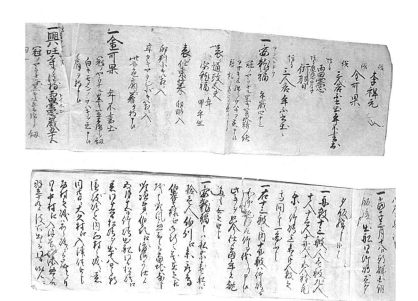

『元祿九丙子年朝鮮舟着岸一卷之覺書』(일부)

적어서 (우리에게) 제출했다. 그대로 상신합니다.

Ⓛ 22일 안용복·이비원(李裨元)·뇌헌·그의 제자가 상륙한 이유는 서
풍이 강해 배 안이 불편하여 무언가를 적을 수가 없었으므로 육지
에 올라가서 기록하고자 하여 해변 가까이 있는 백성(百姓)의 집
에 들어갔지만 이때는 전부터 기록하던 서찰만 써냈다. 21일에는
배를 증명하는 서한과 이번 탄원의 전말을 한 권(두루마리)으로
작성하여 장문의 초안을 써서 본문도 게재했지만 22일 육지에
올라가 상담하여 변경한 듯했다. 그러나 이전의 서한으로 전말의
대강은 전달되었을 것으로 생각된다. 그대로 상신합니다.

이상은 이번 조선인 사건의 전말을 한 권으로 작성한 것과 조선인이
제출한 서한 목록을 적은 것이고, 야지에몬이 지참한 구상서(口上書)

에도 보고되어 있습니다. 이상.

        5월 23일   나카세 단에몬(中瀬彈右衛門)

                              야마모토 기요에몬(山本淸右衛門)

관청(御用所)에

   선원들의 인원수는 총 11명으로, 속인(俗人)은 안용복(安龍福)·이비원(李裨元)·김가과(金可果)를 비롯하여 이름과 나이를 밝히지 않은 3명, 그리고 승려로는 뇌헌(雷憲)과 뇌헌의 제자 연습(衍習), 이름과 나이를 밝히지 않은 3명이 있었다. 그 중 안용복에 관해서는 유독 상세하게 기록되어 있다. 나이는 43세, 관 같이 생긴 검은 갓, 수정끈, 남색 무명으로 된 상의를 입었고, 허리에 찬 패의 앞면에는 '통정태부(通政太夫), 갑오(甲午)생'이라고 새겨져 있었다.[14]

   『조선왕조실록』에는 후일 그들이 돗토리 번에서 강원도 양양(襄陽)으로 귀국한 후, 강원감사 심평(沈枰)에 의해 체포된 사람들의 명단이 나온다.

---

14) 안용복의 신상에 관한 내용은 자료에 따라 사뭇 다르다. 일례로 박어둔과 안용복이 1693년 일본에 연행되었을 때 일본에서 조사한 내용이 기록된 岡島正義, 『因府歷年大雜集』, 「唐人貳人之內通 じ申口」(돗토리 현립박물관 소장, 受入번호 19745) ; 岡島正義, 『竹嶋考』, 「大谷之船人拿來朝鮮人」(돗토리 현립박물관 소장, 受入번호 84269)에 의하면, 안용복은 자신을 '통사, 43세, 동래 거주'라고 소개했다. 당시 그가 차고 있던 호패의 글자로 보면, 그는 서울에 사는 吳忠秋라는 인물의 私奴로 이름은 用卜, 거주지는 부산 佐自川 1리 14통 3호이다. 부산에 거주했던 것으로 보아 그는 외거노비였을 것이다. 호패가 발급된 庚午年(1690)에 나이가 33세였으므로 일본에 연행된 1693년 당시의 나이는 36세가 된다. 그는 櫓軍(노를 젓는 수졸(水卒))이었고 신분은 천민이었다. 송병기, 『재정판 울릉도와 독도』, 단국대학교출판부, 2007, p.54 참조.

동래(東萊) 사람 안용복(安龍福)·홍해(興海) 사람 유일부(劉日夫)·영
해(寧海) 사람 유봉석(劉奉石)·평산포(平山浦) 사람 이인성(李仁成)·낙
안(樂安) 사람 김성길(金成吉)과 순천(順天) 중[僧] 뇌헌(雷憲)·승담(勝
淡)·연습(連習)·영률(靈律)·단책(丹責)과 연안(延安) 사람 김순립(金順
立) 등과 함께 배를 타고 울릉도(鬱陵島)에 가서 일본국 백기주(伯耆州)
로 들어가 왜인과 서로 송사한 뒤에 양양현(襄陽縣) 지경으로 돌아왔
으므로, 강원감사(江原監司) 심평(沈枰)이 그 사람들을 잡아가두고 치
계(馳啓)하였는데, 비변사(備邊司)에 내렸다.15)

승선자들의 출신지역은 동래, 홍해, 영해, 평산포, 난안, 순천, 연안
등지이며 총 11명이라는 인원수는 일본 측 사료와도 일치한다. 위
일본 사료에 나오는 이비원(李裨元), 김가과(金可果)는 각기 이인성(李
仁成)·김성길(金成吉)과 동일 인물일 것이다.
『元祿九丙子年朝鮮舟着岸一卷之覺書』에는 울릉도와 독도의 소속에
관한 조선인들의 주장도 등장한다.

一. 위의 안용복·뇌헌·김가과 세 사람을 관리(일본 측)가 입회했을
때 (그들은) 조선팔도지도(朝鮮八道之圖)를 8장으로 정리하여 지
니고 있던 것을 제출했다. 팔도의 이름을 베껴 적고 조선어 발음
을 부기했다. 세 사람 중 안용복이 통사(通詞)여서 (이쪽에서) 질
문하면 그가 대답했다.
一. 안용복이 말하기를, "죽도를 대나무의 섬이라고 하는데, 조선 강
원도(江原道) 동래부(東萊府) 내에 울릉도(鬱陵島)라고 하는 섬이

15)『조선왕조실록』 숙종 22년(1696) 8월 29일 壬子條.

있다. 이를 대나무의 섬이라고 한다."고 했다. 팔도(八道)의 지도에 이를 기록하여 지니고 있었다.

一. 송도(松嶋)는 앞에서 말한 도(道) 안에 자산(子山)이라고 하는 섬이다. 이를 송도라고 하는데 이것 또한 팔도의 지도에 적혀 있었다.

이 사료에 의하면 뇌헌 일행은 자신들이 오키에 오게 된 이유를 "돗토리(鳥取) 호키노카미(伯耆守) 님에게 호소할 일이 있어 호키로 가려했으나 순풍을 타지 못해 오키에 도착했다"고 설명했다.[16] 또한

---

16) 그들이 귀국한 후 비변사의 추문을 받고 답변한 내용에는 오키까지 도항하게 된 경위가 다소 다르게 진술되어 있다. 즉 울릉도에 어획하러 갔다가 거기에 온 일본인들을 보고, 조선의 지경을 침범했다고 꾸짖으며 뒤쫓아 가다가 광풍을 만나 오키에 표착했다는 것이다. 『조선왕조실록』숙종 22년(1696) 9월 25일 戊寅條를 인용하면 다음과 같다.
안용복이 말하기를, "저는 본디 東萊에 사는데, 어미를 보러 蔚山에 갔다가 마침 僧 雷憲 등을 만나서 근년에 울릉도에 왕래한 일을 자세히 말하고, 또 그 섬에 海物이 많다는 것을 말하였더니, 뇌헌 등이 이롭게 여겼습니다. 드디어 같이 배를 타고 寧海 사는 뱃사공 劉日夫 등과 함께 떠나 그 섬에 이르렀는데, 主山인 三峯은 三角山보다 높았고, 남에서 북까지는 이틀길이고 동에서 서까지도 그러하였습니다. 산에는 雜木·鷹·까마귀·고양이가 많았고, 倭船도 많이 와서 정박하여 있으므로 뱃사람들이 다 두려워하였습니다. 제가 앞장서서 말하기를, '울릉도는 본디 우리 지경인데, 왜인이 어찌하여 감히 지경을 넘어 침범하였는가? 너희들을 모두 포박하여야 하겠다.'하고, 이어서 뱃머리에 나아가 큰소리로 꾸짖었더니, 왜인이 말하기를, '우리들은 본디 松島에 사는데 우연히 고기잡이 하러 나왔다. 이제 本所로 돌아갈 것이다.' 하므로, '송도는 子山島로서, 그것도 우리나라 땅인데 너희들이 감히 거기에 사는가?' 하였습니다. 드디어 이튿날 새벽에 배를 몰아 자산도에 갔는데, 왜인들이 막 가마솥을 벌여 놓고 고기 기름을 다리고 있었습니다. 제가 막대기로 쳐서 깨뜨리고 큰 소리로 꾸짖었더니, 왜인들이 거두어 배에 싣고서 돛을 올리고 돌아가므로 제가 곧 배를 타고 뒤쫓았습니다. 그런데 갑자기 광풍을 만나 표류하여 玉岐島에 이르렀는데 島主가 들어온 까닭을 물으므로, 제가 말하기를, '근년에 내가 이곳에 들어와서 울릉도·자산도 등을 朝鮮의 지경으로 정하고, 關白의 書契까지 있는데, 이 나라에서는 定式이 없어서 이제 또 우리 지경을 침범하였으니, 이것이 무슨 도리인가?'

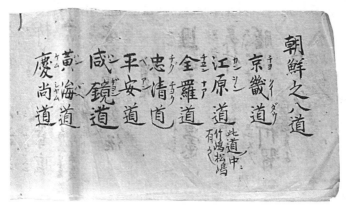

『元祿九丙子年朝鮮舟着岸一卷之覺書』 중

스스로 오키의 관리에게 '조선팔도지도(朝鮮八道之圖)'를 보이며 일본에서 竹島(울릉도), 松島(독도)라 부르는 섬은 조선의 강원도에 소속된 섬이라고 주장했다.

　그들이 조선팔도지도를 소지하고 있었던 사실이나 조선팔도지도를 가리키며 두 섬이 강원도에 속한다는 점을 적극적으로 설명한 사실은 분명 흥미로운 부분이 아닐 수 없다.[17] 더욱이 '호키에 탄원할 것이

하자, 마땅히 伯耆州에 轉報하겠다고 하였으나, 오랫동안 소식이 없었습니다. 제가 憤惋을 금하지 못하여 배를 타고 곧장 백기주로 가서 鬱陵子山兩島監稅라 가칭하고 장차 사람을 시켜 본도에 통고하려 하는데, 그 섬에서 사람과 말을 보내어 맞이하므로, 저는 푸른 철릭[帖裏]를 입고 검은 布笠을 쓰고 가죽신을 신고 轎子를 타고 다른 사람들도 모두 말을 타고서 그 고을로 갔습니다. 저는 도주와 廳 위에 마주 앉고 다른 사람들은 모두 中階에 앉았는데, 도주가 묻기를, '어찌하여 들어왔는가?' 하므로, 답하기를 '전일 두 섬의 일로 서계를 받아낸 것이 명백할 뿐만이 아닌데, 對馬島主가 서계를 빼앗고는 중간에서 위조하여 두세 번 差倭를 보내 법을 어겨 함부로 침범하였으니, 내가 장차 관백에게 상소하여 죄상을 두루 말하려 한다.' 하였더니, 도주가 허락하였습니다. (후략)"

17) 1696년 귀국 후 비변사 추문에서 안용복은 일본에서 자신이 '鬱陵子山兩島監稅라 가칭했다'고 진술했다. 『조선왕조실록』 숙종22년(1696) 9월25일 戊寅條.

있다'는 주장을 함께 고려하면, 그들이 조선팔도지도를 소지하고 있었던 것은 사전에 준비된 것이었을 가능성이 높다.

조선의 문헌에 그들이 조선 지배층의 지시를 받아 오키에 도항한 흔적이 현 시점에서는 발견되지 않는다. 그렇다면 그들은 어떤 연유로 이런 준비를 했던 것일까. 이 의문을 해결하기 위해 단서가 되는 것이 선원으로 승선한 안용복과 박어둔의 존재이다.

제3장에서 살펴보았듯이 두 사람은 3년 전인 1693년 울릉도에서 어획을 하다가 그곳에 도항한 오야 가문의 선원들에 의해 오키를 거쳐 돗토리 번 요나고에 연행된 적이 있었다. 두 사람은 막부의 결정에 의거하여 표류민 송환관례에 따라 나가사키로 호송되었고, 나가사키에서 쓰시마를 거쳐 같은 해 12월 10일, 쓰시마 번에 의해 조선 측에 인도되었다.[18]

당시 두 사람은 일본에서 오키, 돗토리 번, 나가사키부교쇼(長崎奉行所), 쓰시마 번을 거쳐 송환되는 과정에서 수차례 문정(問情)을 받았다. 『竹嶋紀事』, 『因府歷年大雜集』, 「唐人貳人之內通じ申口」 등에 수록된 두 사람의 진술서에는 그들이 울릉도에 도항하게 된 경위, 신상에 관련된 사항과 함께 "이번에 우리가 전복을 따러 간 섬을 조선국에서는 무르그세무라고 부르며, 그것을 일본에서 '竹嶋'라고 부른다는 사실을 이번에 들었다"는 진술이 반복적으로 등장한다.

두 사람이 조선 측에 인도된 후에도 쓰시마 번과 조선정부 사이에는 울릉도의 소속을 기재한 외교문서로 인해 1695년까지도 지루한 교섭이 반복되고 있었다. 그들이 조선에 귀환한 후의 행적이 어떠했는지

---

18) 對馬藩 宗家記錄, 『館守每日記』 元祿 6년(1693) 11월 2일조·12월 10일조 ; 『竹嶋紀事』, 元祿 6년(1693) 12월 10일 綱.

는 전혀 알 수 없다. 그러나 그들은 일본에 있는 동안 울릉도에 관해 반복적으로 심문을 받는 과정에서 양국 사이에서 울릉도가 문제가 되고 있다는 사실을 충분히 감지했을 것이다.

더구나 안용복은 박어둔과 자신이 1693년의 연행에서 조선으로 귀국한 이후 쓰시마 번이 울릉도의 건으로 인해 조선으로 차왜를 여러 번 파견한 사실도 알고 있었다. 이것은 1696년 조선으로 귀국한 후 비변사의 추문을 받으며 그가 답한 진술에 나온다. 안용복은 돗토리 번에 온 이유에 관해 "전일 두 섬의 일로 서계를 받으낸 것이 명백할 뿐만이 아닌데, 대마도주(對馬島主)가 서계를 빼앗고는 중간에서 위조하여 두세 번 차왜(差倭)를 보내 법을 어겨 함부로 침범하였으니, 내가 장차 관백에게 상소하여 죄상을 두루 말하려 한다"고 답했다고 진술하였다.[19] 이 진술에서 "서계를 받았으나 대마도주가 그것을 빼앗고 중간에서 위조했다"는 부분에 관해서는 맺음말에서 후술할 것이다.

또한 막부가 죽도도항금지 결정을 내린 것은 1696년 1월(1월28일부 로주 봉서)이지만, 조선과 쓰시마 번의 외교논쟁이 계속되고 있던 1694년·1695년에도 돗토리 번 요나고의 오야 씨와 무라카와 씨의 선박은 평상시처럼 울릉도에 도항하고 있었다. 돗토리 번정사료『竹嶋之書附』[20]에 의하면, 1694년과 1695년의 돗토리 번 주민들의 도항 규모는 예년과 동일(도해시 선원은 총 21명, 200石 선적 규모의 배

---

19)『조선왕조실록』숙종 22년(1696) 9월 25일 戊寅條.

20)『竹嶋之書附』에 의하면 돗토리 번은 1724년 閏4월 16일에「竹嶋之書附」3통을 작성하여 막부에 제출했다.『竹嶋之書附』는 오야, 무라카와 두 가문이 제출한 '7개조의 답변서'와 과거의 죽도 관련 기록류 등을 바탕으로 해서 돗토리 번청이 작성한 기록으로 추정된다. 여기에는 에도 막부의 죽도도해면허, 죽도 산물의 설명서, '竹嶋之圖' 등이 기재되어 있다.

1척)했고, 울릉도에 오는 조선인은 매년 증가하여 1695년에는 곳곳에 50명, 30명씩 있는 것 같았다고 기록되어 있다.

1693년에는 실제로 박어둔과 안용복 두 사람이 울릉도에서 일본인 어민들과 맞닥뜨렸고, 그들이 1693년 12월 쓰시마 번에 의해 조선으로 인도된 이후인 1694년·1695년에도 일본인의 울릉도 도항은 계속되고 있었던 것이다. 이처럼 일본 어민들이 울릉도에 도항하고 있다는 사실은 그 무렵 울릉도에 건너갔던 조선인들 사이에서도 암암리에 알려졌을 것이다.

따라서 1696년에 안용복 일행이 일본행을 결심한 데에는 울릉도 어획권을 일본 어민들로부터 지키려는 의도도 작용했을 것이다. 그들 일행이 울릉도에 도항하면서 조선팔도지도를 소지하고 있었고, 일본 측 관리에게 오키에 건너 간 이유를 앞과 같이 설명한 데에는 이처럼 1693년의 경험이 작용했을 것으로 추정된다.

한편 이때 돗토리 번청은 '조선인이 죽도와 관련하여 소송하러 왔다'는 오키 대관의 보고에 반응하여, 메쓰케(目付) 히라이 긴자에몬(平井金左衛門)을 파견, 조선인들의 주장을 청취하게 했다. 그러나 통역관이 없는 터라 도항 목적에 관한 확인은 제대로 이루어지지 못했다. 그리고 이상의 경과를 적은 6월 13일자 서한과 '조선인서기(朝鮮人書記)'가 6월 22일 에도의 돗토리 번저를 통해 로주 오쿠보 다다토모(大久保忠朝)에게 전달되었다.[21]

'조선인서기'는 조선인들 스스로 작성한 문건이거나 혹은 배에 적재되어 있던 물품목록에 해당할 것으로 추정되는데, 현재로는 어떤 내용

---

21) 『御用人日記』, 元祿 9년(1696) 6월 13일조·6월 22일조 ; 『控帳(家老日記)』, 元祿 9년(1696) 6월 5일條.

의 문건인지 확인할 수 없다. 앞서 인용한『元祿九丙子年朝鮮舟着岸一卷之覺書』에는 "조선인들이 계유년(癸酉 : 1693)에 일본에서 받은 물건과 문건 한 묶음(一冊)을 제출했기에 필사해 두었다"고 되어 있으나, 그 문건의 문안이 무엇이었는지는 기재되어 있지 않다.

또한 조선인들이 오키 대관의 수대(手代)에게 "호키에 가서 돗토리 호키노카미 님에게 말할 것이 있어 건너왔다"고 구두로 진술했으나, "호키에 탄원할 사정을 적어달라고 했더니 처음에는 그렇게 하겠다고 했지만, 22일 아침이 되자 그것들을 적어내지 않았다"고 한다. 조선인 일행의 구두진술이 돗토리 번청을 거쳐 막부에까지 전해지기는 했겠지만, 적어도 필자가 파악한 범위에서는 돗토리 번의 사료에 조선인들이 자신들의 요구사항을 문서로 제출했다는 명확한 기록은 찾아볼 수 없다.

3. 조선인 송환문제를 둘러싼 쓰시마 번의 움직임

오키에 나타난 조선의 배가 돗토리 번에 입항했다는 보고를 받은 막부는 다시금 그들의 송환방법을 결정해야 하는 상황에 놓였다. 6월 23일 로주 오쿠보 다다토모는 돗토리 번의 에도 루스이(留守屋) 요시다 헤이바(吉田平馬)와 쓰시마 번의 에도 루스이 스즈키 한베에(鈴木半兵衛)를 호출하여, 이 사건의 처리방안에 관해 지시했다.

로주 오쿠보는 쓰시마 번에게 "지난 4일 호키노쿠니 아카사키(赤崎)에 조선인이 착안(着岸)했다. (중략) 말이 전혀 통하지 않아서 원하는 바를 구체적으로 알 수 없다고 마쓰다이라 호키노카미(돗토리 번주 이케다씨)가 전해왔다. 쓰시마 번 가신들을 보내 호키노카미의 가신(家臣)들과 상의하여, (조선인들이) 원하는 내용이 무엇이건 간에 나가사키로 보내서 나가사카부교쇼에서 조사를 받도록 일러야 한다. 그런데도 나가사키행을 거부한다면 그 외의 곳에서는 취급하지 않는 것이 대법(大法)이라는 점을 일러서 귀국시키도록 하라. 호키노카미에게도 그렇게 지시했으니 그렇게 알고 가신들에게 명하라"[22]고 지시했다.

또한 구두로는 "의사소통이 안 된다고 하니 조선어 통사(通詞)를 이나바로 파견하되 시간절약을 위해 쓰시마에 있는 통사를 이나바로 직행하게 하고, 무사를 한명 함께 보내야 한다. 조선인들이 나가사키로 가게 되면 통사들 역시 거기까지 동행하게 하라"는 명을 내렸다.

돗토리 번의 에도 루스이 요시다 헤이바에게도 "소 지로(宗次郎 : 宗義方)[23]에게 부하 두 명(가신과 통사)을 파견하게 할 것이다"[24]라고 전달했다. 소 지로(宗次郎)는 당시 쓰시마 번의 번주인 소 요시미치(宗義方)의 아명이다. 이로써 쓰시마 번은 1693년의 사건에 이어 또 다시 조선인의 본국 송환문제에 개입하게 되었다.

한편 이날 로주 오쿠보 다다토모와 면담을 끝내고 물러난 쓰시마 번의 스즈키 한베에는 돗토리 번의 요시다 헤이바로부터 현지 상황을 구체적으로 전해 듣게 되는데 거기에는 다음과 같은 설명이 있었다.

---

22) 『竹嶋紀事』, 元祿 9년(1696) 6월 23일 綱.

23) 소 요시미치는 에도 시대 쓰시마 번의 3대 번주 소 요시자네(宗義眞)의 아들이다. 요시미치는 1694년 11월, 10살의 나이로 家督을 상속하여 1718년(34세)까지 번주로 재임했다. 요시자네는 1692년 번주의 지위를 또 다른 아들 요시쓰구(義倫)에게 물려주었으나 요시쓰구가 1694년 사망하자 요시미치가 10세에 家督을 계승했다. 그러나 요시미치가 어리다는 점도 작용하여 요시자네가 사실상 藩政의 실권을 장악하고 있었다.

24) 『御用人日記』, 元祿 9년(1696) 6월 22일조.

오키에서 조선인 11명이 한 척의 배를 타고 6월 4일 호키에 착선(着船)했다. (중략) 11명 중에는 선년(先年) 다케시마(竹嶋)에 왔던 조선인 '안히차쿠'가 여러모로 사정을 잘 알고 있었고 대략 일본어를 말했다. 소송(訴訟)이란 그쪽(쓰시마 번)을 가리키는 것 같다. 그렇지만 (조선인이) 그쪽에 관해 무어라 말했다고 가가노카미 님(加賀守 : 로주 오쿠보)께 보고할 수는 없어서, 말이 하나도 통하지 않았다고 말씀드렸다. (중략) 그리고 필담(筆談)을 하게 되면 소송 건을 받아들이는 것과 마찬가지이므로 필담도 하지 않았다고 말씀드렸다.25)

어느 정도 의사소통이 되는 안용복(안히차쿠)과의 대화를 통해 돗토리 번청에서는 조선인들이 주장하는 이른바 '소송'이라는 것에 쓰시마 번 혹은 쓰시마 번주 소 씨(宗氏)가 관련되어 있다고 판단한 듯하다. 그러나 다른 번과 관련된 사안을 무턱대고 막부에 보고하는 것이 조심스러웠는지, 돗토리 번의 요시다 헤이바는 로주 오쿠보에게 "조선인이 탄원할 것이 있다고는 하는데 의사소통이 안 된다"고 하여 사실과 약간 다른 보고를 해두고, 쓰시마 번의 스즈키 한베에에게 돗토리 번 현지에서 판단한 사실을 전해준 것이다.

이러한 보고를 받은 로주 오쿠보는 조선인들과의 의사소통이 선결 문제라고 판단하여 쓰시마 번에 조선어 통사의 파견을 지시했다. 하지만 요시다 헤이바의 설명은 이것이 기록된 전부여서 조선인이 쓰시마 번에 대해 어떤 불만을 토로했는지까지는 알 수 없다.26)

어쨌거나 막부는 돗토리 번의 보고를 받은 직후에, "조선인이 소송

---

25) 『竹嶋紀事』, 元祿 9년(1696) 6월 23일 綱.
26) 『竹嶋紀事』, 元祿 9년(1696) 6월 23일 綱.

하려는 것이 무엇이든 간에 나가사키로 이동시켜서 거기에서 조사를 받도록 설득하되, 조선인이 나가사키행을 거부하면 돗토리 번에서 그대로 귀국하게 한다"는 방침을 세워놓은 상태였다. 막부가 쓰시마 번에게 통사파견을 지시한 것도 이러한 막부의 방침을 당사자인 조선 인들에게 정확하게 전달하기 위한 조치였다.

그런데 막부가 이 사건을 처리하는 과정에서 이처럼 신속한 결정을 내릴 수 있었던 것은 전례가 있었기 때문인 듯하다. 같은 23일 스즈키 한베에는 돗토리 번의 요시다 헤이바에게서 예전에 하달된 로주 봉서 의 사본을 한통 받았는데, 봉서의 본문은 다음과 같다.

봉서(封書)의 사본

이국선(異國船)이 영내(領內)의 항구에 도래하여 소송에 관해 말할 경우 승선자들이 불안해하지 않도록 인사를 하고, 나가사키에서 부교 를 통해 소송하도록 일러서, 안내인을 붙여 나가사키로 보내시오. 만 약 그곳에 있으면서 소송을 하겠다고 하면 감시자(番人)를 붙여서 그 뜻을 오사카 조반슈(定番衆) 오사카 마치부교(町奉行), 나가사키부교, 고리키 셋쓰노카미(高力攝津守)[27]에게 조속히 통보함이 마땅합니다. 나가사키에 가지 않거나 또는 항구에 입항하지 않고 바다에 있으면서 부속선을 보내 말하면서 항구에 본선(本船)은 들어오지 않고, 제대로 된 자를 보내지도 않을 시에는 에도에 보고할 필요도 없습니다. 게다

---

27) 고리키 다다부사(高力忠房)는 武藏岩槻藩 2代藩主, 遠江浜松藩主를 거쳐 寛永 16년(1639) 4월, 3代 쇼군 도쿠가 이에미쓰(德川家光)로부터 시마바라(島原)의 난 후 히젠시마바라(肥前島原) 4만 석으로 移封되었다. 이에미쓰는 다다부사를 매우 신임하여 난으로 황폐해진 시마바라에 의도적으로 이봉시켜서 부흥에 전력하게 하고, 나가사키의 경비와 규슈 지역 도자마다이묘의 감시도 담당하게 했다.

가 현지에 통사(通事)가 없고 나가사키에 가려하지 않는다면 귀항하라
고 일러도 상관없습니다. 여하튼 일본에 상선(商船)이 도해하여 소송
하는 것이므로 그들이 불안해하지 않도록 하십시오. 이만 줄입니다.

　　2월 12일

　　　　아베 쓰시마노카미(阿部對馬守)　시게쓰구(重次)　　재판(在判)

　　　　아베 분고노카미(阿部豊後守)　　다다오키(忠秋)　　재판(在判)

　　마쓰다이라 이즈노카미(松平伊豆守)　노부쓰나(信綱)　　재판(在判)

마쓰다이라 사가미노카미(松平相模守) 님께28)

　이 봉서는 1640년대에 당시의 로주 세 명의 연명으로 돗토리 번주
이케다 미쓰나카(池田光仲 : 松平相模守)에게 발급된 문서이다. 막부
는 일본 측에 이른바 '항의'하기 위해 내항한 외국선박에 대응하는
방침을 세워, 그것을 다이묘에게 하달한 바 있었다. 봉서에 언급되어
있듯이 "나가사키 부교쇼에 가서 사안을 토로하도록 일단 회항을 권
유하고, 나가사키 회항을 거부하면 돌려보낸다"는 원칙은 1696년 사
건에서 막부가 초반에 내린 결정과 거의 동일하다는 것을 알 수 있다.
　한편 이 사건에 임하는 쓰시마 번의 입장은 돗토리 번이나 막부의
그것과는 달랐다. 우선 3년 전에 조선인(박어둔과 안용복)이 돗토리
번에 온 것은 일본 선원들의 연행에 의한 것이었지만, 이번 건은 조선
인들이 자의로 건너왔다는 점이 달랐다. 더구나 조선인들은 일본 측
에 호소할 것이 있다고 진술했고, 돗토리 번 에도루스이 요시다 헤이
바로부터 그 '호소'의 내용이 쓰시마 번과 관련된 것 같다는 언질을

---

28) 『竹嶋紀事』, 元祿 9년(1696) 6월 23일 綱.

받았기 때문이다.

로주 오쿠보의 지시가 하달되었을 즈음 쓰시마 번은 조선인들이 무엇을 주장하기 위해 오키에 건너왔는지 나름대로 짐작하는 바가 있었다. 쓰시마 번의 에도가로 오우라 주자에몬(大浦忠左衛門)이 로주 아베 마사타케(阿部正武)에게 보고한 내용에는 "이번에 호키노쿠니에 온 조선인 가운데에는, 이전에 죽도(울릉도)에서 연행되었다가 쓰시마 번주에 의해 귀국, 송환된 자가 한 명 포함되어 있다는 소문을 들었습니다. 지난번 죽도의 일을 형부대보(刑部大輔 : 소 요시자네)님께 처리하도록 명하셨으나, 아직 역관(譯官 : 조선의 문위행)에게 전하지 않은 사이 저 나라(조선)를 출항한 것으로 생각됩니다. 그렇다면 죽도 건에 관한 소송을 하려는 것이라고 사추(邪推)됩니다. 그 이유는 지난번 죽도에서 붙잡힌 두 사람의 조선인이 이나바의 부(府)에서 대접을 받았는데, 쓰시마노카미 님에게 인도된 이후에는 먼저 말씀드린 대로 경호도 평상시보다 엄격하게 했습니다. 그랬더니 이나바의 부를 에도라고 여기고, 조선국에 돌아간 후에는 별것 아닌 것을 쓰시마노카미가 중간에서 도모한 듯한 풍문을 퍼뜨린다고 들었습니다. 그래서 이번에 이나바에 건너가 소송하려는 것인가라고 추찰(推察)됩니다"[29]라는 언급이 있었다.

쓰시마 번은 이 시점에서 조선인들이 오키에 온 이유를 울릉도의 건 때문이라고 판단했다. 이전에 울릉도에서 돗토리 번으로 연행되었다가 귀국한 인물이 또다시 오키 섬에 나타났기 때문이었다. 또한 예전에 그 인물이 송환되는 과정에서 쓰시마 번의 엄격한 경호를 받은 것에 불만을 품었고, 조선에 귀국한 후 쓰시마 혹은 쓰시마 번주

---

29) 『竹嶋紀事』 元祿 9년(1696) 6월 23일 綱.

에 관해 부정적인 언급을 하고 다녔다는 정보를 입수한 상태였다.

특히 향후 일본인의 울릉도 도항을 금지한다는 막부의 결정(1696년 1월부)을 조선정부에 공식적으로 통보하기도 전에, 바로 그 문제를 항의하기 위해 조선인들이 공식적인 통로가 아닌 형태로 일본에 도항해 왔다는 사실이 쓰시마 번의 입장에서는 매우 껄끄러운 부분이었을 것이다.

로주 오쿠보로부터 돗토리 번에 통사를 파견하라는 명을 받은 쓰시마 번은 사자(使者) 스즈키 겐페에(鈴木權平), 우필(祐筆) 아비루 소헤에(阿比留惣兵衛), 통사 2명(諸岡助左衛門, 加勢藤五郎)을 돗토리 번으로 보냈다. 이들 통사 일행은 1696년 7월 7일 쓰시마를 출발하여 돗토리 번으로 향했다.30)

그런데 쓰시마 번은 쓰시마 현지에서 돗토리 번으로 통사 일행을 직행시킨 사실을 로주에게 보고하면서, 조선인의 송환에 관한 前 번주 소 요시자네의 의견서도 제출했다. 다음에 인용하는 두 통의 각서가 소 요시자네의 의견서로, 두 통의 각서는 각각 별지(別紙)로 작성되어, 7월 24일 쓰시마 번의 에도가로 오우라 주자에몬(大浦忠左衛門)이 로주 아베 마사타케에게 제출했다.31)

覺

一. 조선인이 무엇을 호소(訴訟)할지는 알 수 없지만, 이나바노쿠니를 목적지로 해서 건너왔고, 게다가 죽도(울릉도) 문제에 대한 (막부의) 최종결정을 아직 (조선에) 전하지 않았으니 필시 죽도

---

30) 『竹嶋紀事』 元祿 9년(1696) 7월 7일.
31) 『竹嶋紀事』 元祿 9년(1696) 7월 24일 綱.

문제일 것입니다. 막부에서 매우 좋게 이해하시고, 조선을 위해서도 적절하게 결정하셨습니다. 그런데 아직 (그 결정이) 전해지기 전에 (조선인의) 호소를 들어주시게 되면 훨씬 전에 형부대보(소 요시자네)에게 이미 지시했다는 사실은 알지 못한 채, 그쪽(조선)에서는 이번에 조선인이 건너가서 직접 따졌기 때문에 막부가 그것을 이해해서 이런 분부를 내린 거라고 생각할 것입니다. 그렇게 되면 앞으로 작은 일이라도 직소(直訴)하게 되어 막부에서도 번거로운 일을 자주 들으셔야 합니다. 더욱이 형부대보에게 역(役)을 지시하신 보람도 없어집니다. 그러니 바라옵건대 어떤 소송이라 할지라도 일본과 조선은 예로부터 약속한 바가 있어, 쓰시마 번이 중개를 하지 않으면 들어주지 않고 어느 곳으로 건너와도 상대하지 않으니 반드시 귀국시켜야 합니다. 말씀드리지 않으면 안 되는 일이라 거듭 제가 말씀드리는 것입니다. 그렇게 지시하셔서 돌려보내시면, 그 사이에 조선의 역관(譯官)들이 쓰시마에 건너올 것이니 저 형부대보에게 지시하신 내용을 (역관들에게) 전달하겠습니다. 그렇게 하면 이번 소송을 다루지 않으시면서 이전에 지시하신 바를 확실히 (조선에) 알리는 셈이 되니 이후를 고려해서도 그것이 마땅하다고 생각합니다.

一. (전략) 그 나라(조선)에서 일본으로 통용(通用)하는 일은 쓰시마에 의존하여 통교하고 다른 지역과 직접 통교해서는 안 된다는, 예로부터의 합의가 있었습니다. 그로 인해 다른 지역에 가서 호소하는 일은 지금까지 없었습니다. 이번에 (호소하는 바가) 무엇이든 간에 받아들이시면 앞으로 정례(定例)가 될 것으로 생각합니다.

一. 이번에 호소하는 바를 막부가 즉시 받아들이면 사안에 따라서는 회답하기 어려운 일이 될지도 모르고 그렇게 되면 막부도 곤란해질 것이 우려됩니다. 그러니 바라건대 중개할 사람을 제치고 타국(他國)에 가서 직접 따질 경우 절대로 취급하지 않는 것이 국법(國法)이니 돌아가도록 분명히 지시하시고, 이나바에서 바로 귀국시키는 게 가장 좋다고 생각합니다. 차선책으로, 이나바에서 바로 돌려보내는 것이 좋지 않다고 생각되시면 나가사키로 보내서 그곳에서 표류민 송환정례(定例)에 따라 종교사항을 조사하고, 형부대보에게 인도해서 조선으로 돌려보내는 것입니다. 그러면서 그 나라에는 "옛 법을 어기고 타국으로 건너와 직접 호소하는 것은 무도하기 짝이 없는 일이다. 주장하고 싶은 사안이 있다면 예조(禮曹)에서 법식에 따라 쓰시마 번에 전달해야 한다. 게다가 막부에 호소하는 문제를 미천한 어민(漁民)을 보내서 전하다니, 이는 막부를 업신여기는 행태이며 무례한 처사이다"라고 반드시 전해야 합니다.

一. 나가사키로 보내더라도 법을 어기고 타국에 건너온 자이므로 도중(道中)에 향응 등은 지시하지 말아야 합니다. 지난번 죽도에 도항한 자를 이나바에서 나가사키로 보낼 때 음식 등을 잘 제공하도록 지시했습니다. 그런데 쓰시마 번주에게 인도된 후 감시 등을 엄중히 하여 조선에 송환했기 때문에 잘못이 생겨 지금에 이르러 문제가 된 것입니다. (후략)

一. 역관이 (쓰시마에) 도해하면 형부대보가 쓰시마에 도착하여 신속하게 전달하겠지만, 전부터 말씀드린 것처럼 조선의 풍습은 일처리가 더딥니다. 더구나 선박을 새로 조선(造船)해서 오기 때문에 결국엔 시일이 걸려 8월 무렵에야 건너올 예정이라고 합니다. 이번 소송의 성격에 따라서 전에 지시하셨던 내용과는 양상이 달라지기도 하겠지요. 따라서 역관이 도해한다고 해도 지시가 없는 동안에는 역관에게 (막부의 결정을) 통보하는 것을 삼가야 한다고 생각합니다.

이상의 내용을 여쭙니다. (중략) 아무쪼록 적절히 처리될 수 있도록 부탁드린다는 뜻을 형부대보(소 요시자네)가 전해 왔습니다. 이상.

    7월 24일   소 지로(宗次郎)[32]의 가신

                          오우라 주자에몬(大浦忠左衛門)[33]

위 요시자네의 의견서에는 쓰시마 번의 입장이 명료하게 드러나 있다. 그것은 '① 고래(古來)로 일본과 조선 간의 사안은 내용에 관계 없이 쓰시마를 매개로 해서 이루어지는 것이 관례였으므로, 조선인들이 호소하려는 바가 무엇이든 간에 외교관례에 어긋난 형태의 요청은 아예 취급해서는 안 된다. ② 향후 미미한 사안을 가지고 조선인이 일본에 직소(直訴)하러 오는 일이 계속되면 막부도 곤란해질 것이니,

---

32) 쓰시마 번주 소 요시미치(宗義方).
33) 각서 두 통의 전거는 對馬藩 宗家記錄, 『因幡國江朝鮮人致渡海候付豊後守樣へ御伺被成候次第幷御返答之趣其外始終之覺書』(국사편찬위원회 소장, 기록류 No. 3645) ; 『竹嶋紀事』, 元祿 9년(1696) 7월 24일 綱. 나머지 한 통의 내용은 다음과 같다.

覺

一. 양국의 통교는 輪番 승려가 감찰관처럼 파견되어 있어서 양국 사이의 일이 私的으로 처리될 수는 없습니다. 이 점을 전부터 형부대보가 말씀드리기는 했지만, 그런 사정을 잘 알지 못하시는 분은 일이 사사롭게 처리되는 것은 아닌가 하며 의심할 수 있을 것 같아 확실히 해 두기 위해 말씀드립니다. 이상.

        7월 24일   소 지로(宗次郎)의 가신
                      오우라 주자에몬(大浦忠左衛門)

전례를 만들지 말고 그대로 조선에 돌려보내야한다. ③ 울릉도 도항에 관한 막부의 결정이 이미 내려졌으므로, 그것을 공식적으로 전달하기 전에 울릉도에 관한 조선인의 호소를 들어주어서는 안 된다'로 요약된다.

쓰시마 번은 조선인이 쓰시마 번을 거치지 않은 채 일본의 다른 지역으로 직소하러 오는 사태를 자번(自藩)의 외교적인 역할에 대한 위협으로 규정하고, 즉시 귀국 조치해야 한다는 의견을 강하게 피력했다. 모든 통교업무는 쓰시마 번이 전담한다는 조일통교의 틀을 유지하기 위해, 이미 내려진 막부의 결정을 번복하도록 로주를 설득한 것이다.

이에 로주 아베는 '돗토리 번주는 조선인들의 호소를 들어주어서는 안 되며, 돗토리 번 현지에서 그들을 곧바로 추방하라'는 지시를 내렸다.[34] 이처럼 막부가 당초의 결정을 번복한 것은 쓰시마 번의 전(前) 번주 소 요시자네의 의견을 전적으로 수용한 결과라고 해도 과언이 아니다.

---

34) 對馬藩 宗家記錄, 『元祿六癸酉年竹嶋一件拔書』(長崎縣對馬歷史民俗資料館 소장, 記錄類Ⅱ, 조선관계, R2) ; 『竹嶋紀事』, 元祿 9년(1696) 7월 24일 綱. 원문은 다음과 같다.
(전략) 覺書(소 요시자네)의 취지를 데와(出羽) 님과 右京大夫님에게 각각 이야기 했더니, 모두 지당하게 여겼습니다. 따라서 이나바에서 조선인의 소원을 들어주지 말고, 법을 어기고 건너온 자이므로 접대 같은 것도 하지 말고 조속히 추방하도록 마쓰다이라 호키노카미(돗토리 번주 이케다 쓰나키요[池田綱淸])에게 전했으니 그렇게 아시기 바랍니다. 또한 일전에 지시한 내용, 이번에 역관이 (쓰시마에) 건너가지만 이번 소송의 종류에 따라서는 상황이 달라질 수도 있으니 일단 지시가 내려올 때까지 (조선에 통보하는 것을) 자제하기로 했다고 들었습니다. 지시가 내려오지 않은 동안은 보류해야 한다고 생각합니다. 그러나 이나바에서 즉시 조선인을 돌려보내도록 전했으니 역관이 도해하면 전에 지시한 대로 전달하십시오. (후략)

막부가 송환방식을 변경하자 돗토리 번과 쓰시마 번의 움직임도 분주해졌다. 쓰시마 번주 소 요시미치는 7월 24일자 서한을 보내 스즈키 곤베에 등의 통사 일행에게 막부의 방침이 변경되었다는 사실을 전하고, ① 소송 건은 받아들이지 않기로 했으니, 통사를 통해서 조선인에게 '이나바에서 즉시 돌아가라'고 분명히 전달해서 귀국시킬 것, ② 어떤 사안이던 조선인의 호소는 쓰시마 번을 거치지 않으면 다루지 않는 것이 법이라는 점을 잘 일러서 돌려보낼 것, ③ 조선인이 귀항하는 모습을 끝까지 지켜보고 신속하게 쓰시마로 귀국할 것, 등을 지시했다.[35]

바로 이튿날인 7월 25일 밤 로주 오쿠보는 쓰시마 번에 지시하여 통사 일행을 도중에서 그대로 귀환하게 했다.[36] 조선인의 주장을 아예 취급하지 않기로 한 이상, 통사가 돗토리 번의 현장에까지 가서 그들과 의사소통을 꾀해야 할 필요성이 사라졌기 때문이었다.

이처럼 쓰시마 번이 막부에 호소한 결과 당초의 결정이 번복되었다는 사실은 돗토리 번 사료에서도 확인할 수 있다. 소 요시자네가 로주에게 의견을 상신했고, 그에 관해 막부가 "조선국통용(朝鮮國通用)에 관해서는 쓰시마(對馬)외에는 취급하지 않는 것이 대법(大法)이므로 조선인을 돌려보내라"는 봉서(封書)가 내려왔다는 것이다. 이에 돗토리 번청은 8월 5일, 조선인에게 가로(加路)를 떠나라는 의사를 전했고,[37] 8월 6일 아침 조선인의 배는 가로 항구를 출항하여 귀국길에 올랐다.[38]

---

35)『因幡國江朝鮮人致渡海候付豊後守樣へ御伺被成候次第幷御返答之趣其外始終之覺書』, 앞의 사료.
36)『竹嶋紀事』, 元祿 9년(1696) 7월 24일 綱.
37)『御用人日記』, 元祿 9년(1696) 8월 6일條.

조선의 배가 돗토리 번령을 출항했다는 소식은 8월 14일 쓰시마 번 에도 번저에 먼저 전해졌다. 돗토리 번으로 향하던 쓰시마 번의 통사 일행은 8월 18일, 돗토리 번령 모치가세무라(用瀨村)라는 곳에 이르러 조선인이 이미 가로를 출항했다는 사실을 통보받고, 그길로 발길을 돌려 귀향길에 올랐다.[39]

4. 조선정부와 쓰시마 번의 최종교섭

곧이어 문위행이 쓰시마 번주 소 요시쓰구(宗義倫)의 서거에 조의 (弔意)를 표하기 위해 쓰시마에 도해했다. 이 문위행은 당상 문위역관 (問慰譯官) 변정욱(卞廷郁)과 당하관 송유양(宋裕養)이 이끄는 사절단 을 말한다. 문위행은 1696년 10월 16일에 쓰시마의 번주 저택(御屋敷) 에서 외교의례를 행한 후 전(前)번주 소 요시자네(宗義眞)와 직접 대면 하였다. 그 자리에서 요시자네는 막부가 죽도도해금지 결정을 내린 사실과, 조선인 11명이 이나바에 왔으나 그대로 돌려보냈다는 사실을 구두로 역관에게 전달했다. 구두로 전달한 이유는 막부가 그렇게 명 령했기 때문이라고 설명했다.

그러나 문위행의 양사(兩使)는 구두전달만으로는 이 문제의 결말을 짓기 어려우니 문서로 만들어 주기를 요청했다. 이에 쓰시마 번은 구상서 2통과 진문(眞文 : 한문체) 2통을 교부했다. 진문이 추가로

---

38) 『控帳(家老日記)』, 元祿 9년(1696) 8월 6일條.

39) 『控帳(家老日記)』, 元祿 9년(1696) 8월 19條 ; 『御用人日記』, 元祿 9년(1696) 8월 18일條.

교부된 것은 구상서만으로는 충분히 이해하기 어렵다는 양사의 요청이 있었기 때문이다. 진문 2통의 전문(全文)은 다음과 같다.

〈쓰시마 번의 眞文 1〉

선(先) 태수(소 요시쓰구[宗義倫])께서 죽도(울릉도)의 일로 귀국에 사신(다다 요자에몬)을 파견한 것이 두 차례인데 사신의 일이 마무리되기도 전에 불행히도 일찍 세상을 뜨셨고, 이런 연유로 사신을 소환하였습니다. 며칠 지나지 않아 배에 올라 들어가 뵈었을 때에 질문이 죽도의 땅의 형상과 방위에 이르러서 사실에 근거하여 전부 대답하였습니다. 그곳이 본국(本邦)으로부터 아주 멀지만 귀국으로부터는 도리어 가깝기 때문에 두 나라 사람들이 섞이게 되면 반드시 몰래 내통하거나 사사로이 시장을 개설하는 폐단이 생길까 두렵다고 말하였습니다. 그러자 바로 (막부께서) 명령을 내려 영원히 사람들이 고기잡이하러 가는 것을 허락하지 않도록 했습니다. 무릇 틈이 벌어지는 불화는 미세한 일에서 생기고 재앙과 환난은 낮고 천한 곳에서 일어납니다. 그러므로 백년의 우호를 기어코 더욱 돈독하게 하고자 한다면 일개 섬의 자질구레한 일은 따지기 않기로 얼른 결정하는 것이 두 나라에게 아름다운 일이라고 할 수 있겠습니다. 귀국에서는 남궁(南宮 : 조선 禮曹의 별칭)에 명령하여 정성스럽게 서신을 쓰도록 해서 우리의 성실한 우의에 감사한다면 또한 좋지 않겠습니까? 역관사들은 귀국하는 날에 말로 설명하여 빠뜨리지 마십시오.[40]

---

40) 對馬藩 宗家記錄, 『竹島紀事本末』(국사편찬위원회 소장, 기록류 No.6583).

〈쓰시마 번의 眞文 2〉

　　귀국(조선) 사람 11명이 올해 여름 이나바(因幡)에 닻을 던졌으니 계사(啓事)로써 알립니다. 두 나라의 통교는 다만 쓰시마 한 길을 통한다는 맹약이 전날에 있었는데, 관계가 작지 않으니 이나바에 명령을 내려서 즉시 돌아가게 하고 전계(轉啓)하는 것을 허용하지 않았습니다. 본주(쓰시마)는 두 나라 사이에 자리하여서 통교를 전담하여 관장해온 그 유래가 오래 되었습니다. 지금 일단 본주를 버리고 다른 길을 통하는 것은 정해진 규약을 어기고 사사로운 계책으로 도모하는 것입니다. 만약 그 일이 의부(議府)에서 나온 것이라면 마땅히 명을 받들어 사신을 파견하여 그 까닭을 물어야 합니다. 그러나 의부에서는 일의 이치를 살펴 나라의 체면을 높이고 성실하게 생각하여 평소에 환하게 비추는데, 어찌 이 일을 가볍고 혼탁하게 거론하겠습니까? 그러므로 내버려 두고 묻지 않은 것이니, 귀국은 마땅히 예전의 명령을 엄격하게 신칙하여 사사로운 폐단을 막고 두 나라의 우호관계가 함부로 사단을 일으켜서 분란을 취하는 지경에 이르지 않게 힘쓰십시오. 이에 역관사에게 미루어 짐작하여, 귀국하여 아뢰도록 당부합니다.[41]

　　위 진문에서 드러나듯이 구상서 2통과 진문 2통에는 모두 발신자, 수신자, 날짜가 기재되어 있지 않았다. 이처럼 정식 외교서한이 아닌 문건을 문위행의 양사에게 발급했음에도 불구하고, 쓰시마 번은 이 '통보'에 대한 정식 답서를 조선정부에 요구했다. 조선은 이 건에 대해 답서를 발급하기는 했지만, 그 답서는 양사가 쓰시마에서 받아온 4통

---

41) 『竹島紀事本末』, 앞의 사료.

의 문건에 기재된 내용을 바탕으로 하여 작성된 것이었다. 따라서 쓰시마 번은 막부가 당초 '구두로 전달하라'고 지시한 점을 의식하여, 조선의 답서에 있는 '쓰시마 번이 이 건과 관련하여 조선에 먼저 서한을 보냈다'는 구절을 삭제, 수정하기 위해 또다시 조선정부와 긴 교섭을 벌여야 했다.[42]

교섭 끝에 1698년 조선은 막부가 울릉도 도항에 관해 취한 조처에 사의(謝意)를 표하는 서계(소위 竹嶋一件謝書)[43]를 쓰시마 번에 보냈

---

42) 쓰시마 번이 문위행에게 막부의 결정을 통보하는 과정에 관해서는 對馬藩 宗家記錄, 『譯官記』, 元祿 9년(1696) 10월 16일條(국사편찬위원회 소장, 기록류 No.1501) 참조.

43) 소위 竹嶋一件謝書의 全文은 다음과 같다.
조선국 예조참의 李善溥는 일본국 對馬州 刑部大輔 拾遺 平公 합하께 서계를 올립니다. 봄날이 화창한데 멀리서 동정이 편안하시다는 소식을 듣고 즐겁기 그지없습니다. 근래에 문위행이 귀주(쓰시마)로부터 돌아와 합하께서 직접 대면하여 부탁하신 말씀을 자세히 전하였기에 곡절을 두루 잘 알게 되었습니다. 울릉도가 우리의 땅임은 『輿圖』에 실려 있어서 문헌의 증거가 분명하니, 그쪽으로부터는 멀고 이쪽으로부터는 가깝다는 것을 논하지 않더라도 疆界가 저절로 판별됩니다. 귀주에서는 이미 울릉도와 죽도가 한 섬이면서 두 개의 이름을 가지고 있다는 것을 알고 있었으니, 그런 즉 그 이름이 비록 다르다 하여도 그것이 우리나라의 영토임은 매 한가지입니다. 귀국에서 명령을 내려 사람들이 고기잡이를 하러 가는 것을 영구히 허락하지 않기로 하였다니, 그 말뜻이 정녕하여 오랫동안 보전되지 않을 까닭이 없다고 생각합니다. 실로 다행스럽고 다행스러운 일입니다. 우리나라에서도 또한 마땅히 관리에게 때때로 검사하고 시찰하도록 분부하여서 두 나라 사람들이 뒤섞이는 폐단을 단절하도록 할 것입니다. 작년에 표류한 백성들의 일은, 바닷가에 사는 사람들은 대개 다 배 타는 일을 업으로 하는데 큰 바람이 홀연히 일어나면 쉽게 바람에 배가 흔들리기에 경계를 넘어 먼 바다로 나가 귀국까지 흘러 들어가는 데 이르렀던 것이니, 어찌 이 일로써 정해진 규약을 어기고 다른 길을 통했다고 의심을 할 수 있겠습니까? 만약 그 올린 글처럼 참으로 멋대로 한 죄가 있고 그렇기 때문에 이미 幽殛의 법도를 시행하였으니 징계할 것이 있다고 생각하면 별도로 연해에 칙령을 내려 禁飭을 분명하게 밝히겠습니다. 더욱 성실하게 큰 원칙을 온전하게 하도록 힘써서 다시는 변경에서 사건이 일어나지 않게 하는 것이 어찌 그쪽과 이쪽에서 크게 바라는 바가 아니겠습니까? 합하께서 이미 문위행 역관을 대면하고 말씀하

다. 이 서계는 1698년 4월 왜관 관수(館守) 도보 신고로(唐坊新五郎)에게 전달되었고, 쓰시마 번 가로 히라타 나오에몬(平田直右衛門)이 에도로 직접 가지고 가서 1698년 7월 17일 로주 아베 마사타케에게 제출하였다.[44] 이어 조선의 서계를 막부에 전달했다는 사실을 조선 측에 통보한다는 명목으로 아비루 소헤에(阿比留惣兵衛)가 왜관에 파견되었고, 조선의 서계에 대한 소 요시자네의 답서[45]가 1699년 3월 조선 측에 전달되었다.[46] 이로써 1693년에 시작된 울릉도쟁계에서 파생된 모든 외교교섭의 절차가 일단락되었다.

한편 1696년 8월 돗토리 번 연안에서 출항하여 강원도 양양현(襄陽

섰으나, 그러나 또 한 사람의 행장에도 서계를 받아 가지고 온 것이 없으니, 아마 이것은 합하께서 깊이 옛 규약을 생각하여 규정 외의 사절을 보내지 않으려는 뜻인 것 같습니다. 그렇기에 우선 이 편지를 써서 대략의 뜻을 펼쳐서 萊館(왜관)에 보내어 전하도록 했으니 그리 아시기를 바랍니다. 이만 그칩니다. 무인년 3월 일(『竹島紀事本末』戊寅年 3월일 서계 ;『竹嶋紀事』元祿 11년(1698) 4월)

서계의 후반부에 보이는 幽殛이란 '유폐와 사형'을 의미하며, 여기에서는 엄한 형벌을 가했다는 비유로 보인다. 이 서계는 1698년 3월부로 작성되었기 때문에 안용복이 이미 1697년 유배형에 처해진 사실을 '이미 幽殛의 법도를 시행하였으니'라고 표현한 것이라 추정된다.

44) 『竹嶋紀事』 元祿 11년(1698) 5월.

45) 쓰시마 서계의 全文은 다음과 같다.

일본국 대마주 刑部大輔 拾遺 平義眞은 조선국 예조 대인 합하께 받들어 답합니다. 지난번 서신을 받고 귀국이 화평하시다는 것을 알게 되어 기쁜 마음이 배가 되었습니다. 깨우침을 받들고 지난해 象官이 바다를 건너온 날에 면대하여 죽도에 관한 일을 개진하였고, 이로 말미암아 위에서 사정을 잘 양해함으로써 두 나라가 영원히 우호를 통할 뜻을 더욱 성실하게 보이게 되었습니다. 지극히 다행하고 다행한 일입니다. 보여주신 뜻은 이미 에도(江戶)에 啓達하였습니다. 그러므로 지금 쓰는 편지에는 나머지 내용을 대강 펼쳐서 館司의 혀 끝에 붙여 두도록 하겠습니다. 지금 쌀쌀한 봄날에 더욱 몸을 아끼시기를 바라며 생각하여 살펴주시기를 바랍니다. 이만 줄입니다. 元祿 12년(1699) 기묘 정월일 (『竹島紀事本末』).

46) 『竹嶋紀事』 元祿 12년(1699) 정월, 3월 21일.

縣)으로 귀환한 11명은 강원감사(江原監司) 심평(沈枰)에 의해 체포되었다.[47] 심평의 장계(狀啓)에 따라 비변사에서 일행 11인을 경옥(京獄)에 나치(拿致)하여 추문(推問)에 들어갔다. 조사결과에 대한 조정의 중론은 "법금(法禁)을 두려워하지 않고 다른 나라에서 일을 일으켰으므로, 죄를 용서할 수 없다. 또 저 나라에서 표해인(漂海人)을 보내는 것은 반드시 대마도에서 하는 것이 규례인데 곧바로 그곳에서 내보냈으니 이것을 명백히 언급하지 않을 수 없다. 안용복은 도해역관(渡海譯官)이 돌아온 뒤에 처단하여야 한다"는 의견이 강했다. 문위행이 대마도에서 귀환한 후 상황을 들어본 뒤에 처벌을 정해야 한다는 것으로, 숙종도 이 의견에 동의했다.[48]

문위행이 사행(使行)을 마치고 이듬해 1697년 1월 조선으로 귀환한 후 조정에서는 전년에 논의된 바에 따라 안용복의 처벌이 다시 거론되었다.

유상운(柳尙運)이 말하기를, "안용복(安龍福)은 법으로 마땅히 주살(誅殺)해야 하는데, 남구만(南九萬)·윤지완(尹趾完)이 모두 가벼이 죽일 수 없다고 하고, 또 도왜(島倭)가 서신을 보내어 죄를 전(前) 도주(島主)에게 돌리고, 울릉도에는 왜인의 왕래를 금지시켜 다른 흔단이 없다고 하면서 갑자기 자복(自服)하였으니, 까닭이 없지 않을 듯하므로, 안용복을 앞질러 먼저 처단할 수가 없다고 하였습니다. 그 뜻은 대체로 왜인의 기를 꺾어 자복시킨 것을 안용복의 공(功)으로 여긴 것입니다." 하니, 임금의 뜻도 그렇게 여겨 감사(減死)하여 정배(定配)하도록

47)『조선왕조실록』숙종 22년(1696) 9월 2일 乙卯條.
48)『조선왕조실록』숙종 22년(1696) 9월 27일 庚辰條.

명하였다.[49)]

문위행의 복명을 통해 막부가 일본인의 울릉도 도항을 금지했다는 사실이 전해지자 조정에서는 이것을 여태까지 울릉도에 관해 '간계(奸計)'를 부려오던 쓰시마가 '자복(自服)'한 것으로 해석한 것이다.

주지하는 바와 같이 1693년 일본에 연행된 조선인을 송환하는 차왜로 다다 요자에몬(多田與左衛門)이 왜관에 파견되면서 울릉도 관련 논쟁은 1695년까지 이어졌다. 쓰시마 번은 다다를 두 차례 조선에 파견하여 조선의 답서에 '죽도=일본'이라는 문구를 넣는 동시에 '울릉도'라는 단어를 아예 기재하지 말아 달라는 주장을 거듭했다.

이러한 쓰시마 번의 노력은 조선정부의 반대에 부딪혀 소기의 목적을 이루지는 못했지만, 조선의 입장에서는 쓰시마 번이 약 2년간 끈질기게 내세우던 주장을 돌연 번복하자, 안용복 일행의 도일행위가 그 요인으로 작용했다는 해석이 공감을 얻은 듯하다. 1696년 8월 그들이 조선에 귀국한 직후 만해도 조정에서는 안용복에 대한 사형이 거론될 정도였으나, 문위행이 귀국한 후 막부의 결정이 조정에 전해지자 상황이 이처럼 일변한 것이다. 이렇게 해서 그는 1697년 유배형에 처해졌으나 유배지 및 이후의 행적은 전해지지 않는다.

5. 맺음말

1696년 5월, 조선인 11명을 태운 선박이 울릉도에서 오키(隱岐)로

---

49)『조선왕조실록』숙종 23년(1697) 3월 27일 戊寅條.

도항한 사건은 해당 선원들이 일본 측 지배 권력에 대한 직소를 주장했다는 점에서 조선후기 조일(朝日)통교에서 유일한 사건이었다.

헌데 본문에서 살펴본 바와 같이 이 사건은 결코 우연히 일어난 돌발사건이 아니라 1693년부터 시작된 이른바 '울릉도쟁계', 즉 울릉도에 출어한 조선인의 일본연행과, 조선과 쓰시마 번 간에 계속되던 울릉도 영속 논쟁의 연장선상에서 발생한 것이었다.

1693년 일본 어부들에 의해 일본의 돗토리 번에 연행되었다가 귀국한 박어둔과 안용복은 귀국하는 과정에서 울릉도의 영속문제가 양국 간에 쟁점이 되고 있다는 사실을 인지하게 되었다. 1696년 오키에 도항한 조선인 11명 중에 안용복이 있었으니, 그들이 오키로 향하게 된 데는 안용복의 과거의 경험과 의견이 주요 요인으로 작용했을 가능성이 크다. 더구나 1692년 무렵부터 울릉도에는 조선의 연해민이 수십 명씩 건너가고 있었고 일본 측 어부들의 울릉도 도항이 같은 시기에도 계속되고 있었으므로 영속문제가 쟁점이 된 이상 어쩌면 일본 측에 울릉도 어획권을 빼앗길지도 모른다는 현실적인 우려도 작용했을 것이다.

다만 조선과 일본 두 정부 차원에서 울릉도 영속문제가 공식적으로 마무리되기도 전에 조선의 선박이 '이례적인 이유로' 일본에 도항하는 바람에, 쓰시마 번은 조일통교를 전담해 온 자번(自藩)의 외교적인 위치와 기존 조일통교의 틀을 고수하려는 입장에서 이 사건에 임했다. 그 결과 쓰시마 번은 막부를 설득하여, 1693년에 취해진 '표류민 송환 관례'가 아닌, 현지 추방에 가까운 형태로 조선인들을 귀국하게 했다.

마지막으로 1696년 9월 비변사의 취조를 받았을 때, "전일 두 섬의 일로 서계를 받아낸 것이 명백한데 대마도주가 서계를 빼앗고 중간에서 위조했다"[50]는 안용복의 주장을 살펴보자. 이 주장대로라면 1693년 일본에서 그는 호키주(伯耆州) 태수(太守 : 돗토리 번주)로부터 '울릉도는 일본의 영토가 아니다'라고 쓰인 서계를 받았으나 귀국길에 그 서계를 쓰시마 번주에게 빼앗겼다는 게 된다.

그런데 돗토리 번주가 안용복에게 서계를 작성해 준다는 것은 에도시대 조일 간의 외교관례에 비추어 봤을 때 현실성이 없다. 그 이유는 '서계'란 예조판서(또는 참의)와 쓰시마 번주의 명의로 교환되는 외교문서이므로, 안용복의 송환과 관련하여 서계를 작성해야 할 당사자는 돗토리 번이 아니라 조선통교를 담당하는 쓰시마 번이기 때문이다.

더구나 돗토리 번이 일본의 영역, 영토과 관련된 중차대한 사안을 막부에 대한 보고도 거치지 않은 채 독자적으로 문서화하여, 그것도 조선의 외교사절이 아닌 일반 백성에게 발급한다는 것도 상식적으로 성립되지 않는다. 전술했듯이 막부가 돗토리 번을 통해 울릉도가 일

---

50) 『조선왕조실록』숙종 22년(1696) 9월 25일 戊寅條.
備邊司에서 安龍福 등을 推問하였는데, 안용복이 말하기를, "(전략) 제가 憤惋을 금하지 못하여 배를 타고 곧장 백기주로 가서 鬱陵子山兩島監稅라 가칭하고 장차 사람을 시켜 본도에 통고하려 하는데, 그 섬에서 사람과 말을 보내어 맞이하므로, 저는 푸른 철릭[帖裏]를 입고 검은 布笠을 쓰고 가죽신을 신고 轎子를 타고 다른 사람들도 모두 말을 타고서 그 고을로 갔습니다. 저는 도주와 廳 위에 마주 앉고 다른 사람들은 모두 中階에 앉았는데, 도주가 묻기를, '어찌하여 들어왔는가?' 하므로, 답하기를 <u>'전일 두 섬의 일로 서계를 받아낸 것이 명백할 뿐만이 아닌데, 對馬島主가 서계를 빼앗고는 중간에서 위조하여 두세 번 差倭를 보내 법을 어겨 함부로 침범하였으니, 내가 장차 관백에게 상소하여 죄상을 두루 말하려 한다.'</u> 하였더니, 도주가 허락하였습니다. (후략)"
그 외『增補文獻備考』에도 울릉도쟁계에 관해 서술하는 가운데 '태수는 드디어 관백에게 보고하고 울릉도는 일본의 영토가 아니라는 서류를 만들어 주었다. 가다가 長崎島에 들렀는데, 도주는 대마도의 일당으로서 서류를 보자고 요구하여 보았더니, 서류를 빼앗고 용복을 대마도로 보냈다.'고 되어 있다. 『增補文獻備考』권31, 興地考(홍봉한·이만운·박용대 외, 『增補文獻備考』上, 명문당, 1985, p.437)

196

본에 속한 섬이 아니라는 사실을 확인한 것은 1695년 12월에서 1696년 1월 무렵이므로 사실관계와도 어긋난다.

단 1696년 오키 도해 사건 때의 조사기록인 『元祿九丙子年朝鮮舟着岸一卷之覺書』에 의하면, "조선인이 지참한 물품 중에 4년 전 계유(1693) 12월 일본에서 받은 물건과 문건 묶음 1책이 있어서 베껴 적었다"는 구절이 있는 것으로 보아, 박어둔과 안용복이 1693년에 돗토리 번 혹은 쓰시마 번의 관리로부터 어떤 문건을 받았을 가능성은 있다. 그렇지만 그것이 서계와 같은 공식적인 '외교문서'일 수는 없으며 아마도 외교문서와는 다른 성격의 문건이었을 것이다.

제5장
18세기 이후의 울릉도

1. 머리말

제1장에서 제4장까지는 17세기 말의 울릉도쟁계가 발생하기까지 울릉도의 상황과, 울릉도쟁계 발생 후 조일(朝日) 간의 교섭에 관해 고찰했다. 종래 조선후기 조일 양국의 울릉도 도항 문제는 17세기 말의 울릉도쟁계와 울릉도쟁계 이후에 강화된 조선정부의 수토정책(搜討政策)을 중심으로 논의되어 왔다.

그렇다면 울릉도쟁계가 조일 외교 차원에서 마무리된 후, 19세기 말 조선의 울릉도 정책이 주민 이주정책으로 전환되기까지 울릉도는 어떠한 상황이었을까.

제5장에서는 막부가 돗토리 번에 울릉도 도해 금지를 명한 1696년 이후 일본 측의 울릉도 도해 양상을 살펴보고, 조선정부의 울릉도 정책과 일반인의 도해 실태 등에 관해서 검토할 것이다.

2. 18세기 이후 조선의 울릉도 관리

18세기 이후 울릉도를 둘러싼 조선의 정황은 조선정부의 수토정책(搜討政策)과 조선인의 울릉도 산물 획득활동을 중심으로 전개되었다. 울릉도쟁계를 계기로 대일관계의 측면에서 울릉도의 존재를 재인식하게 된 조선은 수토를 정책적으로 실시하게 되었다.

울릉도의 소속을 둘러싸고 쓰시마 번과 외교 논쟁이 한창 진행중이던 1694년 9월, 조선정부는 장한상(張漢相)을 삼척첨사(三陟僉使)로 임명하여 울릉도를 조사하게 했다. 일본 측이 울릉도 점거를 의도하고 있다고 판단한 조정은 울릉도 정책을 거주금지에서 '거주허가'로 전환할지, 그 여부를 검토해야 할 필요성을 느꼈기 때문이다.

> 장한상(張漢祥)이 9월 갑신에 배를 타고 갔다가 10월 경자에 삼척(三陟)으로 돌아왔는데, 아뢰기를, "왜인(倭人)들이 왕래한 자취는 정말 있었지만 또한 일찍이 거주지는 않았습니다. 땅이 좁고 큰 나무가 많았으며 수종(水宗 : 바다 가운데 물이 부딪치는 곳이니, 육지의 고개가 있는 곳과 같다) 또한 평탄하지 못하여 오고가기가 어려웠습니다. 토품(土品)을 알려고 모맥(麰麥)을 심어놓고 돌아왔으니 내년에 다시 가 보면 징험할 수 있을 것입니다" 하였다. 남구만이 입시(入侍)하여 아뢰기를, "백성이 들어가 살게 할 수도 없고, 한두 해 간격을 두고 수토(搜討)하게 하는 것이 합당합니다" 하니, 임금이 그대로 따랐다.[1]

장한상의 보고를 통해 울릉도의 정황을 어느 정도 파악한 조정은 거주는 여전히 금지하되 일정 간격으로 수토를 실시하기로 결정했다. 1697년 숙종은 2년 간격으로 사람을 보내 울릉도를 순시하기로 결정했다.[2]

---

1) 『숙종실록』 20년(1694) 8월 14일 己酉條.
2) 『숙종실록』 23년(1697) 4월 13일 壬戌條.

1698년 조정에서는 "올해 울릉도를 순찰해야 하는 해이지만 영동
지방에 흉년이 들어 행장(行裝)을 차려 보내기 어려운 형편이니 내년
봄에 가서 살펴보는 것이 좋겠다"는 영의정 유상운(柳尙運)의 의견이
채택되었다.3) 1699년에는 예정대로 강원도 월송(越松) 만호(萬戶) 전
회일(田會一)이 울릉도를 수토하고 돌아와 울릉도의 지형을 그린 그림
과 울릉도 토산물을 진상했다.4)

1702년, 1705년에도 변장의 수토가 시행되었다.5) 백성의 울릉도
거주를 금지한다는 조선전기의 방침을 계승하면서, 울릉도쟁계의 경
험이 작용한 결과 일종의 '영토관리'적인 성격이 가미되어 순검이 정
기화되었다고 보아야 할 것이다.

1717년 흉년이 들어서 강원감사(江原監司) 이만견(李晩堅)이 치계
하여 민폐가 된다는 이유로 울릉도 수토를 정지할 것을 요청하자
숙종이 이를 허가했다.6) 1735년에도 강원감사 조최수(趙最壽)가 흉년
을 이유로 들어, 당해년에 해야 할 수토를 중지하고자 요청했다. 그러
나 조정은 "지난 정축년(丁丑年)에 왜인들이 이 섬을 달라고 청하자,
조정에서 엄하게 배척하고 장한상을 보내 그 섬의 모양을 그려서
왔으며, 3년에 한 번씩 가보도록 정하였으니 이를 정지할 수 없다"고
하여 허가하지 않았다.7)

위의 기사들로 미루어 보면 변장(邊將)의 정기적인 수토가 1699년

---

3) 『숙종실록』 24년(1697) 4월 20일 甲子條.
4) 『숙종실록』 25년(1699) 7월 15일 壬午條.
5) 『숙종실록』 28년(1702) 5월 28일 己酉條 ; 『숙종실록』 31년(1705) 6월 13일
   乙巳條.
6) 『숙종실록』 43년(1717) 3월 17일 壬申條.
7) 『영조실록』 11년(1735) 1월 13일 甲申條.

부터 제도화되어 시행된 것은 분명하다. 한때 흉년을 이유로 수토가 일시적으로 중지되기도 했지만 수토는 대체로 꾸준히 실시된 것으로 추정된다. 정기 수토가 공식적으로 폐지된 것은 1894년으로, 이는 조선정부가 울릉도 거주를 금지하는 정책에서 1882년 이주에 의한 개척으로 방침을 전환한 사실[8]과 관련된다. 1883년 정부는 2회에 걸쳐 16호 54명을 이주시키고, 국가가 이주를 지원하기로 했다. 또한 도장(島長)을 임명하였고 개척을 담당하는 지방관으로서 울릉도첨사(鬱陵島僉使)를 설치하였으며, 평해군(平海郡)에서 이교(吏校)를 파견하여 상주, 지휘를 담당하게 했다.

한편 수토제가 강화된 이후에도 조선인의 울릉도 도항은 계속되었다. 조선인의 도항이 계속된 데에는 어복(魚鰒), 향죽, 인삼 등 산물 채취가 여전히 주요한 이유로 작용했다. 울릉도산 인삼에 관한 기록은 일본 측의 문헌인 『多聞院日記』에서 확인할 수 있다. 『多聞院日記』 1592년 5월 19일조에는 "호키(伯耆)의 야시치(弥七)가 '이소타키 인삼' 3냥을 가지고 나라(奈良)의 고후쿠지(興福寺) 다몬인에이슌(多聞院英俊)을 방문하다"[9]라고 기록되어 있다. 이소타키란 이소타케(磯竹) 즉 기죽도(磯竹島 : 울릉도)로, 16세기 말 무렵에 이미 호키(돗토리 현) 지역에서 울릉도산 인삼이 유통되고 있었다는 것을 의미한다.

---

8) 『고종실록』 31년(1894) 12월 27일條 ; 『고종실록』 18년(1882) 8월 20일條.

9) 辻善之助編, 『多聞院日記』, 三教書院, 1938. 『多聞院日記』는 나라 고후쿠지(興福寺)의 학승이자 다몬인 주(多聞院主)인 다몬인에이슌(多聞院英俊)을 비롯하여 3代의 필자에 의해 1478년부터 1618년까지 기록된 일기이다. 무로마치 후기에서 전국 시대, 에도 시대 초기 연구에 주요한 사료이다. 원본은 散逸되었다. 본문에서 소개한 기사의 원문은 다음과 같다.
　　　　いそたき人参三兩・釘少持來
　防(伯)耆ヨリ弥七來了、十年不來、檢斷ニ逢牢人ノ由、不便々々

반면 조선의 문헌에서 울릉도산 인삼의 채취활동이 본격적으로 확인되는 것은 18세기 후반이다. 영조대인 1769년에는 조선의 상고 (商賈)들이 인삼을 채취하기 위해 울릉도에 몰래 출입하고 있고, 인근 마을에 그 인삼이 유통되고 있다는 사실이 보고되었다.10) 뿐만 아니라 같은 해 강원감사, 삼척 영장(營將) 등의 지방관이 인삼채취에 개입되어 있다는 사실도 보고되어 관계자를 처벌하는 조치가 취해졌고, 이듬해인 1770년 초두 정부는 울릉도 채삼을 금지했다.11)

강원감사 홍명한(洪名漢)을 체차(遞差)하도록 명하였다. 당초에 울릉도(鬱陵島)에 인삼을 캐는 잠상(潛商)을 삼척영장(三陟營將) 홍우보 (洪雨輔)가 염탐하여 붙잡았는데, 추잡한 비방이 많이 있었다. 일이 발각되어 홍우보가 죄를 받아 폄출(貶黜)되었는데, 이때에 이르러 홍명한이 서신(書信)을 왕래하여 참섭하였다는 것으로써 장령 원계영(元

---

10) ①『영조실록』45년(1769) 10월14일 壬戌條.

영의정 洪鳳漢이 아뢰기를, "듣건대 鬱陵島에서 나는 人蔘을 商賈들이 몰래 들어가서 채취한다고 하니, 왜인들이 만약 이를 안다면, 아마도 爭桑의 근심이 있을까 두렵습니다." 하고, 이어서 청하기를, "우리나라의 문헌이 부족하여 지금 울릉도의 일에 있어 고증할 바가 없습니다. 이제부터 전후의 文蹟을 널리 채택하여 한 책자를 만들어서 事大·交隣의 文字를 삼는 것이 좋겠습니다." 하니, 임금이 윤허하였다.

②『영조실록』45년(1769), 11월 29일 丁未條.

임금이 대신과 비국 당상을 인견하였다. (중략) 정언 李湑이 전계를 거듭 아뢰었으나 윤허하지 않았다. 또 아뢰기를, "울릉도는 지역이 왜인의 지경과 가깝기 때문에, 物産을 사사롭게 취하는 것을 금하는 法意가 매우 엄중한데, 근래에 듣건대 本島의 蔘貨가 근처 고을에서 두루 통행되다가 現發되어 屬公한 것이 많이 있다고 합니다. 이는 지방관이 어두워서 살피지 못한 것이니 지극히 駭然합니다. 청컨대 三陟府使 徐魯修를 잡아다 추문해서 엄중하게 조처하소서." 하니, 그대로 따랐다.

11)『영조실록』45년(1769) 12월 9일 丁巳條.

啓英)이 상소하여 논핵(論劾)하기를, "울릉도에 대한 금령(禁令)이 얼마나 엄중한 것인데, 강원감사 홍명한은 그 집안의 무신인 삼척영장 홍우보와 몰래 서신을 왕래하여 사람들을 모아 몰래 들어가서 인삼을 채취한 것이 자그마치 수십 근에 이르렀습니다. 지방관에게 현발(現發)되기에 이르러서는 금령을 범한 백성은 도내(道內)에 형배(刑配)하고 속공(屬公)한 인삼은 돌려주어 사사로이 팔았으며, 인하여 또 다른 일을 끌어대어 본관(本官)을 장파(狀罷)함으로써 미봉(彌縫)할 계책을 삼았으니, 이것은 이미 용서하기 어려운 죄입니다. (후략)[12]

그러나 정조대에 이르자 1795년 울릉도에서 나는 산삼을 적극적으로 채취할 필요가 있다는 이조판서 윤시동의 제안이 채택되어, 수토시에 삼척의 영장과 함께 채삼군(採蔘軍)을 파견하기로 방침을 전환하였다.[13]

당시 자연삼(山蔘)의 경우 산출지역이 한정되어 있는데다 점차 그 산출량이 감소하여 인삼의 국내가격이 급등하고 있었다. 비근한 예로 부산 왜관에 도항해 오는 쓰시마 번 사신(使臣)들에게 지급되는 예단삼(禮單蔘)[14]의 경우, 18세기 중엽 무렵 이미 조달이 어려운 상태에 이르렀다. 급기야 1811년 조선통신사의 경우 일본사행에 준비해가야

---

12) 『영조실록』 46년(1770) 1월 4일 壬午條.
13) 『정조실록』 19년(1795) 6월 4일 癸未條.
14) 禮單蔘(單蔘)이란 조선이 年例送使나 差倭 등의 임시사절에게 禮物로 지급한 인삼을 말한다. 연례송사에게 지급하는 예단삼의 총량은 30斤 14兩(1근은 16량)으로, 차왜의 파견이 더해지면 연간 조선의 예단삼 지급액은 100근 이상에 달했다고 한다. 조선은 일본과의 관계에서만 단삼이라는 용어를 썼고, 중세(무로마치 시대)의 일본 통교자에 대해서도 사용했다. 중국황제에 대해서는 '進獻'이라고 칭했다. 糟谷憲一, 「なぜ朝鮮通信使は廢止されたか」『歷史評論』 355, 1979, p.11 ; 今村鞆, 『人參史』 7, 朝鮮總督府專賣局, 1934, pp.347~348 참조.

할 신삼(信蔘 : 예단인삼)의 확보가 매우 저조하여, 사행에 앞서 일본 측과 사전협의를 통해 신삼의 수량 감액을 단행했을 정도였다.[15)

상황이 이렇다 보니 삼정(蔘政)의 난항을 타개하고자 수토관과 채삼군을 동행시켜 적극적으로 울릉도의 인삼을 채취하자는 의견이 나온 것이다. 채삼군이 울릉도에 파견된 것은 을묘년(1795)과 정사년(1797)으로, 산골에서 성장하여 인삼에 관해 잘 아는 사람들로 구성되었다. 영동지방 각 군현에 배당된 채삼군의 선발인원은 강릉 5명, 양양 8명, 삼척 10명, 평해 4명, 울진 3명 등 총 30명이었다.[16)

그러나 울릉도의 인삼이 육지의 것보다 품질이 낮은데다 가삼(家蔘 : 재배삼)보다 나은 점도 별로 없으며, 강원도 지역에서 채삼군을 선발할 때 풍파에 익숙하지 않다는 이유로 빠지려는 자가 많아서 그들을 상대로 관원이 뇌물을 요구하는 등 오히려 폐해가 더 많다는 주장이 제기되었다. 결국 1799년, 수토는 계속하되 채삼군 파견은 중단하기로 했다.[17)

인삼 이외에 다른 산물을 취하기 위해 울릉도에 잠입했던 사실이 적발되는 사례도 많았다. 『승정원일기』 정조 11년(1787) 기사에 의하면, 7월에는 서울에 사는 김낭청(金郎廳)이라는 자가 임금을 지불하고 격군(格軍)을 모아 울릉도에서 대나무를 베었다가 적발되었다. 또 같은 달 경상도 울산 해척(海尺 : 고기잡이를 업으로 하는 자)인 추잇돌·최잠돌 등이 울릉도에 60여 일간 머무르며 어복을 잡고 향죽을 베어 왔다가 적발되었다. 또 8월에는 울릉도를 왕래한 죄목으로 김광

---

15) 윤유숙, 「'省弊節目'을 통해 본 19세기 朝日통교와 왜관」『동아시아 속의 한일관계사』下, 제이앤씨, 2010, pp.215~216.
16) 『정조실록』 23년(1799) 3월 18일 丙子條.
17) 『정조실록』 23년(1799) 3월 18일 丙子條.

춘이 함경도 덕원부(德源府)에서 체포되기도 했다.[18]

조선정부는 18세기 영조, 정조 치세기에 울릉도 수토를 진행하면서 울릉도의 시찰은 물론이거니와 울릉도에서 산출되는 자원의 조사와 채취도 시행했다. 이러한 과정에서 울릉도와 독도의 지리적인 사항이 자세히 조사되기도 했다. 1794년(정조18) 수토관 월송 만호(越松萬戶) 한창국(韓昌國)이 울릉도를 수토한 결과가 강원도 관찰사 심진현의 장계를 통해 조정에 보고되었다. 보고 내용은 다음과 같다. 여기에 등장하는 '가지도(可支島)'는 현재 독도로 비정되기도 한다.

25일에 장작지포(長作地浦)의 계곡 어귀에 도착해보니 과연 대밭이 있는데, 대나무가 듬성듬성할 뿐만 아니라 거의가 작달막하였습니다. 그중에서 조금 큰 것들만 베어낸 뒤에, 이어 동남쪽 저전동(楮田洞)으로 가보니 골짜기 어귀에서 중봉에 이르기까지 수십 리 사이에 세 곳의 널찍한 터전이 있어 수십 섬지기의 땅이었습니다. 또 그 앞에 세 개의 섬이 있는데, 북쪽의 것은 방패도(防牌島), 가운데의 것은 죽도(竹島), 동쪽의 것은 옹도(瓮島)이며, 세 섬 사이의 거리는 1백여 보(步)에 불과하고 섬의 둘레는 각각 수십 파(把)씩 되는데, 험한 바위들이 하도 쭈뼛쭈뼛하여 올라가 보기가 어려웠습니다. 거기서 자고 26일에 가지도(可支島)로 가니, 네댓 마리의 가지어(可支魚)가 놀라서 뛰쳐나오는데, 모양은 무소와 같았고, 포수들이 일제히 포를 쏘아 두 마리를 잡았습니다.[19]

---

18) 배재홍, 앞의 논문, p.119.
19) 『정조실록』 18년(1794) 6월 3일 戊午條.

3. 하마다 번 주민 하치에몬(八右衛門)의 울릉도 밀항 사건

1696년 에도 막부가 돗토리 번에 '죽도도해금지'를 하달한 이후 일본인의 울릉도 도해는 과연 근절되었을까. 이 장에서는 울릉도쟁계 이후 일본인의 울릉도 도항에 관해 검토하고자 한다.

『조선왕조실록』에 의하면, 1710년 사직(司直) 이광적(李光迪)은 상소문에서 해방(海防) 강화책의 하나로 "동해(東海)에는 예부터 수종(水宗)[20]이 있어 선박이 통행하지 않으므로 여러 진(鎭)을 혁파(革罷)하였는데, 수십 년 이래로 수종이 크게 변하여 왜선(倭船)이 자주 울릉도에 들어가 어물(漁物)을 채취하니 진실로 한심하게 여길 만합니다'[21]고 하여, 울릉도에 일본 선박이 출입하고 있다는 사실을 고발하였다.

일본인의 울릉도 도해가 계속된 사실은 일본 측 문헌에서도 확인된다. 교호(享保) 연간(1716~1735)에 오키(隱岐)나 나가토(長門 : 야마구치 현) 지역의 주민들이 울릉도에 가서 대죽(大竹)을 잘라 갔으며, 나가토 지역에서는 이것이 시모노세키 시의 시점(市店)에서 판매되어 좋은 미죽(美竹)이 많이 사용되었다고 전해진다.[22]

1830년대에 이르러 막부 내부의 권력투쟁과 연동되어 일본에서 울릉도 도항문제가 크게 부각되는 사건이 발생했다. 1836년, 하마다 번(浜田藩 : 시마네 현 소재)[23]과 오사카 지역 거주자들이 울릉도에

---

20) 물마루. 바다와 하늘이 맞닿은 것처럼 멀리 보이는 수평선의 두두룩한 부분. 물이 높이 솟은 고비.
21) 『숙종실록』 36년(1710) 10월 3일 甲子條.
22) 內藤正中外, 앞의 책, pp.62~63.
23) 이와미노쿠니(石見國) 하마다 번(浜田藩)은 현재 시마네 현 하마다 시(浜田市)

도해하여 이국인(異國人)에게 일본의 '도검류(刀劍類)'를 판매한 사실
이 발각되었다. 주모자와 관계자들은 막부의 조사를 거쳐 '이국도해
(異國渡海)의 법을 어기고 조선의 울릉도에 도해'한 죄목으로 대거
처벌되었다.

이 사건은 하마다 번의 상급가신들이 연루되어 있는데다 하마다
번주(藩主)이자 당시 막부의 로주를 역임한 바 있는 마쓰다이라 야스
토(松平康任)의 개입사실이 의심되는 점에서, 밀무역 연구분야에서는
에도 시대의 굵직한 밀무역 사건 중의 하나로 소개된 바 있다.[24]

주변을 영유했던 번으로, 번청은 하마다 성(浜田城)이다. 에도 시대를 통해
하마다 번은 막말에 이르러 폐번이 되기까지 총 5개의 다이묘 가문이 번주를
역임했다. 원래 이와미는 주고쿠(中國) 지방을 영유하고 있던 모리 씨(毛利氏)의
소령(所領)이었다. 그러나 모리 씨가 1600년 세키가하라 전투에서 패배하여
스오노쿠니(周防國)·나가토노쿠니(長門國) 두 개 구니만을 지배하는 감봉처분
을 받자 이와미는 도쿠가와 씨의 직할령이 되었다. 1619년 이세 마쓰자카
번(伊勢松坂藩)에서 후루타 시게하루(古田重治)가 이와미의 일부 5만 4000석을
받아 입봉하여 하마다 번이 入藩하였다. 그러나 1648년 2대 번주 후루타 시게쓰네
(古田重恒)가 重臣을 참살하는 御家騷動古田騷動을 일으켜 개역되었다. 1649년
하리마 야마자키 번(播磨山崎藩)에서 마쓰다이라 마쓰이 야스테루(松平松井康
映)가 5만석으로 입봉하여 5대에 걸쳐 지배했으나 1759년 제5대 번주 마쓰다이라
야스요시(松平康福) 대에 시모쓰케 고가 번(下總古河藩)으로 전봉되었다. 그
대신 고가 번을 다스리던 혼다 다다히사(本多忠敵)가 5만석으로 입봉했으나
제3대 혼다 다다토시(本多忠鼎) 대인 1769년 미카와 오카자키 번(三河岡崎藩)으
로 移封되었다. 이에 고가 번에서 오카자키 번으로 전봉되었던 마쓰다이라
야스요시(松平康福)가 다시 5만 5400석으로 再封되었고, 야스요시는 로주로
정근한 상으로 1만석을 加增받았다. 이 장에서 다루는 마쓰다이라 야스토(松平康
任)는 야스요시의 손자로, 마쓰다이라 씨로는 3대째 번주를 역임한 인물이다.
24) 근세의 누케부네(拔船) 사건 가운데 관계자의 규모와 매매품의 수량, 사건의
파급효과라는 면에서 주목도가 높았던 사건으로 4건을 꼽을 수 있다. 1667년
하카타 상인 이토 고자에몬(伊藤小左衛門)이 조선에 군수물자를 밀매한 사건,
1676년 나가사키 代官 스에쓰구 헤이조(末次平藏)의 데다이(手代 : 小吏)들이
중국에 武具를 밀매한 사건, 1723년부터 1725년에 걸쳐 감행된 쓰시마 번
이시바시 시치로에몬(石橋七郎右衛門)의 밀매 사건, 그리고 본고에서 다루는

그러나 한 번(藩)의 상층부가 다수 개입된, 이례적인 밀무역 사건이었다는 점에 강조점이 두어져, 이 사건의 결과 막부가 울릉도 도항에 관해 취한 후속 조치는 간과되어 왔다.

도쿠가와 이에나리(德川家齊)

하마다 번주 마쓰다이라 야스토는 마쓰다이라 야스사다(松平康定)의 뒤를 이어 1807년에 번주가 되었고, 막부의 제11대 쇼군 이에나리(家齊)의 치세 기간 중 막부의 최고 지위인 로주로 재직(1827년 11월~ 1835년 10월)했다. 로주에 취임하기 전 마쓰다이라 야스토는 지샤부교(寺社奉行), 오사카조다이(大坂城代), 교토쇼시다이(京都所司代) 등 막부의 요직을 두루 역임하였다. 덴포 개혁(天保改革)을 주도한 로주 미즈노 다다쿠니(水野忠邦, 재직 : 1828~1845)와 재직기간이 일부 일치하기도 한다.

막부가 처음 이 건의 조사에 착수하게 된 계기는 문헌에 따라 약간의 상이점을 보인다. 고미야마 야스스케(小宮山綏介)의 『德川太平記』25)에 의하면, 막부는 밀상(密商)의 풍설(風說)을 듣기는 했으나

하치에몬(八右衛門) 사건 등이 그것이다. 본 사건을 다룬 고전적인 논고에는 山脇悌二郎, 『拔け荷』, 日本經濟新聞社, 1965가 있다. 그 외 森須和男, 앞의 책 ; 同, 「竹島一件について―甲子夜話を主題にして―」 浜田市文化財愛護會, 『龜山』 14, 1984 ; 同, 「竹島一件考―八右衛門申口を中心として―」 『龜山』 18, 1991 ; 兒島峻平, 「會津屋八右衛門·竹島密貿易事件の眞相」 『龜山』 13, 1983 ; 河田竹夫, 「橋本三平と會津屋八右衛門」 『龜山』 14, 1984 등이 있다.

실증을 잡지 못하여 마미야 린조(間宮林藏)26)를 온미쓰(隱密 : 밀정)로 파견했고, 마미야는 하마다 번의 하치에몬(八右衛門)이라는 자가 竹島(울릉도)에 건너가 이국인(異國人)과 밀상을 했다는 사실을 알아냈다고 한다.

마미야 린조는 1828년 간조부교(勘定奉行) 도야마 가게쿠니(遠山景晋)의 부하가 되어, 막부의 온미쓰로서 전국 각지를 조사하는 활동을 했던 사람이다. 보고를 받은 막부는 오사카 마치부교(町奉行)에게 수사를 명한 듯하다. 오사카에는 하마다 번의 구라야시키(藏屋敷)가 있었고 그 인근에는 하마다 번 사람들이 드나드는 '中國屋'이라는 이름의 후나야도(船宿)27)가 있었는데, 오사카 마치부교 야베 사다타카(矢部定謙)의 부하가 하치에몬을 체포하였다.28)

한편 후지카와 세이사이(藤川整齋)의 『天保雜記』29)에 의하면, 관계

---

25) 에도 막부 역대 쇼군들의 사적을 쇼군 별로 기록한 문헌이다. 博文館에서 메이지 30년(1897)에 출간되었다.

26) 마미야 린조(間宮林藏 : 1780~1844)는 에도 시대 후기 막부의 온미쓰(隱密), 탐험가로 활약한 인물이다. 곤도 슈조(近藤重藏), 히라야마 고조(平山行藏)와 함께 '文政의 三藏'으로 불린다. 변장의 달인으로 거지, 상인 등으로 변장하여 첩보활동을 했다고 전해진다.

27) 漁港町 등에서 입항선의 승무원을 위한 宿屋(숙박소, 여관). 고기잡이 도구나 식량을 조달해 주기도 하고, 資金·資材를 빌려주기도 한다.

28) 山脇悌二郎, 앞의 책, pp.55~56.

29) 『天保雜記』는 1831년부터 1844년까지의 기록류와 문서 742점을 거의 연대순으로 수록한 편찬물이다. 반샤의 옥(蠻社의 獄), 쇼군 도쿠가와 이에나리(德川家齊)의 은퇴와 이에요시(家慶)의 襲封, 에도 성 니시노마루의 화재, 아편전쟁 등 이 시기의 사건들에 관한 후레가키(觸書), 風聞이 게재되어 있다. 또한 1841년부터 시작된 로주 미즈노 다다구니의 막정개혁에 관한 주요한 기록이 적지 않게 실려 있다. 『天保雜記』는 『藤岡屋日記』와 함께 天保期(1830~1843) 교토, 오사카, 에도의 상황과 일본사회의 동향을 연구하는 데 있어 귀중한 사료이다. 『天保雜記』는 총 56冊으로 구성되어 있고, 본고에서 다루는 울릉도 도해 문제와 관련된 문서들은 제18冊에 수록되어 있다. 『天保雜記』(內閣文庫所藏史籍叢刊) 第18冊,

자들이 체포된 것이 1836년 6월이다. 단서가 무엇이었는지 명확하게 기록되어 있지는 않지만 선원 3, 4명이 오사카에서 적절하지 않은 물품을 판매하다가 오사카 마치부교쇼(町奉行所)에 체포되어 조사를 받았다. 그러자 '이와미하마다(石見浜田)에서 조선 지내(地內)의 죽도라는 섬으로 도항하여 교역을 했다'는 진술이 나왔고, 체포된 자들은 다시 에도로 보내졌다. 하치에몬을 포함하여 오키(隱岐)·오사카·아키(安藝 : 히로시마 현)의 주민 등 총 5명이 지샤부교(寺社奉行) 이노우에 마사하루(井上正春)에게 인계되어 본격적인 조사를 받게 되었다.[30]

한편 6월 16일 무렵 에도에서는 지샤부교 이노우에 마사하루로부터 하마다 번의 관계자들에게 출두 명령이 속속 하달되었다. 에도 근무 중이던 하마다 번의 도시요리(年寄) 3명과, 재번(在藩) 중이던 구니모토 가로(國元家老) 오카다 다노모(岡田賴母[秋齊])·마쓰이 즈쇼(松井圖書)를 비롯한 도시요리 3명에게도 지샤부교의 출두 명령이 내려왔다. 그러자 가로 오카다 다노모가 먼저 자결하고 며칠 뒤 마쓰이 즈쇼도 자결했다는 사실이 막부에 보고되었다. 쓰시마 번의 가로 스기무라 다지마(杉村但馬)도 명령에 따라 막부 평정소(評定所)로 출두했다.[31]

그러면 막부 평정소의 판결 내용과 하치에몬의 공술조서(供述調書) 초록(抄錄)인 『竹島渡海一件記 全』(도쿄 대학 부속도서관 소장)을 토대로 하여, 사건의 전모를 살펴보도록 하자.

　　汲古書院, 1983. 『天保雜記』의 울릉도 관련 사료에 관해서는 제6장 사료 소개를 참조.

30) 『竹島考證』下(일본국립공문서관 소장 마이크로필름번호 012500-1408).

31) 『天保雜記』 第18冊, pp.22~24.

울릉도에 직접 도해한 혐의로 체포된 하마다 번의 이마즈야 하치에 몬(今津屋八右衛門)은 하마다의 회선문옥(廻船問屋)[32] 세이스케(淸助)의 아들로, 긴세이(金淸)라는 이명(異名)을 갖고 있었다. 하치에몬의 가명(家名)은 아이즈야(會津屋)로 알려져 있기도 하지만, 그의 공술서에는 '이마즈야(今津屋)'로 기재되어 있다. 하치에몬의 부친 세이스케는 하마다 번 어용선(御用船) 신토마루(神福丸)의 선두(船頭)이기도 했다. 속설에는 세이스케가 울릉도뿐만 아니라 수마트라, 자바 등 멀리 동남아시아까지 나아가 무역을 했다고 하지만 사실여부는 분명하지 않다.

이마즈야(今津屋)는 과거 하마다 번의 어용상인(御用商人)으로 활약했지만, 하치에몬의 부친 세이스케가 번청에 커다란 손해를 입히는 바람에 세이스케가 사망하자 가명(家名)이 단절되었다. 울릉도 도항 사건이 발각되기 약 6년 전 하치에몬은 "오랫동안 번의 고은(高恩)을 입었지만 동시에 많은 손실을 입히기도 했으니 죽도라는 섬에서 어로 활동을 하도록 명하여 주신다면 매년 운상(運上 : 영업세)을 바치겠습니다"라고 청원한 적이 있으나 그 뜻을 곧 이루지는 못했다.[33]

하치에몬은 이 사건이 발각되기 수년 전 하마다 번 마쓰바라우라(松原浦)에서 회선 1척을 소유하고 선두(船頭)로 생활하고 있었다. 1830

---

32) 廻船과 荷送人과의 사이에서 화물운송의 중개를 업으로 하던 일종의 도매업자. 廻船(回船)이란 일본의 연안 항로를 따라 여객이나 화물을 운송하는 선박이다. 중세 이래 발달하여 근세에는 諸國의 항구와 오사카·에도·쓰루가(敦賀 : 후쿠이 현 남부 쓰루가만에 면한 항구도시) 등 중앙의 항구들을 연결하여 매우 번성하였다. 근세에는 히시가키(菱垣)·다루(樽) 회선 외에 니시마와리(西廻り) 항로·히가시마와리(東廻り) 항로, 홋코쿠카이센(北國廻船)이 성립하여 선박에 의한 수송망이 발달했다.

33) 箭內健次編, 『通航一覽續輯』 卷五, 朝鮮國部一(淸文堂出版株式會社, 1968) p.83 ; 『天保雜記』 第18冊, p.22.

년에는 에치고노쿠니(越後國)의 연공미(年貢米)를 에도로 운반하는 일을 맡기도 했다. 하치에몬이 처음 어떤 계기로, 언제 울릉도에 도항하게 되었는지는 명확하지 않다. 그러나 '죽도는 마쓰마에(松前) 지역으로 도항하는 해상(海上)의 항로에 근접해 있어서, 이전부터 때때로 마쓰마에로 도항할 때 죽도를 볼 수 있었다. (중략) 일명 '울릉도(鬱陵嶋)'라고도 하는데 공도(空島)이며 초목과 어류가 풍부하다'[34]고 한 것으로 보아, 연공미의 수송 등을 하기 위해 동해(東海) 지역을 항해하다가 울릉도를 목격하게 된 듯하다.

공술서에는 울릉도 도해허가를 번청에 요청하기 전에는 실제로 울릉도에 도항한 적이 없다는 식으로 서술되어 있다. 그러나 그의 진술 내용을 보면 울릉도가 어업지이자 채목지로서 상당한 수익을 올릴 수 있는 곳이라는 점, 그리고 울릉도에는 주민이 거주하지 않는다는 점 등을 파악하고 있었다. 이것은 그저 해상(海上)에서의 원거리 관찰만을 통해 얻은 정보라고 보기에는 지나치게 상세한 감이 없지 않다. 따라서 실제로 울릉도에 상륙하여 해륙(海陸)의 산물을 살피는 등 도내(島內)의 상황을 어느 정도 파악해 두었을 가능성이 높다.

하치에몬은 1830년 에치고노쿠니의 연공미를 에도로 운반한 후 에도의 하마다 번 간조야쿠(勘定役) 무라이 오기에몬(村井荻右衛門)을 통해 상관인 간조가시라(勘定頭) 오타니 사쿠베(大谷作兵衛)에게 울릉

---

34) 『竹島渡海一件記 全』(東京大學 부속도서관 소장). 원문은 다음과 같다.
   (전략) 右竹嶋最寄之海上者、松前表江渡海之船路ニ而、私儀も先年より度々松前渡海仕、其度毎及悲歎候儀ニ而、元來右嶋者、石見國海岸より亥子之方ニ當り、海上百里餘も相隔、一名鬱陵嶋とも相唱候空嶋ニ而、草木致繁も、地先ニ者鮑其外魚類、夥敷寄集居候樣子ニ見請候付、右嶋江渡海之上、草木伐出、漁業ニ而もいたし候ヽヽ、自己之德用者不及申、莫太之御國益ニも可相成与心附、渡海願取方之儀、寄ニ致勘定罷在候。(후략)

도 도항 의사를 전하였다. "죽도에 건너가 자연 그대로 방치되어 있는 대나무를 벌채하고 해산물도 가져오면 번의 이익이 될 것이다"라는 취지였다. 그러자 관계자들은 "죽도가 어느 국지(國地)인지 소속이 불분명하므로 그만두라"는 반응을 보였다.

하치에몬은 여기에서 단념하지 않고, 가로 오카다 다노모의 수하인 하시모토 산베에(橋本三兵衛)에게 거듭 요청했다. 그러자 가로 오카다 다노모와 마쓰이 즈쇼가 '(竹島에서 가장 가까운) 송도(松嶋)에 도해한다는 명목으로 죽도에 건너가 수익을 낼 수 있는 방법이 있는지 잘 알아본 후, 가능성이 있으면 조처할 수도 있다'는 의향을 하치에몬에게 전했다.[35]

그런데 하치에몬의 공술서에 의하면 처음 그가 죽도 도해 허가를 요청했을 때 간조야쿠 무라이 오기에몬의 지시에 따라 '내존서(內存書)'를 제출한 적이 있었다. 내존서는 "죽도 외에 송도(松嶋)라는 작은 섬도 있는데 두 섬 모두 공도로 보인다. 그대로 두는 것은 아쉽기 짝이 없다. 초목을 벌채하고 어업을 하면 사적인 이익이 될 뿐 아니라 막대한 국익(國益)이 될 것으로 예상된다"는 내용이었다. 이것은 하마다 번의 관계자들이 죽도에 관해 보다 상세한 정보를 필요로 했기 때문에 제출된 것이었다.

하치에몬의 의향을 전해들은 가로 오카다는 죽도에 관해 좀 더 구체적으로 조사하고자 하마다 번의 에도 가로 마쓰다이라 와타루(松

---

35) 『天保雜記』, p.28. 원문은 다음과 같다.
　　追而右嶋ハ何れの國地とも難し差極、手入等之義者可存止旨、荻右衛門より申越をも不取用、再応執成之義、三兵衛江相賴砌、右最寄松嶋江渡海之名目を以竹嶋江渡、稼方見極候上、弥益筋ニ有之ならハ、取計方も可有之由ニ而、秋濟並同家來松井図書も心得居候趣、三兵衛申聞候。(후략)

平戶)와 면식이 있는 쓰시마 번 가로에게 부탁하여, 쓰시마 번이 소장하고 있는 조선 관련 기록을 확인했다. 또한 오카다가 번주 마쓰다이라 야스토에게 이 건에 관해 보고하자, 야스토는 "죽도의 건은 중대하니 잘 조사해야 한다. 또한 허가 없이 도항하여 이국품(異國品) 하나라도 오사카 이동(以東)에 유통되면 중대사가 되므로 이를 명심하라"고 했다.[36]

가로 오카다를 비롯하여 번의 관계자들은 하치에몬의 요청을 접했을 때 죽도가 일본의 섬이 아닐 수도 있다는 점을 어렴풋이 알고는 있었으나, 사실관계에 관한 지식이 불명확했다는 것을 알 수 있다. 이것은 처음에 죽도의 소속 불명을 이유로 들어 도항을 허가하지 않은 점에서도 분명하게 드러난다. 그러나 그 후 쓰시마 번이 소장한 기록류에 대한 확인이 행해졌으므로, 이전 17세기 말에 발생했던 '울릉도쟁계'의 대략적인 경과와 그 결과를 확인했을 것이다.

또한 '죽도에 도항함으로써 이국(異國)의 물품이 유입된다'는 번주 마쓰다이라 야스토의 발언에도 주목할 필요가 있다. 번주뿐만 아니라 이 건에 연루된 하마다 번의 관계자들은 죽도가 도항해서는 안 되는 지역, 즉 '조선의 섬'이라는 사실을 앞에서 언급한 확인 작업을 통해 충분히 인지하고 있었다. 그럼에도 불구하고 번주가 죽도 도항을 명확하게 금지하지 않았기 때문에, 관계자들은 이것을 '죽도 도해 묵인'으로 받아들였을 것이다. 결국 하치에몬의 죽도 도항은 사실상 하마다 번청의 허가를 기반으로 감행된 것이며, 후술하는 바와 같이 번청의 추진 하에 성사된 것이나 다름없었다.

일단 번청의 의사가 확인되자 하치에몬은 도항 준비에 본격적으로

---

36) 森須和男, 앞의 책, p.8.

착수했다. 오사카 지역을 중심으로 은주(銀主 : 자금출자자)를 끌어들이고 선박 신토마루(神東丸)를 준비했으며, 선박에 승선할 선원들을 확보한 후 1833년에 죽도에 도항하기로 했다. 이 과정에서 가로 오카다는 오사카에 있는 하마다 번 구라야시키에서 근무하는 하마다 번사(藩士) 시마자키 우메고로(嶋崎梅五郞)에게 지시하여, 이 도항에 자금을 댈 사람을 모집하는 일에 조력하도록 조처했다.

그러던 중 1883년 4월, 신토마루(神東丸) 선원들이 음주상태로 번주의 지산(持山 : 外ノ浦)에서 나무 5~6그루를 벌채한 사실이 발각되어, 하치에몬은 선두라는 이유로 '하마다 령 입진(入津) 금지 및 주거장외(住居帳外)'에 처해졌다. 관련 사료 등에 그가 '무숙(無宿)'37)으로 기재된 연유는 이 때문이다.

그러나 그는 '죽도 도해는 가로 오카다 님의 지시(內沙汰)'라는 이유로 하마다를 떠나지 않고, 모친 기쿠(幾久)가 경영하는 이마즈야(今津屋)에 은밀하게 드나들며 활동을 계속했다. 1883년 6월 하마다를 출항한 일행은 오키의 후쿠우라(福浦)를 거쳐서 7월 죽도(울릉도)에 도착했다. 죽도로 향하는 도중에 松嶋(독도)를 목격했지만 수목이 없어 상륙하지 않았고, 선원들은 제각기 죽도에서 산물을 채획하여 8월 하마다에 귀항했다. 하치에몬이 죽도 도항의 결과를 하시모토 산베에게 보고하고, 오카다와 마쓰이에게 재차 도항허가를 요청한 후 그 회답을 기다리는 사이 체포되었다고 한다.38)

---

37) 無宿은 宗門人別改帳에서 이름이 제외된 자를 말한다. 연좌제로 인한 피해를 막기 위해 친족으로부터 축출되는 경우, 범죄행위로 인해 추방형에 처해진 경우, 대규모 기근 등으로 농촌에서의 생활이 불가능해진 백성 등 無宿이 되는 경위는 다양했다. 村이나 町을 나와 일정기간이 지나면 人別帳에서 이름이 삭제되기 때문에 無宿은 '帳外'라고 불리기도 했다.

38) 『竹島渡海一件記 全』.

하치에몬의 공술서에 따르면 일행이 죽도에 도항한 것은 1833년 1회에 지나지 않으며, 이 도항은 죽도에서 획득한 물품을 번청에 확인시키는 것이 주된 목적이었다. 그의 공술대로라면 죽도 도항의 수익성을 증명하기 위한, 이른바 '시험도항'의 성격을 띠고 있었다. 그러나 1833년의 도항으로 수익성이 충분하게 증명되었을 상황에서, 이후 1836년 막부에 의해 발각될 때까지 죽도 도항이 더 이상 이루어지지 않았다는 것은 정황상 신빙성을 갖기 어렵다.

그의 울릉도 도항에 관해서는 다른 문헌에는 공술서와 상이한 내용이 기록되어 있기도 하다. 예를 들어 『通航一覽續輯』에는 다음과 같이 기재되어 있다.

하마다 번의 가로 오카다 다노모와 도시요리 마쓰이 즈쇼가 공모해서 오사카의 하마다 번 구라야시키에서 근무하는 시마자키 우메고로에게 명하여 오사카 상인 쇼스케(庄助) 등을 은주로 끌어들이고 하치에몬을 조선의 죽도에 도해시켰다. 그들은 회도면(繪圖面)을 작성하고 죽도에서 목재와 초근(草根) 등을 채벌하여 돌아왔다. 또한 하치에몬은 에도(江戶)나 제 국(諸國)에서 도검류(刀劍類)를 사들여 하마다 번 어용물의 회부(會符)39)를 사용하여 하마다로 보냈고, 어선의 모습으로 죽도에서 이국인(異國人)과 교역했다.40)

『通航一覽續輯』은 이 사건을 '잠상형벌(潛商刑罰)'이라는 소제목 하에 정리하여, 하치에몬이 단순히 울릉도의 산물을 가져온 정도가 아니

---

39) 에도 시대 막부, 武家, 公家 등이 물자를 수송할 때 특권을 표시하기 위해 수송품에 붙인 표찰.
40) 箭內健次編, 『通航一覽續輯』卷五, 朝鮮國部一, p.83.

라 막부가 법적으로 해외수출을 금지한 무기류를 울릉도에서 이국인에게 판매했다고 기술하였다. 현 시점에서 하치에몬이 정말로 울릉도에서 일본의 무기류를 외국인에게 판매했는지 여부를 판단하기는 어렵다.

그 이유는 정작 막부의 판결문에 명시된 그의 죄상이 다음과 같기 때문이다. 『天保雜記』에 실린 하치에몬의 판결문 마지막 부분의 내용은 "이국인과 만나서 통교하지는 않았고, 초근(草根) 등을 갖고 돌아온 정도이기는 하지만, 이국(異國)의 속도(屬島)에 도해한 것은 국체(國體)에 대해 가볍지 않은 불미스러운 행위이므로 사형(死罪)에 처한다"[41]는 것이다. 판결문에는 외국인과의 밀무역 행위는 전혀 없었던 것으로 되어 있고, 이국도해금령(異國渡海禁令)을 어긴 점만이 죄목으로 거론되어 있다.

한편 마쓰다이라 야스토에게 내려진 판결문에 언급된 죄상을 요약하면, "요직에 있으면서도 하치에몬의 도해사실과 자신의 가신들이 그 도해에 가담한 사실을 모르고 있었다"는 것이다. 또한 가신 마쓰다이라 와타루(松平亘)가 쓰시마 번 기록의 발췌문서를 제출했을 시에도 '왜 죽도에 관해 조사하는가'라는 추궁을 하지 않고 지나친 점도 과실로 지적되었다.[42]

---

41) 『天保雜記』第18冊, p.28. 하치에몬의 판결문 마지막 부분의 원문은 다음과 같다.

(전략) 領主より濱田入津差留·所拂ニ相成候身分ニ而、元住處ニ罷在、大坂安治川南貳町目善兵衛其外之もの共乘組、竹嶋江渡海いたし、繪圖面相仕立、又者木伐採、既ニ人參与見込紛敷草根なと持歸ル上者、異國人ニ出逢交通なといたす義ハ無之とも、素より國界不分明之地与乍心得、畢竟領主先代重御役柄中故、志願も成就可致哉抔相心得、秋齊其外之もの共へ申立、既異國之屬嶋江渡海いたし、立木なと伐採持歸ル始末、御國體江對シ不輕義不屆ニ付、死罪申付。

하마다 번의 가로 마쓰다이라 와타루에 대한 판결문에는 "마쓰다이라 와타루는 쓰시마 번의 가로 스기무라 다지마(杉村但馬)에게 서신을 보내 죽도의 소속을 조회했고, 조선국 소속이라는 문서(宗家記錄書拔)를 받았지만 이를 간과했다"는 구절이 나온다.[43] 이것은 앞에서 언급한 대로 쓰시마 번의 스기무라 다지마가 보내준 문건을 통해 마쓰다이라 와타루가 죽도가 조선의 영토라는 사실을 확인했지만, 하치에몬이 죽도에 도항하는 행위를 묵과한 사실을 가리킨다.

쓰시마 번의 가로 스기무라 다지마도 "번주 소 씨(宗氏)에게 보고하지 않은 채 마쓰다이라 와타루에게 죽도에 관한 기록의 발췌본을 건네주었다"는 이유로 가로직에서 파면되었다. 스기무라가 건네준 문건은 '右嶋先年彼國江御渡ニ相成砌之記錄等書拔'이므로 과거 겐로쿠(元祿) 시대(17세기 말)에 쓰시마 번이 울릉도쟁계로 인해 조선과 교섭했을 당시에 기록된 문건, 즉 교섭의 결과 막부가 돗토리 번에 울릉도 도해를 금지했다는 사실을 기록한 자료의 발췌본이었을 것이다.

이러한 사실들을 전혀 간파하지 못했다는 것이 하마다 번주 야스토

---

42) 『新修島根縣史』 史料編3, 近世(下), 島根縣, 1965, p.333.
　　　　　　　　　　松平下野守
　　其方儀元領分石州松原浦ニ罷在候八右衛門竹嶋江渡海目論見、自分之儀家來共聞
　　請、彼是取計候儀は、不存由候得共、重キ御役中之儀、領分取締向等、別而嚴重
　　ニ可申付候處、無其儀、既ニ八右衛門其外之もの共渡海いたし、右體家來共不届之
　　取計いたし候を、更ニ不存罷在、殊ニ松平亘より宗對馬守記錄書拔一覽ニ差出候
　　節、何故右嶋穿鑿ニ及ひ候哉之段相糺候心附も無之、不束之事被思召候、依之永
　　蟄居被仰付之
　　右松平周防守宅江、大目付村上大和守相越、下野守ニ申渡之、阿部能登守鳥居丹
　　波守立合、(後略)
43) 『天保雜記』 第18冊, p.31.

의 표면적인 죄목이었고, 그에 대한 책임을 지는 형식으로 영칩거(永
蟄居)44)에 처해졌다. 그런데 마쓰다이라 야스토는 당시 하치에몬 사
건뿐만 아니라 '센고쿠 잇켄(仙石一件)'이라는 정치사건에도 연루되어
있었다.

센고쿠 잇켄이란 이즈시 번(出石藩 : 효고 현)45)에서 번정의 주도권
장악을 둘러싸고 일어난 어가소동(御家騷動)46)을 말한다. 이즈시 번
의 필두가로(筆頭家老)인 센고쿠 히사토시(仙石久壽)와 센고쿠 가즈에
(仙石主計)가 번정의 실권을 장악하기 위해 서로 격하게 대립하던
과정에서 히사토시가 번주 센고쿠 히사토시(仙石久利)의 제거를 획책
하고 있다는 탄원이 제기되자 막부가 진상 조사에 나선 사건이다.

센고쿠 히사토시(仙石久壽)는 번주의 지족(支族) 즉 센고쿠 씨 일문
으로, 히사토시가 번정의 최고 권력자로 있던 1831년, 막부 필두 로주
마쓰다이라 야스토의 조카를 아들 고타로(小太郎)의 아내로 맞아들
여, 마쓰다이라 가문과는 인척관계에 있었다. 막부의 조사를 통해

---

44) 에도 시대에 公家, 武士에게 과해지던 형벌의 일종. 出仕, 외출 등을 금지하고
一室에서 근신하도록 하는 벌이다. 특히 終身토록 칩거하는 것을 '永蟄居'라
한다.

45) 이즈시 번(出石藩)은 다지마노쿠니(但馬國 : 효고 현)에 위치한 번으로, 번청은
이즈시 성(出石城), 현재 효고 현(兵庫縣) 도요오카 시(豊岡市) 이즈시초(出石町)
에 위치한다. 이즈시 번은 세키가하라 전투 이래 이에야스로부터 6만석의 소령을
安堵받아 고이데 씨(小出氏)가 통치했으나 번주들이 연이어 요절한데다, 9대
번주 고이데 후사쓰구(小出英及)가 1696년 3세 나이에 사망함으로써 결국 후사
단절 상태가 되었다. 이어서 마쓰다이라 다다치카(松平忠周)가 4만 8000석으로
입봉했지만 1706년에 시나노노쿠니(信濃國 : 나가노 현) 우에다 번(上田藩)으로
이봉되었고, 마치 영지를 교환하는 형태로 우에다 번에서 센고쿠 마사아키라(仙
石政明)가 이즈시 번에 입봉하여 메이지 시대까지 센고쿠 씨의 지배가 이어졌다.

46) 다이묘(大名)의 가신들 사이에서 후계자 상속, 寵臣이나 愛妾을 둘러싼 파벌투쟁
으로 인해 발생한 분쟁을 말한다.

히사토시의 배후에서 불법적인 행동을 눈감아주면서까지 그를 비호해준 인물이 그와 인척관계에 있던 마쓰다이라 야스토라는 사실이 드러났다.

현직 로주였던 야스토는 센고쿠 잇켄에 이어 다케시마 잇켄(竹島一件)에도 연속으로 지목되어 막부 최고재판소인 평정소(評定所)의 조사와 판결을 받는 상황에 처하게 되었다.

쇼군 도쿠가와 이에나리로부터 이즈시 번의 내부분쟁에 관해 조사하도록 명령받은 자는 로주 미즈노 다다쿠니(水野忠邦)와 지샤부교(寺社奉行) 와키사카 야스타다(脇坂安董)였다. 두 사람은 각각 로주 수좌와 지샤부교 이상의 출세를 꿈꾸고 있었다는 점도 작용하여, 이즈시 번의 내분은 그야말로 막부내의 권력투쟁에 그대로 이용되었다. 야스토와 대항관계에 있으면서 막부권력의 장악을 노리고 있던 미즈노 다다쿠니는 야스토에게 불리한 조사 결과를 쇼군 이에나리에게 보고했고, 그 결과 센고쿠 잇켄은 야스토의 정치적 패배로 종결되었다.

센고쿠 잇켄에 관한 막부의 재정(裁定)은 1835년(天保 6)에 내려졌다. 이즈시 번의 번주 센고쿠 히사토시(仙石久利)는 직접적인 처벌은 받지 않았지만 번의 지행(知行)이 5만 8천석에서 3만석으로 감봉되었고, 야스토는 로주의 지위에서 실각했다. 야스토를 실각시킨 미즈노 다다쿠니는 1839년 로주 수좌가 되어 '덴포 개혁(天保改革)'을 추진했고, 와키사카 야스타다는 도자마(外樣)에서 후다이(譜代) 다이묘가 되어 1836년 니시노마루(西ノ丸) 로주카쿠(老中格), 1837년 로주 취임이라는 이례적인 출세를 달성했다.[47]

1835년 12월, 야스토는 은거(隱居)[48] 처분을 받았다. 그의 적자(嫡

---

47) 『國史大辭典』, 吉川弘文館, '仙石騷動' 참조.

子) 야스타카(康爵)가 가독(家督)을 상속하기는 했지만 가까운 시일 내에 영지변경(國替)이 뒤따를 것이라는 판결을 받았다. 그리고 실제로 1836년 3월, 막부는 야스타카에게 다나구라(棚倉 : 후쿠시마 현)로의 징벌적인 전봉(轉封) 명령을 내렸다.[49] 막부가 하치에몬의 죽도 도해사건을 본격적으로 조사하기 시작한 1836년 6월 무렵 야스토는 막부의 평결에 따라 이미 로주에서 물러났고 번주의 지위도 아들 야스타카에게 물려준 상태였다.

1836년 12월이 되자 하치에몬 사건 관련자 각각에 대한 평정소의 판결이 내려졌다. 막부의 최종 판결은 자살한 가로 오카다 다노모의 수하 하시모토 산베에와 하치에몬 두 사람은 사형, 가로 마쓰다이라 와타루는 역의취상압입(役儀取上押込),[50] 그 외 인물들은 각각 영뢰(永牢 : 종신 감옥형), 중추방(中追放),[51] 경추방(輕追放) 등이 결정되었다. 관련자들의 처벌내역을 정리하면 다음과 같다.

---

48) 형벌로서의 인쿄(隱居)는 직위에서 물러나 家祿을 후손에게 양도하는 것을 말한다.

49) 야스토의 아들 야스타카가 다나구라로 전봉된 후 하마다 번에는 고즈케노쿠니(上野國) 다테바야시 번(館林藩)에서 6대 쇼군 도쿠가와 이에노부(德川家宣)의 동생 마쓰다이라 기요타케(松平清武 : 越智清武)를 조상으로 하는 마쓰다이라 나리아쓰(松平齊厚)가 6만 1,000석으로 입봉하여 새로운 번주가 되었다. 하마다 번은 1866년, 제2차 조슈 정벌(長州征伐) 때 하마다구치(浜田口)를 담당하여 조슈 번(長州藩)의 오무라 마스지로(大村益次郎)가 지휘하는 군대에 모두 격파되었다. 그 때 하마다 시가지와 하마다 성은 모두 불탔고, 하마다 번은 조슈 번에게 점령되어 廢藩이 되었다. 당시의 번주 마쓰다이라 다케아키라는 미마사카노쿠니(美作國)에 있는 도비치(飛地) 다즈타 령(鶴田領)으로 도망쳐, 그곳에서 다즈타 번(鶴田藩)을 일으키고 메이지 유신을 맞았다.

50) 관직을 박탈하고 押込(문을 닫고 他出하지 못하는 형벌)에 처해지는 것.

51) 追放이란 일정한 지역 안으로 출입하는 것을 금지하는 일종의 自由刑이다. 추방형은 출입금지 구역의 廣狹에 따라 所拂, 江戶拂, 江戶十里四方追放, 輕追放, 中追放, 重追放 등의 구별이 있었다.

형명(刑名)	이름	소속	신분(직책)
死刑	八右衛門	浜田藩松原浦	無宿(39세)*
	橋本三兵衛*	浜田藩	家老岡田賴母의 수하
自殺	岡田賴母	浜田藩	國家老(74)
	松井圖書	浜田藩	年寄(34)
役儀取上押込	松平亘	浜田藩	江戸家老
	杉村但馬*	對馬藩	家老
	大谷作兵衛	浜田藩	江戸勘定頭(63)*
	三澤五郎右衛門*	浜田藩	江戸勘定元締(58)*
押込	嶋崎梅五郎*	浜田藩	年寄
	村井荻右衛門	浜田藩	年寄(61)
	谷口勘兵衛	浜田藩	家老
	三宅矢柄介(§)	浜田藩	年寄(48)
	杉浦仁右衛門(§)	浜田藩	家老岡田賴母의 수하
急度叱り	吉江秀右衛門	浜田藩	松平康任의 수하 南安右衛門의 대리인
過料三貫文	きく(幾久)	浜田藩松原浦	八右衛門의 모친
大坂永牢	善兵衛*	大坂安治川町	町人, 淡路屋(70)
酒代銀·口錢取上, 急度叱り	源藏	大坂新戎町	町人
	平藏	大坂新戎町	町人
	作兵衛(§)	大坂新戎町	町人
口錢取上, 急度叱り	清右衛門	大坂富田屋町	町人
	利作	大坂富田屋町	町人
輕追放	定七	大坂橘町	町人, 大黑屋(49)
大坂三鄕郡構, 江戸拂	庄助	大坂中嶋町	町人, 中國屋(50)*

① 출전 : 『通航一覽續輯』, 『新修島根縣史』 史料編3, 近世(下), 『天保雜記』, 『八右衛門とその時代』
② '無構' 판결을 받은 사람들은 제외함.
③ * 표시는 『天保雜記』, (§) 표시는 『八右衛門とその時代』에 의거한 것임.

위 표에서도 알 수 있듯이 이 사건에 연루되어 처벌된 자는 하마다 번 주민과 오사카 거주자가 대다수를 차지한다. 오사카 주민이 모두 조닌(町人)인 반면, 총 14명의 하마다 번 주민의 경우 하치에몬과 그의 모친 2명을 제외한 나머지는 모두 하마다 번의 상급무사들과 그들의 수하였다. 가로(家老), 도시요리(年寄), 간조가시라(勘定頭) 등 한 번(藩)의 상급무사들이 대거 연루된 점은 대개 서민 계층을 주축으로 해서 구성되곤 하는 에도 시대의 일반적인 밀무역 사건에서 쉽사리 찾아보기 어려운 현상이다.

마지막으로 하치에몬의 죽도 도항이 '번의 이익이 될 것'이라는 전제하에 번청의 허가를 받았다는 점을 상기해 볼 때, 그 수익의 일부가 번고(藩庫)로 귀속되었을 가능성이 농후하다. 또한 막부의 평결문과 그의 공술서에는 이국인과 교역한 사실이 없다고 되어 있기는 하다. 그러나 적어도 발각되기까지 수년의 세월 동안 울릉도에 여러 번 도항하여 울릉도 산물을 일본국내에서 판매하거나 또는 울릉도에서 일본의 물품을 외국인에게 판매했을 가능성도 있다.

어디까지나 속설이기는 하지만 하치에몬 본인이 울릉도 도항을 통해 거대한 이익을 얻었을 뿐 아니라, 번청에도 막대한 헌상금을 납부했다고 전해진다. 하마다 지역에서는 이것이 마치 사실처럼 전승되어 근대 이후 '하치에몬은 지역경제 발전에 공헌한 인물'이라는 긍정적인 평가가 정착되었다.[52)]

현 단계에서 그의 도항과 번 재정과의 실질적인 관련성을 증명해내기는 어렵다. 다만 에도 시대의 사회구조를 고려해볼 때 이 정도로 번의 지배층이 다수 개입된 사건의 경우 번의 재정과 전혀 무관한 영역에서 그 수익이 활용되는 것이 과연 가능했을까. 앞서 살펴보았

---

52) 쇼와(昭和) 초기 이후 하마다에서 하치에몬은 '향토 하마다를 위해 노력한 사람', '대외무역의 선구자' 등으로 평가되기 시작하였다. 1935년 12월 하마다 시(浜田市) 마쓰바라(松原) 자치협회는 하치에몬 서거 100주년을 기념하여 마쓰바라만(松平灣) 입구의 바다로 돌출된 장소에 '會津屋八右衛門氏頌德碑'를 건립했다.

듯이 번의 일부 상층부는 죽도가 조선이라는 사실을 숙지하면서도 그 도해를 인정했는데, 번고 수입에 일익이 되지 않을 불법적인 해외 도항을 허가해줄 번이 과연 존재했을까.

그렇다면 하마다 번이 하치에몬의 불법적인 도항을 '실질적으로 추진'하게 된 이유는 무엇이었을까. 이 점에 관해서는 그 원인을 역대 하마다 번주들의 막각(幕閣)에서의 정치적 출세에 동반되는 '정치자금의 창출'에서 찾는 견해가 있다.[53]

야스토의 조부(祖父)인 야스요시(康福 : 1719~1789)는 미카와 오카자키 번(三河岡崎藩)에서 하마다 번으로 전봉된 인물로, 막부에서는 소샤반(奏者番), 지샤부교(寺社奉行), 오사카조다이(大坂城代)를 거쳐 로주에 발탁되었다. 다누마 오키쓰구(田沼意次)의 전성기이던 1781년, 야스요시는 로주 수좌의 지위에 올랐고 다누마와 사돈관계를 맺었다. 뇌물정처로 상징되는 다누마 시대에 야스요시가 막부에서 그 정

아이즈야 하치에몬 씨 송덕비
하마다 시 마쓰바라 만

또한 마을을 사랑하고 자신의 지혜와 행동력과 책임에 의해 훌륭한 마을을 건설할 수 있는 사람들을 육성한다는 취지로 '하치에몬 운동'이 행해졌을 정도이다. 현재도 하마다에서 그는 번 재정을 궁핍에서 구해낸 바다의 남자로 칭송되고 있다.

http://www.hiroshima.jtua.or.jp/telecomN/tel0007/man_main.htm
http://www2.crosstalk.or.jp/shinmachi/kankou/etc/aizuya81.htm.

53) 兒島峻平, 앞의 논문, pp.69~71.

도의 지위에 오르기까지 투입된 금품의 양은 상상을 초월했을 것이다.

그의 손자 야스토 역시 지샤부교, 오사카조다이, 교토쇼시다이 등 막부의 요직을 두루 거쳐 로주가 되었다. 막부에서 이와 같은 출세가도를 달리기 위해서는 거기에 상응하는 정치자금이 필요한데, 하마다 번에서 그 정치자금의 보급 임무를 맡고 있었던 사람이 바로 구니모토가로(國元家老)인 오카다 다노모였다고 한다.

막부는 죽도 도해 사건에 한해서는 야스토에게 실질적인 책임을 거의 묻지 않았다. 그것은 이 사건의 핵심인물이자 하치에몬의 죽도 도해를 지휘한 실질적인 장본인인 가로 오카다와 마쓰이가 자결하는 바람에, 그들을 통해 야스토의 관여여부를 증명해 내기가 불가능했기 때문이었을 것이다.

그렇지만 센고쿠 잇켄의 평결에서 로주 실각, 은거(隱居) 및 전봉(轉封)이라는 무거운 처벌을 받았다는 것은 일찌감치 하마다 번의 '죽도(울릉도) 밀상(密商)'에 관한 정보를 입수한 막부가 암묵적으로는 죽도 도항에 대한 책임도 이 처벌에 포함시켰다고 볼 수 있을 것이다.

4. 막부의 '제2차 죽도(울릉도)도해금지령'이 의미하는 것

1836년 하치에몬의 죽도 도해 사건에 관한 평결을 종결지은 막부는 이듬해가 되자 법령을 발포하였다. 막부는 조사과정에서 거듭 '죽도는 겐로쿠(元祿)시대 이래 막부가 도해정지(渡海停止)를 명한 곳이므로, 죽도 도해는 이국도해(異國渡海)의 금(禁)에 위배된다'는 입장을 취하였다. 여기에서 '겐로쿠시대 이래 막부가 죽도 도해정지를 명하였다'

는 것은 바로 17세기 말에 발생한 '울릉도쟁계'를 통해 막부가 내린 최종적인 결정을 의미한다. 1837년, 막부는 국내에 '죽도도해금지어촉(竹島渡海禁止御觸)'을 발포하여 재차 '일본인의 죽도 도해금지' 의사를 천명하였다.

'죽도도해금지어촉'은 1837년 2월자로 막부가 오메쓰케(大目付) 앞으로 하달한 것으로, 전국의 막부령과 다이묘령(大名領)에 오후레(御觸)[54]로 알리도록 조처되었다. '죽도도해금지어촉'의 전문(全文)은 다음과 같다.

一. 天保八(1837) 酉 2월 오후레(御觸)

이번에 마쓰다이라 스오노카미(松平周防守 : 마쓰다이라 야스토)의 전(前) 영지[55] 이와미노쿠니 하마다 마쓰바라우라(石州浜田松原浦)에 거주하는 무숙(無宿) 하치에몬이 죽도(울릉도)에 도해한 사건을 조사하여 하치에몬과 그 외 관련자들을 엄벌에 처하였다. 울릉도는 먼 옛날 호키노쿠니 요나고(米子) 사람들이 도해하여 어로활동을 했으나 겐로쿠(元祿)시대에 조선국에 건네준 이래 도해정지를 명한 곳이었다. 무릇 이국도해(異國渡海)는 엄중하게 금지된 사항이므로 향후 죽도도 마찬가지라는 점을 명심하여 도해해서는 안 된다. 물론 일본 각지를 항해하는 회선(廻船)은 해상에서 이국선(異國船)과 만나지 않도록 항로 등에 주의할 것을 이전에 공지한 대로 지켜야 하며, 가능한

---

54) 후레(觸)란 전근대 일본에서 지배자가 일반인에게 법령의 내용을 알리는 방식이자 일종의 법률 형식이기도 했다. 오후레(御觸, お觸)라고 불리기도 하며, 후레를 기록한 문서를 후레가키(觸書)라 한다.

55) 후레가키(觸書)에서 '이와미노쿠니 하마다'가 마쓰다이라 스오노카미(마쓰다이라 야스토)의 '前 영지'라고 표현된 이유는 그가 센고쿠 잇켄(仙石一件)의 평결에 따라 이미 번주에서 물러났고, 1836년 막부에 의해 轉封되었기 때문이다.

원양(遠洋)지역을 항해하지 않도록 해야 한다.

위의 내용을 막부령은 대관(代官)이, 사령(私領)은 영주가 항구·촌정 (村町)에 빠짐없이 공지하고, 후레가키(觸書)의 내용을 목판에 기재하 여 고사쓰바(高札場)[56]에 게시하여야 한다.

2월

위와 같이 공지함[57]

1696년에도 막부에 의해 '죽도도해금지령'이 하달되기는 했으나 이는 막부가 돗토리 번주 이케다 씨(池田氏) 앞으로 발급한 것이었다. 17세기 말 막부는 '울릉도쟁계'를 처리하는 과정에서 竹嶋(울릉도)와 松嶋(독도)가 돗토리 번의 영역이 아니라는 점을 확인하기는 했으나, 이러한 사실과 함께 '죽도도해금지'가 돗토리 번 이외의 지역에 공식 적으로 통지된 것은 아니었다.

따라서 죽도가 곧 조선의 영토이자 도해 금지구역이라는 사실에

---

56) 고사쓰(高札)란 각종 법령 또는 범죄자의 죄목을 판에 써서 사람들 눈에 잘 띄도록 세워놓은 것을 말한다.

57) 『御触書天保集成』 62, 高札之部, 岩波書店, 1941, p.135. 원문은 다음과 같다.

大目付え

今度松平周防守元領分、石州濱田松原浦ニ罷在候無宿八右衛門、竹嶋え渡海致候 一件、吟味之上、右八右衛門其外夫々嚴科ニ被行候、右島往古は伯州米子之もの 共渡海、魚漁等致し候といえとも、元祿之度朝鮮國え御渡しニ相成候以來、渡海停 止被仰付候場所ニ有之、都て異國渡海之儀は、重キ御制禁ニ候條、向後右嶋之儀 は同樣相心得、渡海致すましく候、勿論國々之廻船等、海上ニおゐて異國船ニ不出 會樣、乘筋等心掛可申旨、先年も相触候通弥相守、以來は可成丈遠沖乘不致樣、 乘廻り可申候

　　右之趣御料は御代官、私領は領主地頭より浦方村町共不洩樣可触知候、尤触 書之趣板札に認、高札場等ニ掛置可申もの也

二月

右之通可被相触候

관한 인지도는 지역에 따라 편차가 있었을 것으로 짐작된다. 이것은 처음 하치에몬의 죽도 도항 의사를 접한 하마다 번 관계자들이 '죽도가 어느 국지(國地)인지 소속이 불분명하다'라는 반응을 보인 사실과, 그 후 자번(自藩)의 기록물이 아닌 쓰시마 번의 기록을 통해 사실관계를 확인한 점 등에서 극명하게 드러난다.

반면 쓰시마 번은 조선통교를 전담하는 번의 특성상, 그리고 17세기 말 울릉도쟁계 때 막부의 결정사항을 조선에 전달한 당사자이므로, 죽도가 도항금지 지역이라는 사실의 인지도는 하마다 번에 비해 상대적으로 높았다. 또한 쓰시마 번에는 과거 조일 간에 죽도의 소속을 둘러싸고 전개된 교섭에 관한 기록물도 전승되고 있었다. 이처럼 죽도에 관한 지식은 지역에 따라 격차가 있었기 때문에, 하마다 번뿐만 아니라 심지어 막부조차 죽도에 관한 정보를 쓰시마 번에 문의했을 정도였다.

쓰시마 번 宗家記錄 『答申書』에 의하면, 1836년 7월 막부는 하치에몬 사건의 관련자들을 조사하는 과정에서 '근년 세키슈(石州 : 하마다 번)의 주민이 오키를 거쳐 죽도에 건너가 시나가에(品替)를 했다고 들어 엄중하게 조사하는 중'이라면서, 쓰시마 번에 죽도와 송도에 관해 물었다. 그 중 '죽도와 송도 모두 조선의 울릉도(蔚陵嶋)인가, 아니면 죽도는 울릉도이고 송도는 조선 외의 땅인가'라는 막부의 질의에 대해, 쓰시마 번은 다음과 같이 답변했다.

조선국 강원도 울진현의 동해(東海) 중에 울릉도(蔚陵嶋)라는 이도(離島)가 있는데 일본에서는 '竹島'라 부릅니다. (중략) 송도(松嶋)에 관해 겐로쿠 년(元祿年) 로주 아베분고노카미(阿部豊後守) 님께서 물어보셨을 때, '죽도 근처에 송도라는 섬이 있어 이곳에 일본인이 도해하

『答申書』

여 어로 활동을 했다는 아랫사람들의 풍설(風說)을 들었다'는 답변이 유서(留書)에 있기는 합니다. 죽도와 마찬가지로 일본인이 도해하여 어로 활동하는 것이 금지된 섬이라고 생각되지만, 확정지어 대답하기는 어렵습니다. (중략) 조선의 지도(地圖)로 보건대 울릉(蔚陵)·우산(于山) 두 섬이 있는데, 죽도에 조선 어민들이 건너가며 목재가 많아 배를 만들기 위해 건너간다고 합니다. 주민은 없으며 조선의 관리가 때때로 조사를 하러 도해한다고 들었습니다.[58]

위 사료에서 알 수 있듯이 쓰시마 번은 19세기 중반의 시점에도 일본에서 죽도라고 부르는 섬이 조선 강원도의 울릉도라는 사실을 명확하게 알고 있었다. 그러나 쓰시마 번의 경우도 울릉도에 비해 상대적으로 송도(독도)에 관한 지식은 불명확했다. 그 이유는 아마 17세기 말 울릉도쟁계에서 쓰시마 번이 조선과의 교섭에서 중점적으로 다루었던 대상이 울릉도였기 때문일 것이다. 이처럼 돗토리 번 요나고의 오야 씨·무라카와 씨, 하마다 번, 쓰시마 번이 울릉도와

---

58) 對馬藩宗家記錄, 『答申書』(한국국사편찬위원회 소장, 古文書 No.4013).

독도의 소속에 관해 가지고 있던 지식의 내용은, 그들이 17세기 말 울릉도쟁계에 관여한 형태라든가 울릉도쟁계의 결과로 인해 입게 된 영향의 정도에 따라 제각기 달랐다.[59]

어쨌든 1837년의 '죽도도해금지어촉(竹島渡海禁止御觸)'은 전국법령의 형식으로 발포되었다. 이는 하치에몬 사건을 계기로 하여 막부가 '죽도 도해' 행위가 내포하는 위법성(違法性)의 연유과 중대성을 전국적인 범위로 주지시켜야 할 필요성을 느꼈기 때문일 것이다. 이 오후레에는 '이국도해(異國渡海)는 엄중하게 금지된 사항이고 향후 죽도도 마찬가지이다'고 하여, 죽도가 조선의 영역이며 죽도 도해는 곧 '이국도해의 금(禁)'에 위반된다는 사실이 명시되어 있었다.

5. 맺음말

이 장에서는 18세기에서 19세기 전반에 이르는 기간 동안 울릉도 도해에 관한 조일 양국의 정책과 양국민의 도해 실태를 살펴보았다.

18세기 이후 울릉도를 둘러싼 조선의 정황은 조선정부의 수토정책 (搜討政策)과 조선인의 울릉도 산물 획득활동을 중심으로 전개되었다. 변장(邊將)의 수토는 1699년부터 정기적으로 시행되기 시작했고, 조선정부가 1882년 이주에 의한 개척방침으로 전환하면서 울릉도

---

59) 池內敏는 당시 막부가 쓰시마 번에는 문의했으나 돗토리 번에는 문의한 형적은 보이지 않으며, 쓰시마 번 에도 번저의 루스이(留守居)가 답변서를 제출했다고 보았다. 池內敏, 앞의 책, pp.81~82, p.371. 결국 막부는 17세기 말 울릉도쟁계에서는 울릉도와 독도의 소속을 돗토리 번에 문의했고, 19세기 하치에몬 사건에서는 쓰시마 번에 문의하는 등, 막부 내에서 죽도(울릉도)와 송도(독도)에 관한 지식이 계승되지 않는 경향이 현저했다.

수토는 1894년에 공식적으로 폐지되었다.

수토제가 강화된 이후에도 조선인의 울릉도 도항은 계속되었다. 특히 18세기 후반에는 인삼을 채취하기 위해 울릉도에 출입하는 사례가 증가했다. 정조대에 이르자 울릉도의 산삼을 적극적으로 활용하기 위해 수토 시에 수토관과 채삼군(採蔘軍)을 함께 파견하기도 했으나, 오히려 폐해가 더 많다는 주장으로 인해 1799년 채삼군의 파견은 중단되었다.

한편 1696년 에도 막부가 돗토리 번에 '죽도도해금지'를 명한 이후에도 오키(隱岐), 나가토(長門), 이와미(石見) 지역의 주민들은 울릉도에 출입하고 있었다. 1836년대에 발각된 하마다 번(浜田藩) 이마즈야 하치에몬(今津屋八右衛門)의 울릉도 도항은 막부 내부의 권력투쟁과도 연동되어 일본 국내에서 울릉도 도항문제를 재점검하는 계기가 되었다. 하마다 번의 회선업자 하치에몬의 울릉도 도항은 사실상 번청의 비공식적인 허가와 조력 하에 추진된 것이었다. 하마다 번의 상층부는 과거 '울릉도쟁계'에 관한 쓰시마 번의 문건을 조사하여 죽도가 조선의 영역이라는 사실도 숙지하고 있었다.

막부의 조사 판결문에는 이국도해금령(異國渡海禁令)을 어긴 점만이 죄목으로 거론되어 있으나, 하치에몬이 울릉도에서 이국인(異國人)을 상대로 일본의 '도검류(刀劍類)'를 판매했다는 문헌기록도 존재한다. 추측하건대 적어도 하치에몬은 막부에 발각되기까지 수년의 세월 동안 울릉도에 여러 번 도항했을 가능성이 크다. 또한 번청에의 사전 신고를 전제로 해서 감행된 도항인 만큼 도항을 통해 창출된 수익의 일부가 번고(藩庫)로 들어갔을 가능성 역시 부정하기 어렵다.

또 하나 이 사건에서 주목해야 할 점은 하치에몬 사건 이듬해인 1837년, 막부가 전국법령의 형식으로 '죽도도해금지어촉'을 발포했다는 사실이다. 이는 하치에몬 사건이 계기가 되어 '죽도 도해' 행위가 내포하는 위법성(違法性)의 연유과 중대성을 전국적인 범위로 일반에게 주지시켜야 할 필요성을 절감했기 때문일 것이다. 이 오후레에는 '이국도해(異國渡海)는 엄중하게 금지된 사항이고 향후 죽도도 마찬가지이다'라고 해서, 죽도가 조선의 영역이며 죽도 도항는 '이국도해의 금', 곧 막부의 쇄국정책에 위반된다는 사실이 명시되어 있다.

제6장 사료소개
하치에몬(八右衛門) 사건을 기록한 일본 사료

1. 『천보잡기(天保雜記)』

19세기에 일본에서 작성된 『天保雜記』라는 편찬물에는 1830년대에 발생한 일본인의 울릉도 도해 사건과 그와 관련된 문서군이 수록되어 있다. 이 사건은 흔히 '하치에몬(八右衛門) 사건'으로 통칭되곤 하는데 그것에 관한 기본적인 사료가 『天保雜記』에 수록되어 있다는 사실은 그다지 알려져 있지 않다.

『天保雜記』는 후지카와 세이사이(藤川整齋)의 자필교본으로 추정되며 성립 시기는 명확하지 않다. 후지카와 세이사이(1791~1862)의 통칭은 야지로에몬(彌次郎右衛門), 이름은 다다시(貞), 호는 세이사이(整齋)로, 고즈케(上野 : 군마 현) 누마다 번주(沼田藩主) 도키(土岐) 씨 휘하에서 검술(劍術) 지도를 담당하던 후지카와 치카요시(藤川近義)의 손자로 태어났다.

세이사이는 당시 검사(劍士)로 유명했는데 평생토록 출사(出仕)하지 않고 검술사범을 생업으로 삼는 한편 고사잡설(故事雜說)을 수집하고 저술하는 작업에 열정을 쏟았다. 그 결과 이 책에서 소개할 『天保雜記』를 비롯하여 『文政雜記』, 『弘化雜記』, 『嘉永雜記』, 『安政雜記』 등 5개의 『雜記』와, 『出石紀聞』, 『故事雜說鈔』, 『矢拵之圖式』, 『靈劍略解』 등의 저술을 남겼다.

『天保雜記』원본 표지

『天保雜記』는 1831년(天保 2)부터 1844년(天保 15)까지의 기록류와 문서 742점을 거의 연대순으로 수록한 편찬물이다. 반샤노고쿠(蠻社の獄),[1] 쇼군 도쿠가와 이에나리(德川家齊)의 은퇴와 이에요시(家慶)의 습직(襲封), 에도 성 니시노마루의 화재, 아편전쟁 등 이 시기의 사건들에 관한 후레가키(觸書), 풍문(風聞)을 게재하고 있고, 1841년부터 시작된 로주(老中) 미즈노 다다구니(水野忠邦)의 막정(幕政)개혁(천보개혁)에 관한 주요한 기록이 적지 않게 실려 있다.

대개 무사의 저술은 막부의 동정이나 전봉(轉封), 인사이동과 같이 무가(武家)를 중심으로 한 내용에 편중되어 있는 경향이 있는데, 『天保雜記』는 법령과 같은 공적인 기록뿐만 아니라 기문(奇聞),[2] 풍설(風說), 교카(狂歌),[3] 가와라반(瓦板),[4] 니시키에(錦繪)[5] 등에 관한 기술

---

1) 1839년 에도 막부가 와타나베 가잔(渡邊崋山), 다카노 조에이(高野長英) 등의 蘭學者를 탄압한 사건. 와타나베 가잔, 다카노 조에이 등이 막부의 이코쿠센 우치하라이레이(外國船打拂令)에 의해 되돌아간 모리슨 호 사건을 비판하고 막부의 쇄국정책을 비난했다는 이유로 체포되어 처벌을 받았다.

2) 진귀한 소문, 이야기. 奇談.

3) 교카(狂歌)란 사회풍자, 비아냥, 해학을 담아 5·7·5·7·7의 음으로 이루어진 短歌이다.

4) 가와라반(瓦板)이란 점토에 문자, 그림 등을 조각해서 기와처럼 구운 것을

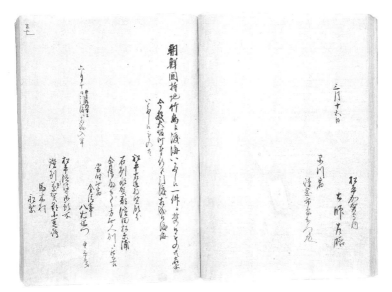

『天保雜記』의 울릉도 도해 부분

이 많아, 당시 서민사회의 움직임과 개혁에 관한 그들의 입장을 파악하는 데 도움이 된다. 『天保雜記』는 『藤岡屋日記』[6]와 함께 천보기(1830~1843) 교토, 오사카, 에도의 상황은 물론이거니와 일본사회의 동향을 연구하는 데 귀중한 사료이다.

『天保雜記』는 총 56책으로 이루어져 있는데 울릉도 도해문제와 관련된 문서들은 제18책에 수록되어 있다. 앞의 사진은 『天保雜記』 원본

原版으로 하여 한 장으로 찍어낸 인쇄물을 가리킨다. 에도 시대에는 주로 사건 급보에 사용되었다. 실제로는 목판으로 찍은 것이 많았다.

5) 니시키에(錦繪)란 풍속화를 다색으로 인쇄한 목판화이다.

6) 『藤岡屋日記』는 에도 시대 말기, 에도를 중심으로 일어난 사건이나 소문 등을 스토 요시조(須藤由藏)가 상세하게 기록한 일기를 편년으로 정리한 것이다. 전 152卷 150冊. 채록 시기는 1804년(文化 元年)에서 1868년(明治 元年)까지 65년간에 이른다.

에서 울릉도 도해와 관련된 기록이 시작되는 첫 부분(좌)이다. 전문(全文)이 일본 근세 초서체로 쓰였으며, 전체 분량은 총 56페이지이다.

『天保雜記』의 전체 목차에서 해당사료의 제목만 발췌하면 다음과 같다.

■「竹島江渡海いたし候一件(天保七年六月)」

  (울릉도에 도해한 사건[1836년 6월])

■「松平周防守家來揚屋入御届」

  (마쓰다이라 스오노카미[마쓰다이라 야스토]의 가신(家臣)이 미결수 감옥에 투옥되었음을 알림)

■「松平周防守所替ニ付伺書」

  (마쓰다이라 스오노카미의 전봉(轉封)에 관한 문의서)

■「松平周防守家來等竹島渡海御咎」

  (마쓰다이라 스오노카미의 가신 등이 울릉도에 도해한 것에 대한 처벌)

■「竹島渡海御制禁之御触(天保八年二月)」

  (울릉도 도해 금지에 관한 법령[1837년 2월])

■「竹島一件取扱候人々御褒美(天保八年三月)」

  (울릉도 도해 사건을 담당한 사람들에 대한 포상[1837년 3월])

전체 목차에는 위처럼 제목이 나열되어 있으나 실제로 본문의 문서에는 제목이 기재되어 있지 않다. 전체 목차에 나열된 제목들은 문서의 내용을 기준으로 하여 붙여진 일종의 '주제'에 해당된다고 생각된다.

242

제5장에서 인용한 바와 같이 위의 사료들은 하마다 번(浜田藩)과 오사카, 에도 지역 거주자들이 울릉도에 도해한 사건에 관한 기록이다. 주모자와 관계자들은 막부의 조사를 거쳐 '이국도해(異國渡海)의 법을 어기고 조선의 울릉도에 도해'한 죄목으로 대거 처벌되었다. 이 사건은 에도 시대에 발각된 밀무역 사건 중에서는 가담자의 숫자도 비교적 많은 편이었고, 사회적인 파장도 적지 않았다. 무엇보다도 하마다 번의 상급가신들을 비롯하여 하마다 번의 번주이자 당시 막부의 최고직인 로주(老中)를 역임한 바 있는 마쓰다이라 야스토(松平康任)가 개입되었다는 점이 이 사건의 특징이기도 하다.

『天保雜記』에는 바로 이 울릉도 도해 사건과 관련된 기록들이 시간 순으로 배열되어 있다. 그 내용을 살펴보면 1836년 막부가 본격적으로 조사에 나서면서 소환된 관계자들의 소속과 신원사항, 사건의 조사 경과, 관련자 개개인에 대한 판결 결과, 1837년에 발포된 막부의 죽도 도해금지령 등을 담고 있다. 그리고 마지막 부분은 연루된 자들의 조사를 담당했던 막부 관리들에게 포상을 내리는 문서로 끝을 맺고 있다. 전체에 걸쳐 막부의 조사 과정과 최종판결이 비교적 상세하게 기록되어 있다.

특히 주목할 만한 부분은 이 사건을 계기로 하여 막부가 발포한 법령이다. 1837년(天保 8), 막부는 일본국내에 '죽도도해금지어촉(竹島渡海禁止御觸)'을 발포함으로써 재차 '일본인의 울릉도 도해금지'의 의사를 천명하였다. 1696년(元祿 9)의 '울릉도 도해 금지령'은 에도 막부가 돗토리 번주 이케다 씨(池田)에게 발급한 개별명령의 형식을 취하고 있던 것에 비해, 천보기의 '죽도도해금지어촉'은 전국법령의 형식으로 발포되었다. 결국 에도 시대에 막부는 '죽도도해금지령(竹島渡海禁止令)'을 두 차례 발포함으로써 울릉도가 조선령이라는 사실을 확인했던 것이다.

『天保雜記』는 『文政雜記』『弘化雜記』『嘉永雜記』『安政雜記』와 함께 1876년(明治 9), 세이사이의 아들 후지카와 히로시(藤川寬)에 의해 태정관 수사국(修史局)에 헌납되었고, 그 후 수사국에서 내각문고로 이관되었다. 그 외에 전사본(傳寫本)은 없는 듯하다. 『天保雜記』는 1983년 규코쇼인(汲古書院)에서 「內閣文庫所藏史籍叢刊」 32·33·34으로 출간되었다. 「內閣文庫所藏史籍叢刊」으로 출간된 『天保雜記』는 한 페이지에 원본 사료 네 페이지가 상하 2단으로 배치되어 총 14페이지의 분량으로 이루어져 있다. 위에서 소개한 '1837년 죽도도해금지촉서'의 초서체 전문 사진은 「內閣文庫所藏史籍叢刊」에 수록된 것이다.

울릉도에 도해한 당사자인 하마다 번의 하치에몬(八右衛門)의 공술조서 『죽도도해일건기(竹島渡海一件記)』(도쿄 대학 부속도서관 소장)와 함께 『天保雜記』는 19세기 초 울릉도 도해사건의 기본적인 사항을 파악하는 데 빼놓을 수 없는 사료이다.

2. 『죽도도해일건기 전(竹島渡海一件記 全)』

이 사료는 1830년대에 발생한 일본인의 울릉도 도항 사건에서 사건의 당사자인 이마즈야 하치에몬(今津屋八右衛門)이 막부의 조사를 받았을 때 작성된 공술조서(供述調書) 초록(抄錄)이다. 현재 일본 도쿄 대학(東京大學) 부속도서관에 소장되어 있다. 이 책에서는 사료 원문과 그것에 해당하는 번역문[7]을 교대로 배치하였다. 번역문은 총 20여

---

7) 번역은 직역을 원칙으로 하되, 문투를 어색하게 하지 않기 위해 가급적 현대적인

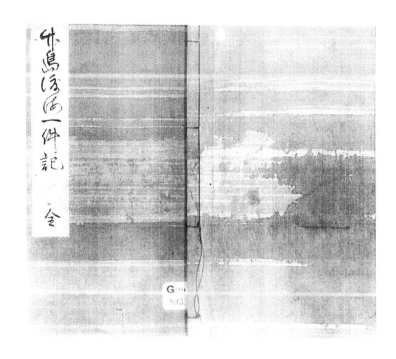

개로 구획을 나누었는데 하나의 구획은 사료 원문의 1쪽에 해당한다.

표현으로 바꾸었다. 내용의 이해를 돕기 위해 원문 한자표기가 필요한 곳은
괄호로 부기하였다.

조선의 땅 竹嶋(울릉도)에 도해한 사건의 대략

세키슈(石州)[8) 나가군(那賀郡) 하마다(濱田)[9) 마쓰바라무라(松原村)
이마즈야(今津屋) 기쿠[10)의 거처에
인별장(人別帳)에서 제외된 채로 있었다.
당시 무숙(無宿)이자
긴세이(金淸)[11)인
하치에몬(八右衛門)의 공술
신(申)[12) 39세

---

8) 세키슈(石州)란 이와미노쿠니(石見國)를 가리킨다. 이와미노쿠니는 현재 시마네
현(島根縣)의 일부이자 야마구치 현(山口縣)과 인접한 지역이다.

9) 하마다 번(浜田藩)에 관해서는 제5장의 각주 23) 참조.

10) 기쿠는 이마즈야 하치에몬의 모친.

11) 긴세이(金淸)는 본 사료의 주인공 이마즈야 하치에몬의 다른 이름이다. 그의
공술서에는 家名이 '이마즈야(今津屋)'로 기재되어 있으나 '아이즈야(會津屋)'로
알려져 있기도 하다. 하치에몬의 부친 세이스케(淸助)는 하마다 번 御用船 '神福丸'
의 船頭이기도 했다.

나는 조선의 땅 竹嶋(울릉도)에 도해한 전말에 관해 조사를 받게 되었다. 전에 나는 서면(書面)으로 마쓰바라우라(松原浦)에서 이마즈야 하치에몬(今津屋八右衛門)이라는 가호(家號)와 이름을 제출한 바 있다. 회선(廻船)[13] 한 척을 소지하고 선두(船頭)를 하면서 생활하고 있다. 竹嶋(울릉도)에 가장 가까운 해로는 마쓰마에(松前)[14]로 가는 항로이다. 나도 이전부터 때때로 마쓰마에에 도항하며 그 때마다 (竹嶋를) 멀리서 보았다. 원래 그 섬은 이와미노쿠니(石見國)의 해안에서

---

12) 막부의 조사를 받은 1836년(丙申)에 39세가 되었다는 의미로 추정된다.

13) 廻船(回船)이란 일본의 연안 항로를 따라 여객이나 화물을 운송하는 선박이다.

14) 마쓰마에 번(松前藩)은 현재 홋카이도(北海道) 마쓰마에군(松前郡) 마쓰마에초(松前町)에 위치한 번이다. 에도 시대를 통해 번주는 마쓰마에 씨(松前氏)였다.

북북서(亥子) 방향에 있고, 해상(海上)으로 백리(百里) 정도 떨어져서, 일명 울릉도(鬱陵嶋)라고도 부르는 빈 섬이다. 초목(草木)이 우거지고 해안가에는 전복과 그 밖의 어류들이 풍부하게 있는 모습이었다. 그래서 이 섬에 도해하여 초목을 베고 어업을 한다면 나 자신에게 이득이 될 뿐만 아니라 막대한 국익이 될 것이라고 여겨 도항을 허가받을 수 있도록 청원해야겠다는 생각을 품고 있었다. 그러던 차에 7년 전인 寅年(庚寅：1830년) 7월,

마쓰다이라 엣추노카미 님(松平越中守樣) 아즈카리쇼(預所)[15] 에치고노쿠니(越後國)[16] 무라(村)에서 거두어들이는 연공미(年貢米)[17]를 에도까지 운반하는 일을 맡아, 에치고노쿠니 니이가타(新潟)에서 각각 선적하고 즉시 출범했다. 때로 난풍(難風)을 만나기도 했지만 이듬해 묘년(卯年 : 辛卯 : 1831년) 7월 에도에 도착하여 회미(廻米)를 문제없이 전달했고, 그 배는 손상된 터라 어쩔 수 없이 폐선(廢船)시켰다. 선원과 수부들을 모두 돌려보내고 나는 용무가 있어 그대로 여관에 머물렀다.

---

15) 아즈카리쇼(預所) : 아즈카리치(預地)라고도 한다. 에도 시대에 다이묘(大名), 하타모토(旗本)나 에도의 나누시(名主)가 보관을 위임받은 막부의 직할지.

16) 옛 國名. 현재 니가타(新潟) 현의 대부분에 해당한다.

17) 年貢이란 장원영주나 다이묘가 농민에게 부과한 조세로, 연공미는 연공으로 납부하는 쌀을 의미한다. 매년 납부하는 貢租라는 의미이다.

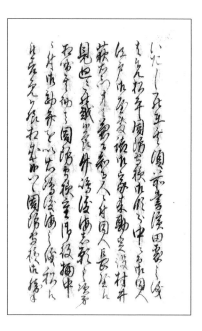

그 무렵 앞서 언급한 하마다 번(濱田藩)은 이전엔 마쓰다이라 스오노카미님(松平周防守樣)[18]의 영지였다.[19] 마쓰다이라 스오노카미 님의 에도

18) 마쓰다이라 스오노카미(松平周防守)는 마쓰다이라 야스토(松平康任)로, 하마다 번에 입번한 마쓰다이라 씨로는 제3대 번주에 해당하는 인물이다. 마쓰다이라 야스토는 부친 마쓰다이라 야스사다(松平康定)를 이어 1807년 하마다 번의 번주가 되었고, 막부의 제11대 쇼군 이에나리(家齊)의 치세 기간 중 로주로 재직(1827년 11월~1835년 10월)했다. 로주에 취임하기 전 야스토는 寺社奉行, 大阪城代, 京都所司代 등 막부 요직을 두루 역임하였다. 덴포(天保) 개혁을 주도한 로주 미즈노 다다쿠니(水野忠邦, 재직기간 : 1828~1845)와 재직기간이 일부 중복되기도 한다.

19) 마쓰다이라 야스토는 울릉도 도해 사건이 표면화되기 이전인 1835년, '센고쿠 잇켄(仙石一件)'으로 통칭되는 정치사건에 연루되어 그에 대한 책임을 지는 형태로 로주의 자리에서 물러났다. 더구나 막부는 1835년 12월 야스토에게 인쿄(隱居) 처분을 내리는 한편 가까운 시일 내에 영지변경(國替)이 뒤따를 것이라는 판결을 내렸다. 그의 嫡子 야스타카(康爵)가 家督을 상속한 상태인 1836년 3월 막부는 야스타카에게 다나구라(棚倉 : 후쿠시마 현)로의 징벌적인 轉封 명령을 내렸다. 막부가 하치에몬의 울릉도 도해 사건을 본격적으로 조사하기 시작한 1836년 6월 무렵 야스토는 막부의 평결에 따라 이미 로주에서 물러났고

번저(江戶御屋敷)에 근무하는 가신(家臣) 간조야쿠(勘定役)[20] 무라이 오기에몬(村井荻右衛門)이라는 사람을 전부터 알고 있었는데, 그 사람이 거처하는 나가야(長屋)[21]에 인사드리러 갔을 때 竹嶋(울릉도)에 도항하고 싶다는 의사를 밝혔다. 그 때 스오노카미 님이 중요한 직책에 계시던 중이라[22] 잘 판단하셔서 내게 울릉도 도해를 허가해 주신다면, 스오노카미 님의 경제 사정에

번주의 지위도 아들 야스타카에게 물려준 상태였다. 하치에몬이 '하마다 번은 이전 마스다이라 야스토의 영지였다'라고 진술한 것은 이 때문이다.

20) 재정담당관.

21) 행랑채처럼 길게 지어서 칸칸이 방을 만든 건물. 에도 시대 상인들의 가옥. 다이묘 저택의 부지 안에도 나가야를 만들고 家臣들을 살게 했다.

22) 하치에몬이 하마다 번사 무라이 오기에몬에게 울릉도 도항의사를 밝힌 1831년은 번주 마쓰다이라 야스토가 로주로 재직하고 있던 시기였기 때문에, '중요한 직책에 계시던 중'이라고 표현했다.

도움이 되는 건 물론이거니와 무엇보다도 국익(國益)에 큰 도움이 될 테니 선처해줄 것을 오기에몬 님께 부탁했다. 그러자 "그것만으로는 진중하게 느껴지지 않으니 잘 조사해서 의견서를 제출해보라"는 답변을 얻었다. 잘 알겠다며 여관에 돌아가 정성껏 의견서를 작성했다. 의견서의 문면은 다음과 같았다. "일전에 멀리서 바라본 바에 의하면 竹嶋 이외에 마쓰시마(松嶋 : 독도)라고 해서 이와미노쿠니(石見國)[23] 해안에서 북쪽 방향(子之方)으로 해상(海上)

---

23) 옛 國名. 현재 시마네 현(島根縣)의 서부.

70, 80리 정도 떨어진 작은 섬이 있고, 마쓰(松)·다케(竹) 두 섬 모두 완전히 빈 섬으로 보인다. 그대로 방치하는 것도 매우 안타까우니 목초를 벌채하고 어업도 하면 자기의 이득이 될 뿐만 아니라 막대한 국익이 될 거라고 판단하였다. 그러니 스오노카미 님께 납부할 묘가킨(冥加銀)[24]은 시험 삼아서 도항을 해 본 연후에 납부액의 비율을 정할 터이니 두 섬에의 도해허가를 청원한다"는 내용을 자필로 작성하였다. 같은 해 8월 날짜는 기억하지 못하지만

---

24) 에도 시대 雜稅의 일종. 본래는 상, 공, 어업과 그 외 다른 영업자가 막부 또는 번주로부터 영업을 허가받거나 특수한 보호를 받은 것에 대한 獻金을 말한다. 후에 막부의 재정보충을 위해 영업자에게 매년 비율을 정하여 과세하거나 상납시킨 금전을 가리키기도 한다. 묘가킨(冥加金)이라고 칭하기도 한다.

오기에몬 님께 가지고 갔더니 자신의 상관이자 스오노카미 님의 가신 (家臣) 간조가시라(勘定頭) 오타니 사쿠헤이(大谷作兵衛)에게 곧바로 데려갔다. 자세히 문건(의견서)을 보고나서 다시 두 섬에 관해 묻기에 전과 마찬가지로 대답했다. 그러자 뒤이어 지시를 내릴 것이니 먼저 귀국하라고 사쿠헤이께서 명하셨다. 그렇게 알고 다른 용무도 보았다. 날짜는 기억못하지만 11월에 에도를 떠나 12월 그믐 육로로 귀국했다.

이듬해 진년(辰年 : 壬辰 : 1832년) 정월 11일, 스오노카미 님의 재번 (在藩) 가로(家老) 오카다 다노모(岡田賴母) 님의 수하 하시모토 산베에(橋本三兵衛) 님이 나를 불러, 위의 의견서가 에도로부터 다노모 님께로 전달된 사실을 알려주고 가능성[25]에 관해 재차 질문하셨다. 이 또한 전과 마찬가지로 대답했다. 다노모 님이 판단하여 도해가 성사되도록 조처해 줄 것을 산베에 님께 부탁했다. 같은 달 18일, 에도에서 근무하는 오기에몬(荻右衛門)[26] 님이 나에게 서한(書狀)을 보냈다. 문면의 내용은 "竹嶋(울릉도)는 일본 땅이라고 단정하기 어려 우니

---

25) 竹嶋(울릉도)에 도항할 경우 과연 어느 정도의 수익을 낼 수 있는지에 관한 가능성을 의미할 것이다.

26) 본문에는 '荻右衛門'으로 기록되어 있으나 이는 무라이 오기에몬(村井荻右衛門) 의 誤記일 것이다.

도해하려는 시도는 그만두어라"는 것이었다. 그 때 처음으로 그러한 지시를 듣고 보니 너무나 예상외의 결과였고, 청원이 허무하게 무산된 것이 안타까워 그날로 산베에 님께 그 서신을 가지고 가서 다노모 님께서 허가해주시도록 부탁했다. 그 후 상황을 여쭤보려고 찾아갔더니 "에도에서 그러한 지시가 내려왔다면 竹嶋(울릉도)는 그만두고 松嶋(독도)에 시험 삼아 도해해보라"고 말씀하셨다고 산베에 님이 말했다. 松嶋는 작은 섬이라 가능성이 없기는 하지만, 에도에는 松嶋를 명목으로 하여

竹嶋(울릉도)에 도해한다고 하고,[27] 만일 이것이 외부에 발각되었을 때에는 표착한 것이라고 주장하면 문제없을 거라고 산베에 님께 말했다. 그러자 "그 점 잘 알았으니 서둘러 도해하여 섬을 자세히 살펴보고, 과연 예측했던 바와 다름이 없다면 그대로 조처해야 할 것이다. 그 때까지는 시험 삼아 도항하는 것이므로, 영주님의 재정에서 필요한 비용이 하사되지는 않을 것이다. 그러니 네 스스로 비용을 염출하라"고 다노모 님이 말씀하셨다. 구체적인 것은 산베에 님이 말했다. 그 뜻에 따라

27) 일본 측 연구자 중에는 이 구절을 가지고 "1696년 울릉도 도해금지령은 울릉도
도해만을 금지한 것이고, 독도 도해는 금지하지 않았다. 따라서 독도는 1696년
이후에도 일본령이다"는 주장을 뒷받침하는 근거로 삼기도 한다. 그러나 이미
2장과 5장에서 입증되었듯이 에도 시대를 통해 '울릉도와 독도'에 대한 산인
지방 주민들의 지식은 결코 통일적이지도, 지속적이지도 않았다. 그 이유는
17세기 말 막부가 '울릉도쟁계'를 처리하는 과정에서 竹嶋(울릉도)와 松島(독도)
가 돗토리 번의 영역이 아니라는 점을 확인하기는 했으나, 이러한 사실과 함께
'죽도도해금지령'을 돗토리 번 이외의 지역에 공식적으로 통지한 것은 아니었기
때문이다.
    따라서 이 구절은 "하치에몬 사건 당시 '하마다 번'에서는 죽도(울릉도)가 조선의
영토라는 것까지는 알게 되었으나, 송도(독도)의 소속에 관한 지식은 정확하지
않았다"는 사실을 말해주는 구절로 보아야 할 것이다. 산인 지방의 특정 지역에
존재하던 독도에 관한 誤認, 즉 '독도=도항해도 되는 섬'이라는 잘못된 知見을
가지고 독도 영유권 주장의 근거로 곧바로 연결시키는 것은 비약에 불과하다.

258

여기에서 자금출자자를 모집해야 하지만 내가 말하는 것만으로는 (상대가) 신뢰하지 않을 수 있으니, 확실하게 믿도록 하기 위해서는 스오노카미 님의 오사카(大坂) 구라야시키(藏屋敷)[28]에 근무하는 가신도 자금을 댈 만한 사람들을 설득하는 게 좋겠다고 말했더니 산베에 님도 수긍했다. 오사카에서 근무하는 가신 시마자키 우메고로(嶋崎梅五郎)에게 조처하도록 전할 터이니 우메고로와 상의하라고 하셨다. 우메고로에게 보내는 산베에 님의 서신을 받아들고 2월 7일 하마다 번을 떠났다. 2월 16일 오사카에 도착하여

---

28) 에도 시대에 다이묘들이 화폐를 손에 넣기 위해 領內의 미곡이나 그 외의 특산물을 저장, 판매하기 위해 오쓰(大津), 오사카, 에도 등에 설치한 저택을 말한다. 창고와 판매사무소를 겸했다.

곧바로 우메고로 님을 찾아뵙고 서신을 전달했다. 자금을 출자해줄 만한 자들을 끌어들일 방도에 관해 얘기를 나누고, 나는 여관에 투숙했다. 짚이는 사람들을 접촉해 보았지만 적당한 출자자가 나타나지 않아 걱정하고 있던 터에 2월 어느 날, 전부터 알고 지내던 나카하시초(中橋町) 주고쿠야(中國屋) 쇼스케(庄助)가 찾아왔다. 쇼스케는 스오노카미 님 영지의 산(山) 세키슈(石州) 다이마산(大麻山)에서 자라는 수목(樹木)을 사들이는 건에 관해 에노코시마(江之子嶋)[29] 히가시초(東町)에 거주하는 하리마야(播磨屋) 도자부로(藤三郎)와 상의하여, 이전부터 스오노카미 님의 가신으로

---

29) 에노코시마(江之子島)는 현재 오사카 시(大阪市) 西區에 위치하는 지역명.

오사카에 근무하고 있던 하야시 시나에몬(林品右衛門)과 만나던 차에 나도 그 일에 참가하게 되어 다행이라 여겼다. 竹嶋(울릉도)는 이와미 노쿠니(石見國) 앞 바다에 있는 빈 섬이라고 그럴듯하게 둘러댔다. "이번엔 스오노카미 님의 관청으로부터 지시를 받아 시험 도항을 하고, 재차 사업에 대한 허가를 받아서 그 산물을 오사카로 실어오면 막대한 이익을 얻을 수 있을 것이다. 그러니 차후에 그 산물을 가져왔을 때 판매를 인수하기로 하고, 도항 비용을 제공하지 않겠는가"라고 권했다. 그랬더니 "그럴 수 없다"라고 말하지는 않았지만, 쇼스케 혼자 힘으로는 어려우니 도자부로도 끌어들이기로 하고 헤어졌다. 이튿날 쇼스케와 함께 (도자부로에게) 갔는데 시험 도항의 수순을 두 번 세 번 확인하는 말끝마다 의심이 서려있는지라, 허실(虛實) 여부는 스오노카미 님의 구라야시키(藏屋敷)에 가서 듣고 판단하자고 했다. 쇼스케, 도자부로를 차례차례 우메고로 님께 데리고 가서 직접 이야기를 듣고자 청했더니, 우메고로 님도 竹嶋(울릉도) 도항에 관해 말하시고 위험하지 않으니 자금을 대라고 권하셨다.

그러자 두 사람 모두 의구심이 풀렸다. 쇼스케는 은(銀) 1貫目(〆目)[30]를 출자하고, 도자부로는 조선(造船) 직공으로 살아왔으니 竹嶋(울릉도)에 도항할 회선(廻船)을 새로 만들기로 했다. 또한 이들의 지인(知人)이자 옥(玉)장이로 야오초(八尾町)[31]에 사는 이즈미야(和泉屋) 한자부로(半三郎)도 진작부터 계획에 가담했다. 그러나 한자부로는 생업 상의 사정으로 인해 회합할 때는 다치바나초(橘町) 오쿠로야(大黑屋)의 사다시치(定七)가 대신했고, 사다시치가 금(金) 10냥(兩)을 냈다. 도자부로도 일이 바빠서 아지가와(安治川) 미나미2초메(南丁目)에 사는 친척 아와지야(淡路屋)

---

30) 貫(〆)은 화폐의 단위. 에도 시대에 銀 1간(貫)=銀 1000몬메(匁), 銀 1匁=銀 10푼(分)이다.
31) 현재 오사카후(大阪府) 야오 시(八尾市)의 한 지역.

젠베에(善兵衛)에게 회합을 맡겼다. 그 외에 자금주는 없다. 회선(廻船)을 타고 가서 그 섬에 배를 대는 상황을 일일이 예측하기가 어렵고, 배의 진퇴(進退)를 자유롭게 하기 위해서도 작은 배(小船)가 바다를 질주하기 좋다면서 도자부로가 궁리한 결과, 80석(石) 규모의 배를 만들었다. 신토마루(神東丸)라고 명명(命名)하고 오키센도(沖船頭)[32]는 내 이름으로 하여 수월하게 만들었다. 그 비용으로 3관(貫) 200메(目)가 들어간 가운데 1관 800메는 도자부로가 도항 계획에 가담하면서 내는 자금인 셈 쳐서 지불하고,

---

32) 에도 시대에 船主에 고용되어 船頭가 된 사람.

나머지 금액은 다시 도해를 허가받게 되면 뒤이어 가담한 사람들에게
권하여 차감 계산하기로 합의했다. 또한 도자부로가 절차를 밟아,
가이후보리가와초(海部堀川町)33)에 사는 이세야(伊勢屋) 요헤이(与兵
衛)에게 나와 도자부로가 연서한 증문(連判證文)34)을 주고서, 은 1관
(貫)을 빌렸다. 이자를 붙여서 갚기로 했다. (그 돈으로) 오사카의
술 상인에게서 술 20통(樽)을 사들여 다이마산(大麻山)의 수목을 보러
갔다. 쇼스케와 젠베에(善兵衛)는 하마다 번을 향해 이동하기로 하고,
산슈(讚州)35) 쇼도지마(小豆嶋)

---

33) 과거 오사카 부(大阪府) 오사카 시(大阪市)를 흐르던 운하.
34) 證文은 증거가 되는 문서. 특히 채권을 증명하는 문서를 말한다. 連判은 連署를
   의미한다.
35) 산슈(讚州)는 국명 사누키(讚岐)의 별칭. 현재의 가가와 현(香川縣)이다.

우마키무라(馬木村) 주스케(重助) 외 두 명을 수부(水夫)로 고용했다. 쇼스케와 젠베에 일행은 신토마루를 타고 7월 18일 오사카를 출범했다. 게이슈(藝州)[36] 히로시마(廣嶋)에 들렀을 때 나는 용무가 있어 혼자 그곳에 상륙했다. 8월 2일 그들이 먼저 하마다 번으로 돌아간 후 항해 중에 필요한 물품이 부족했기 때문에 승선원들이 상의해서 조슈(長州)[37] 가미노세키(上之關) 혹은 아카마가세키(赤間關)에서 적재해 두었던 술을 차례차례 남김없이 팔고, 그 대금으로 물품을 계속 조달했다. 9월 2일, 그들은 하마다에

---

36) 게이슈(藝州)는 국명 아키(安藝)의 별칭. 현재의 히로시마 현(廣島縣) 서부이다.
37) 조슈(長州)는 국명 나가토(長門)의 별칭. 현재 야마구치 현(山口縣) 서북부이다.

입항했다. 이런 식으로 입항이 지연되는 바람에 이미 북쪽 바다를 항해하기 어려운 시기가 되어 버려, 그 해에는 (竹嶋에) 건너가는 것을 취소하고 이듬해 3월 무렵에 도항하기로 했다. 수부(水夫) 중에 주스케(重助)는 그대로 배에 남아 있게 하고, 다른 두 사람은 예상외로 항해에 숙련된 자들이 아니라서 되돌려 보냈다. 쇼스케와 젠베에는 오사카를 출범할 때 다이마산(大麻山)의 수목 건에 관해 스오노카미 님의 가신 야마야쿠(山役) 요시다 류자에몬(吉田柳左衛門)에게서 서한을 받았다. 내가 주선하여 그 서한을 제출하고,

류자에몬(柳左衛門) 님을 만나서 가격이 결정되는 대로 수목을 팔겠다
는 말을 들었다. 산을 둘러보고 일단 오사카로 돌아갔다. 이듬해 2월
앞의 두 사람(쇼스케, 젠베에)과 도자부로, 한자부로, 사다시치 등이
함께 하마다 번으로 가서 수목을 사들이는 건과 관련하여 류자에몬
님과 만났으나 당사자들끼리 가격을 결정하지 못하여 상담(商談)이
결렬되고 말았다. 그로 인해 쇼스케는 竹嶋 도항 계획도 향후의 전개
가 불안하니 이제까지 투자한 자금은 손해를 보고,

일원으로 가담하는 데서도 빠지겠다고 하는 터라, 안타깝지만 그의
의사를 받아들였다. 도자부로와 한자부로는 그런 의사가 없었지만,
두 사람은 다른 용무로 젠베에에게 잡비 40냥(兩)을 건네주고 사다시
치 일행은 오사카로 돌아왔다. 도항 계획은 다노모 님이 중심이 되어
추진되었고, 마쓰이 즈쇼(松井圖書)38) 님도 계획에 가담하고 있었다.
이전에 산베에(三兵衛) 님에게 들은 바 있어 젠베에를 산베에 님과
만나게 했다. 내가 자세하게 말해주고

---

38) 하마다 번의 도시요리(年寄). 하치에몬과 관계자가 막부에 체포된 후 지샤부교
(寺社奉行) 이노우에 마사하루(井上正春)로부터 하마다 번의 관계자들에게 評定
所로 출두하라는 명령이 하달되자, 가로 오카다 다노모가 먼저 자결했고 며칠
뒤 마쓰이 즈쇼도 자결했다.

주스케·게이슈(藝州) 이쿠치지마(生口島)[39] 세토다 신베에(瀬戸田新兵衛)·조슈(長州) 하기(萩) 구메조(久米藏)·세키슈(石州) 우마시마(馬嶋) 오토고로(音五郎)·세키슈 도노우라(外之浦)[40] 아베(安倍)^(ママ)·세키슈 고사무라(高佐村)[41] 신사쿠(新作) 등을 선원으로 맞이해서 도항할 준비를 했다. 그러던 4월, 선원들과 함께 술을 과음한 나머지 영주님 소유의 산이라는 사실을 깨닫지 못하고, 하마다 번 도노우라(外之浦)

---

39) 원문에는 '諸口嶋'로 기록되어 있으나 게이슈(藝州)는 현재의 히로시마 현이므로 실제 히로시마에 존재하는 지명인 '이쿠치지마(生口島)'의 誤記로 추정된다. 이쿠치지마는 히로시마 현 동부 오노미치시(尾道市)에 있는 섬이다. 섬의 이름은 이쿠치지마이지만 근린 주민들은 합병되기 전의 町名인 세토다(瀬戸田)로 부르는 일이 많다고 한다.
40) 시마네 현 하마다 시(浜田市).
41) 시마네 현 하마다 시(浜田市) 고사초(高佐町).

산의 수목을 5, 6그루 벌목하였다. 그 사실이 발각되어 선두(船頭)라는 이유로 나 혼자 영주님의 관청에 소환되어 조사를 받았다. 결국 6월 하마다 번 지역에 입항하는 것이 금지되었고, 거주지 장외(帳外) 처분[42]을 받아 죄송스러웠다.

---

42) 帳外란 宗門人別改帳에서 이름을 삭제하는 것을 말한다. 人別帳에서 이름이 삭제된 자를 '無宿'이라고 한다. 연좌제로 인한 피해를 막기 위해 친족으로부터 축출되는 경우, 범죄행위로 인해 추방형에 처해진 경우, 대규모 기근 등으로 농촌에서의 생활이 불가능해진 백성 등 無宿이 되는 경위는 다양했다.

그렇기는 하지만 竹嶋(울릉도) 도항은 다노모 님의 내밀한 지시를 받은 사안이라서, 하마다 번을 떠나지 않고 그대로 기쿠[43]의 거처에 몸을 숨기고 있었다. 그 후에 상의해서 항해 중 배에서 소비할 물품은 젠베에가 맡기로 하고, 도자부로와 그 외 한 사람에게서 받은 돈으로 쌀과 일용품들을 구입하여 쌓아 두었다. 그 섬에서 어떤 이변이 생길지 알 수 없어, 나 혼자의 판단으로 평소 허물없이 지내던 스오노카미 님의 가신

---

43) 하치에몬의 모친.

나라사키 모모하치로(楢崎百八郎) 님을 밤중에 은밀히 찾아갔다. 이런 심정을 말하고 부탁을 드려서 나라사키 님이 소지하고 있던 탄환 크기 1문(匁) 5푼(分)짜리 철포(鐵砲) 1정(挺)과 탄약을 받아서 돌아왔다. 그리고 선대(先代)로부터 물려받은 창 2수(穗)를 닦았다. 가지고 있던 가느다란 통나무 7개를 손작업으로 깎아, 2개는 선단 부분에 창날을 꽂고 5개는 같은 방식으로 낫을 꽂았으며 스야리(素鎗),[44] 나가에가마(長柄鎌)[45] 등을 준비했다. 그 밖에 큰 도끼와 손도끼 등도 마련해서 빠짐없이 배로 옮기고, 준비가 끝났기에 출범하려고

---

44) 칼날이 곧고 곁가지가 없는 창.
45) 자루가 긴 낫.

6월 14일, 젠베에를 산베에 님에게 보냈다. 그랬더니 공공연하게 행하는 일이 아니니 만약 해상(海上)에서 다른 지역의 선박을 만나게 되면 하마다 관청에서 내린 지시라는 것은 물론이거니와 하마다 번의 선박이라는 사실도 숨겨야 한다는 다노모 님의 지시를 산베에 님이 전해 주었다고 젠베에가 말했다. 이를 명심하고 젠베에를 비롯하여 선원 6명과 나는 신토마루(神東丸)에 승선하여 6월 15일 하마다를 출범했다. 곧장 竹嶋(울릉도)로 향할 생각이었지만 날씨를 잘못 예측하여 강풍이 불기에 일단 조슈(長州) 미시마(三嶋)에 정박했다. 다시 날씨를 보고 출발하여 오키노쿠니(隱岐國) 후쿠우라(福浦)에 도착했다. 거기에서 순풍을 타고 북쪽 방향(子之方)으로 배를 몰아 松嶋(독도)를 지날 때 배에서 바라보았더니, 과연 작은 섬에 수목도 없고 가능성이 없는 곳이라서 굳이 상륙하지 않았다. 그대로 서북쪽(乾之方)으로 회항하여 7월 21일 竹嶋(울릉도)에 도착했다. 해변의 바위 사이에 배를 대고 전원이 상륙하여 섬을 살펴보니, 전에 추측했던 대로 인가(人家)가 없는 빈 섬인데다 도항하는 자도 없는 듯했다. 초목(草木)이 우거져 발을 디딜 곳도 없었고, 독수리, 매 같은 조류(鳥類)가 많이 날아다니고 있었다. 해변에서 앞바다에 걸쳐 전복과 어류들이 헤아릴 수 없을 정도로 많고, 바다에는 바다사자(胡獱)46)라고 해서 소 같은 모습을 한 짐승이 헤엄치고 있었다. 또 산에는 독수리 같은 모습에 크기가 학 정도 되는 새가 날아다니다 사람을 보고 놀랐는지

---

46) 바다사자의 일본 고유어는 '도도(胡獱)'이다.

사람에게 달려들 기세라서, 즉석에서 갖고 있던 철포에 탄환을 채워 발포하며 앞으로 나아갔다. 새 한 마리, 바다사자 한 마리를 쏘아 죽이자 그 후엔 가까이 오지 않았다. 포획한 동물은 그대로 배안에 보관했다. 섬의 사방을 일행이 함께 배로 둘러보고, 내가 소지하고 있던 자석(磁石)을 이용하여 방각(方角)을 자세히 관찰했다. 서북(酉戌)쪽에서 북동(艮之方)쪽으로 뻗은 커다란 섬(산으로 이루어진)으로 주위가 20리(里) 정도 되며, 동남(巽之方) 방향에 배를 겨우 댈 수 있는 바위틈이 있는 정도였다. 그 외에는 배를 정박시킬 만한 장소가 없어서 그 바위틈에 배를 묶어두었다. 짐승들의 위협이 있어서 초목을 베어 밤낮으로 끊임없이 화톳불을 피웠다. 해변의 전복과 어류들을 잡아서 매일 먹었고, 제각기 배에 있던 낫, 도끼, 손도끼 등을 들고 상륙했다. 무성하게 우거진 초목을 베어 길을 내가면서 산 속으로 깊이 들어가자, 인삼(人蔘)으로 보이는 풀 15, 16 뿌리 정도가 있어서 채취했다. 섬 일대에 느티나무, 뽕나무, 삼나무, 벚나무, 그 외 잡목 등이 있어,

제각기 합계 40, 50그루씩 벌채하여 배에 실었다. 섬의 모습을 내가 자필로 그려서 그림지도(繪圖)를 작성했다. 계곡에는 맑은 물도 흐르고 있었다. 이런 상태로 보아 이익을 얻을 수 있는 땅이 분명하다고 생각했기 때문에, 빨리 돌아가서 관계자들을 설득하기로 하고 일행은 8월 9일 竹嶋(울릉도)를 떠났다. 해상에서 또 난풍을 만나니 모두들 용왕님의 저주가 아닌가라고 두려워하여, 배에 적재되어 있던 동물은 물론 목재도 과반수를 바다에 버려 선체(船體)를 가볍게 해서 위기를 넘겼다.

드디어 조슈(長州) 고시가하마(越ヶ濱) 연안에 흘러들어갔다. 날씨가 호전되자 배를 출발하여, 8월 15일 하마다 번에 귀환했다. 나는 배에 남고 우선 젠베에를 통해 이제까지의 정황을 산베에 님에게 알렸다. 그러자 그날 밤 산베에 님이 배로 찾아와서 섬에 관해 물었고 전말을 자세하게 말씀드렸다. 막대한 이익을 낳을 수 있는 땅이 틀림없으니 다시 도해를 허가받을 수 있도록 다노모 님, 즈쇼 님께 조처해달라고 젠베에가 자세하게 말하고 헤어졌다. 그 후에도 나는 전과 마찬가지로

기쿠의 거처에 몸을 숨기고 있었다. 젠베에와 의논해서 인삼으로 보이는 풀 3뿌리와, 바다에 버리고 남은 목재 16개 가운데 뽕나무, 느티나무를 섞어 양질의 것 3개를 골라 다노모 님, 즈쇼 님께 드릴 요량으로 젠베에가 산베에 님께 가지고 가서 보여드리겠다고 하고 받아주실지 여부에 관해서도 물었다. 그러자 자세한 내용은 스오노카미 님에게 여쭈어보고 나중에 지시할 것이니, 젠베에는 한발 먼저 오사카에 돌아가 있으라고 산베에 님이 대답했다. 선물을 받았다는 말을 듣고서 나는 그대로 하마다에 남고 젠베에는 수부들과 함께 신토마루를 타고 9월 2일 하마다를 출발, 오사카로 향했다. 항해에 소요되는 비용이 다시 떨어져 조슈(長州) 아카마가세키(赤間關)의 가장 가까운 곳에 상륙했다. 유명하지 않은 상인의 가게에서 배에 있던 창, 철포와 사용하지 않는 뱃기구(船具) 4가지를 도합 대금(代金) 1냥에 팔았다. 그 대금으로 필요 물품을 조달했다. 9월 16일 오사카로 돌아가서

선원들을 전원 돌려보냈다. 목재 13개는 도자부로에게 맡겨두고, 배
는 빚을 갚기 위해 요헤이에게 넘겼다고[47] 젠베에가 전해왔다. 그
뜻에 따라 그 쪽의 지시를 기다리고 있던 차에 오년(午年 : 1834) 5월
어느 날 신토마루의 이전 선원이었던 주스케(重助)가 와서 다음과
같이 말했다. 이번에 아슈(阿州)[48] 선박의 승선원 도에몬(藤右衛門)이
라는 자가 아슈(阿州)의 사다쓰구(貞次)^(ママ)·가헤이(嘉兵衛)·에이조(榮藏)
·오사카 新戎町의 아와야(阿波屋) 겐조(源藏)와 상의하여, 신토마루의
이전 선원이었던 신베에(新兵衛)·구메조(久米藏)도 선원으로

---

47) 앞의 진술 중에 하치에몬과 도자부로가 가이후보리가와초(海部堀川町)에 사는
   이세야(伊勢屋) 요헤이(与兵衛)라는 자에게서 은 1貫을 빌렸다는 내용이 나온다.
48) 아슈(阿州)는 국명 아와노쿠니(阿波國)의 별칭. 현재의 도쿠시마 현(德島縣).

고용하여 竹嶋(울릉도)에 도해할 것을 문득 생각해 냈다는 것이다.
주스케는 같은 마을에 사는 뱃사람 헤이에몬(平右衛門)·추조(仲藏) 등
과 따로 상의해서 아슈(阿州)의 배를 함께 타고 도항하기로 미리 짜두
었다. 그런데 (울릉도 도항 건은) 전부터 내(하치에몬)가 청원했던
일이고, 하마다 지역은 관청이 조사 중이므로 무단으로 도항하면 안
될 거라는 생각이 들어서, 젠베에가 가르쳐준 대로 산베에 님께 말씀
드렸다고 한다. 그랬더니 도항해서는 안 된다고는 말씀하시지 않았기
때문에, 각자 상의해서 출범할 계획이라는 말을 듣고 몹시 놀랐다.

나는 아직 그 일에 관한 지시를 받지 못했기 때문에 내 마음대로 도해할 수 없다고 생각했다. 주스케의 소문을 들었을 뿐 그 때는 물론 이거니와 앞에서 말씀드린 것 외에 竹嶋(울릉도)에 도해한 적이 없다. 이전 쇼스케를 비롯해서 다른 사람들이 낸 자금은 도해를 준비하는 잡비(雜費)에 남김없이 써버렸고, 자신의 이득으로 취한 것도 없다. 무엇보다 竹嶋(울릉도)에서 서북(酉戌) 방향으로 해상 50, 60리 떨어진 곳에 유달리 구름으로 덮인 곳이 있다.

그곳이 혹시 조선국(朝鮮國)인가라고 그때도 생각했지만, 배로 그 나라에 향할 의사는 없었기 때문에 도해한 적은 과거에 없었다. 그 후 나는 일단 가미카타(上方)⁴⁹⁾로 가서 여러 곳을 표박(漂泊)한 후, 하마다 번으로 돌아가 기쿠의 거처에 몸을 숨기고 있었다. 마침 이번에 뜻밖에 스오노카미 님에게 전봉(轉封)명령이 내려와,⁵⁰⁾ 내가 (하마다 번에) 청원했던 것도 없던 일로 처리될까봐 안타깝게 여기고 있던 차에 체포되어 조사를 받게 되었다. 竹嶋(울릉도)는 조선의 땅이므로

---

49) 교토 부근의 간사이(關西) 지방.
50) 1836년 3월, 막부가 마쓰다이라 야스토의 아들이자 당시 하마다 번주였던 야스타카에게 다나구라(棚倉 : 후쿠시마 현)로의 轉封 명령을 내린 것을 말한다.

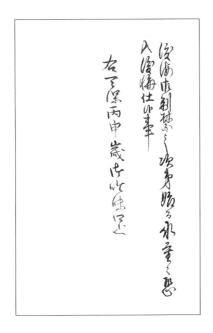

도해가 금지된 곳이라는 사정을 처음 듣고, 거듭거듭 죄송스럽게 여기며 후회하고 있다.

이상은 천보(天保) 병신년(丙申年 : 1836)에 조사한 구상서이다

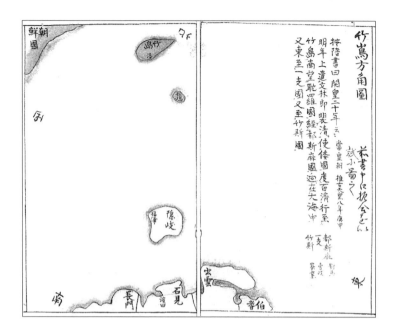

죽도방각도(竹嶋方角圖)

전서(前書)에서의 진술과 균형을
맞춰 시험삼아 그린다

내가 생각건대, 수서(隋書)에 이르는 개황(開皇) 20년 운운(云云)은
황조(皇朝)[51] 스이코천황 8년 경신년(庚申年)[52]에 해당한다. 이듬해
수황제(隨皇帝)는 문림랑배청(文林郎裴淸)[53]을 왜국에 사신으로 보냈
다. 백제로 건너가 죽도(竹島)에 이르러, 남쪽으로 탐라국을 바라보면

---

51) 일본의 朝廷.

52) 스이코천황(推古天皇)은 600년(庚申), 수나라 長安에 사신을 파견했다.

53) 『日本書紀』와 당대에 편찬된 『北史』에서는 裴世淸으로 되어 있다. 『隋書』가
그의 이름에서 '世'자를 쓰지 않은 것은 唐太宗 李世民의 諱를 忌諱한 것이다.

서, 도사마국(都斯麻國)⁵⁴⁾을 거쳐 멀리 큰 바다로 들어갔다. 다시 동쪽
으로 일지국(一支國)⁵⁵⁾에 이르고 다시 죽사국(竹斯國)⁵⁶⁾에 이르렀다.

---

54) 쓰시마(對馬).

55) 이키(壹岐).

56) 쓰쿠시(筑紫). 현재 후쿠오카(福岡) 일대를 가리키는 용어이다. '쓰斯'라고도
   표기한다.

맺음말

이 책에서는 울릉도를 매개로 일본의 산인(山陰) 지방과 동해안을 연결하는 비공식적인 교류를 추적하여, 근세 환동해권에서의 조일교류의 실태에 천착해보았다. 마지막으로 이 책을 집필하면서 저자가 미처 해결하지 못한 과제 몇 가지를 되짚어보는 것으로 맺음말을 대신하고자 한다.

저자는 시간적인 범위를 조선후기 즉 일본사의 에도 시대에 집중시켰기 때문에, 조선전기는 그에 대한 배경으로 간략하게 다루는 데 그쳤을 뿐, 고대부터 고려시대까지의 울릉도는 거의 다루지 못했다.

하지만 우리의 사서(史書)에서 울릉도에 관한 문헌상의 기록은 고대로까지 거슬러 올라간다. 고대의 울릉도 기사는 『삼국사기』 신라본기4, 지증마립간(智證痲立干) 13년(512) 기사를 비롯해서, 『삼국유사』, 『고려사』 등에도 산견(散見)된다. 삼국시대의 울릉도는 '우산국'이라는 명칭으로 우리의 역사에 등장하기 시작했다.

『삼국사기』와 『삼국유사』에 기록된 울릉도는 '우산국이 신라에 귀복(歸復)하여 공물을 바쳤다'는 기사가 대부분이고, 『고려사』의 경우도 '우릉도인(芋陵島人)이 고려정부에 내조(來朝)하다', '우릉성주(羽陵城主)가 토산물을 보내오다'는 기사와 함께, '울릉도의 목재 벌목'에 관한 기사가 주를 이룬다.

이러한 일련의 기사들을 종합해볼 때 고대로부터 고려시대에 이르기까지 울릉도에는 어떠한 정치집단이 존재했고, 그 집단의 수장이 신라 혹은 고려에 복속하는 형태의 관계가 지속된 듯이 보인다. 고대와 중세 울릉도의 역사에 관해서는 저자의 학식이 일천한 탓에 선뜻 속단하기 어려우므로, 그 해답은 선학과 후학의 전문적인 연구성과에 맡겨두고자 한다.

다만 고대, 중세를 통해 울릉도에는 중앙정부의 관리가 파견되지는 않았다. 조선시대에 관리가 파견되기는 했지만 그것은 주민을 육지로 쇄환하기 위해서였다. 물론 조선정부가 주민 쇄환정책을 취하게 된 배경에는 대내외적인 이유가 작용하였고, 그것은 결코 '지배의 방기'가 아닌 예외적인 형태의 '도서 지배정책'으로 평가해야 할 것이다. 다만 그 정책이 태종 치세기에 시작되어 조선의 개항 직후까지 지속된 까닭에, 울릉도는 500년 가까운 세월동안 공식적으로는 주민의 거주가 금지된 무인도로 존재했다.

이러한 존재형태로 인해 조선 연해안의 주민들은 울릉도에 비공식적으로 도항하였다. 그리고 정확하게 언제부터인지 시기를 확정할 수는 없지만 일본 측에서도 도항하는 사람들이 있었고, 1620년대부터는 돗토리 번 요나고의 조닌 오야 씨와 무라카와 씨가 독점적으로 매년 도항하기 시작했다. 울릉도는 조일 양국 연해민의 출입이 공존하는 섬이 된 것이다. 이러한 상태로 인해 울릉도를 기점으로 하여 울릉도산 물류의 이동이 조선과 일본 양 방향으로 이루어졌다.

조선의 경우, 실제로 동해안과 남해안 연안의 주민들이 울릉도에 도항하기는 했으나 주민의 거주와 도항이 금지된 구역이었기 때문에 그들의 도항 활동에 관한 조선문헌의 기록은 상세함에 한계가 있다. 『조선왕조실록』에도 '울릉도에 불법적으로 도항하는 자들이 있다'는 조정에의 보고가 확인되기는 하지만, 안타깝게도 그들의 활동내역을 구체적으로 전해주는 기록은 희귀한 편이다.

역설적인 현상이기는 하지만 1693년에 박어둔과 안용복이 울릉도에서 일본으로 연행되어 갔을 때, 일본 현지에서 작성된 기록들은 조선 연해민의 울릉도 도항의 실태를 엿볼 수 있는 단서가 된다. 일례로 박어둔과 안용복이 현지에서 진술한 구술서가 좋은 예인데, 구술서의 내용을 요약하면 다음과 같다.

> 첫째 울릉도로 도항하는 선박은 울산, 부산, 전라도 등지에서 출항하는데, 그들은 일단 강원도의 영해(寧海)에 기항했다가 남풍을 타고 울릉도로 갔다.
> 둘째 승선원은 전라도 순천, 경상도 울산, 부산, 가덕도의 주민들로, 전복과 미역 채취가 주된 목적이다.
> 셋째 안용복이 탄 선박은 울산에서 출발했고, 당시 울릉도에는 전라도 순천과 경상도 가덕도의 배가 와 있었다. 도항한 사람들 중에는 이미 울릉도에 도항경험이 있는 사람도 있었다.

돗토리 번정사료와 오야·무라카와 가문의 고문서, 쓰시마 번 종가 기록(宗家記錄) 등을 종합해보면, 조선인들이 수십 명 규모로 울릉도에 도항하기 시작한 시기는 1691년, 혹은 1692년부터라고 되어 있다. 오야·무라카와 가문의 선원들 역시 1692년에 울릉도에서 조선인을 처음 목격했다고 회상했다. 오야 가문과 무라카와 가문은 1620년대부터 매년 번갈아 울릉도에 도항하기 시작했는데 60년이 넘는 세월동안 울릉도에서 조선인과 맞닥뜨린 적이 없다는 진술을 과연 어떻게 받아들여야 할까.

제2장에서 인용한 「小谷伊兵衛より差出候竹嶋之繪図」(돗토리 현립

박물관 소장)에서도 알 수 있듯이 요나고 두 가문의 선원들은 특정 포구만을 사용한 것이 아니라 울릉도를 빙 두르는 형태로 각지에 포구를 개발하였고, 각 포구마다 용도가 정해져 있었던 것 같다. 그럼에도 불구하고 오랜 세월 조선인을 목격하지 못한 것은 양국인이 주로 사용하는 포구가 달랐거나, 또는 도항하는 시기가 달라 서로 엇갈려서 상대를 목격하지 못했기 때문이었는지도 모르겠다. 만약 그들의 진술이 사실이라면 1691년 혹은 1692년 무렵부터 조선인들이 갑자기 수십 명 단위로 울릉도에 건너가게 된 이유도 의문이 아닐 수 없다.

그러한 상황에서 바로 이듬해인 1693년 돗토리 번 요나고의 오야 가문 선원들이 조선인 2명을 돗토리 번으로 연행했다. 2년 연속으로 울릉도에서 다수의 조선인을 목격하자, '금후 조선인이 다시는 울릉도에 도항하지 못하도록' 상부에 호소하기 위한 증인으로 삼기 위해 두 사람을 연행한 것이다.

당시 오야 가문과 돗토리 번의 입장은 조선인들로부터 울릉도 어업권을 지키고자 하는 것이었다. 이 입장은 막부를 거쳐 쓰시마 번에 전달되었고, 쓰시마 번이 조선정부와 외교교섭에 나서면서 사안은 울릉도의 '영속'문제로 그 성격이 연결되었다.

17세기 말이 되어 쌍방향의 도항이 외교적으로 문제가 되자 그것을 조정하기 위해 동원된 것은 다름 아니라 근세 한일관계의 공식통로인 '쓰시마와 경상도를 연결하는 경로'였다. 조선과의 오랜 통교관계를 통해 쓰시마 번은 울릉도가 조선의 도서라는 사실을 일본의 어느 지역 세력보다도 일찌감치, 그리고 명확하게 인지하고 있었다.

그러했던 쓰시마 번이 정작 외교교섭이 시작되자 취했던 자세, 즉 조선으로 하여금 울릉도를 일본의 영토로 인정하게 하려는 일련의 움직임이 쓰시마 번의 영토적 야심에서 비롯되었는지 아니면 막부를 의식한 공적 쌓기의 일환이었는지는 단언하기 어렵다. 그러나 그러한 쓰시마 번의 외교자세로 인해, 초기 단계에 충분히 명확하게 정리될 수 있었던 사안이 '울릉도 영속문제'로 비화되었고, 불필요한 교섭들이 장기간 이어진 것이 사실이었다.

울릉도쟁계를 계기로 새삼스럽게 울릉도의 소속에 관해 심의하게 된 막부는 1696년 돗토리 번주 이케다 쓰나키요(池田綱淸)를 수신자로 하여 '죽도도해금지'를 명하는 로주 봉서를 하달했다. 이 로주 봉서는 오야·무라카와 양가에도 전달되었다. 두 가문은 당시 당주였던 오야 가쓰후사(大谷勝房)와 무라카와 마사카쓰(村川正勝)의 대에 이르러 약 70년 동안 향유해 온 울릉도 도항의 권리를 상실하게 된 것이다.

외교교섭의 후반부에 접어들어 '竹島는 울릉도의 다른 명칭이며 울릉도는 조선의 영역'이라는 점을 명확하게 언급하는 등, 조선정부의 대응이 강경책으로 전환되면서 쓰시마 번은 결국 소기의 목적을 달성하지 못하게 되었다. 더불어 조선은 최종적으로 막부로부터 '일본인의 울릉도 도항을 금지할 것'이라는 사실을 약속받을 수 있었다.

어쨌거나 조선의 입장에서 울릉도쟁계는 대일관계의 측면에서 울릉도의 존재를 재인식하는 계기가 되었다. 이후 조선은 대체로 3년에 한 번씩 정기적으로 변장(邊將)을 파견하여 수토(搜討)를 실시하게 되었다. 백성의 울릉도 거주를 금지한다는 조선전기의 방침을 그대로 계승하면서, 일종의 '영토관리'적인 성격을 강화하여 순검을 정기화했다고 할 수 있다.

18세기 후반이 되면 조선에서는 인삼을 채취하기 위해 울릉도에 출입하는 사례가 증가했다. 그리하여 정조대에 이르러 울릉도의 산삼을 아예 적극적으로 활용하자는 방침이 채택되어, 수토 시에 수토관

(搜討官)과 채삼군(採蔘軍)을 함께 파견하기도 했다. 그러나 울릉도의 산삼 채취가 이익보다는 폐해가 더 많다는 주장이 제기되어, 이윽고 1799년 채삼군의 파견은 중단되었다. 결국 조선은 조선시대를 통해 울릉도에 대해 주민의 거주 금지정책을 관철했고, 18세기 후반의 제한된 일정기간을 제외하고는 울릉도에서 나는 산물의 공식적인 채취도 인정하지 않았다.

한편 1696년 에도 막부가 돗토리 번에 '죽도도해금지'를 명한 이후에도 일본에서는 오키(隱岐), 나가토(長門), 이와미(石見) 지역의 주민들은 울릉도에 출입하고 있었다. 오야 가문과 무라카와 가문과 같은 규칙적이고 연례적인 형태의 도항은 폐지되었지만, 그것은 어디까지나 돗토리 번주 앞으로 내려진 지시였다. 따라서 1836년대에 발각된 하마다 번(浜田藩) 주민 이마즈야 하치에몬(今津屋八右衛門)의 울릉도 도항은 일본 국내에서 울릉도 도항문제를 재점검하는 계기가 되었다.

하치에몬 사건 이듬해인 1837년, 막부는 전국법령의 형식으로 '죽도도해금지어촉(竹島渡海禁止御觸)'을 발포하였다. 이 오후레(御觸)에는 '죽도(울릉도)가 조선의 영역이며 죽도 도항은 곧 막부의 쇄국정책에 위반된다'는 사실이 명시되어 있었다. 이는 '울릉도 도항' 행위가 내포하는 위법성(違法性)의 연유와 중대성을 전국적인 범위로 주지시키는 막부의 법령이었다는 점에서 특기할 만하다.

이 책에서는 다루지 않았지만 근대사 속의 울릉도에 관해 간략하게 소개하면서 매듭을 짓고자 한다.

1876년, 조선은 개항을 맞았다. 개항을 하자 벌목하기 위해 울릉도에 출입하는 일본인이 증가했다. 일본인들이 다시 울릉도에 출입하기 시작한 것이다. 그리고 울릉도에 거주하거나 도항하는 조선인의 숫자도 증가했다.

검찰사 이규원(李奎遠)이 1881년 울릉도에 다녀옴으로써 울릉도에 거주하는 조선인이 140명에 달하고 수십 명의 일본인을 목격했다는 사실이 보고된 후, 조선정부는 울릉도 개척에 적극성을 띠게 되었다. 고종(高宗)은 그간 고수해왔던 쇄환정책을 철폐하고 이주를 통한 개척으로 방침을 전환하여, 울릉도 개척에 관심을 기울이기 시작하였다.

약 200년간 계속되던 수토제(搜討制)를 폐지하고 1895년 전임 도장(島長)을 두어 업무를 관장하도록 했으며, 도장제는 곧 도감제(島監制)로 바뀌었다. 이러한 변화는 조선정부의 울릉도 정책상 분명 획기적인 의미를 지니지만 도감제는 자치적인 성격을 띠고 있었다.

1900년, 대한제국은 '대한제국칙령(大韓帝國勅令) 제41호'를 발포하여 울릉도를 울도(鬱島)로 개칭하고, 종래의 도감(島監)을 군수(郡守)로 개정했다. 울릉도와 그 주변지역의 섬을 행정적으로 정비하기 위한 조치였다. 이것으로 비로소 울릉도는 실질적인 지방관제에 편입이 되었다.

한편 일본은 주지하는 바와 같이 1868년 막번체제가 붕괴하고 메이지(明治)정권에 의한 근대국가 성립이라는 커다란 체제변화를 경험하였다. 메이지 정권 하에서 일본 측의 울릉도 침어는 본격화되어 갔다. 조선은 일본 측에 여러 차례 항의하고 울릉도에서 철수해 줄 것을 요청했지만, 일본정부의 반응은 미온적이어서 일본인들의 울릉도 잠입과 불법벌목 자행은 쉽사리 근절되지 않았다.

급기야 일본정부는 1902년 일본인의 체류를 한층 확고하게 하는 방편으로 울릉도에 경찰관주재소를 신설하여 경찰을 상주시키기 시작했다. 한국정부는 조약(條約)에 저촉된다며 주재소의 폐지와 일본인의 철수를 요구했으나, 당시 하야시 곤스케(林權助) 공사는 한국의 요구를 거부했다. 1905년 러일전쟁에서 승리한 일본은 울릉도의 전략상의 가치를 높이 평가하여 울릉도의 전략기지화를 추진하였다. 개항 이후 울릉도는 일본에 의한 '강점'의 역사를 겪게 된 것이다.

참고문헌

1. 사료

『朝鮮王朝實錄』

『增正交隣志』

『邊例集要』

『通航一覽』

『高麗史』

『高麗史節要』

『權記』

『春官志』

『增補文獻備考』 권31, 輿地考.

민족문화추진회 편, 『국역해행총재3』, 아름출판사, 1977.

鳥取藩政史料, 『控帳(家老日記)』 돗토리 현립박물관 소장, 受入번호 2537.

鳥取藩政史料, 『竹嶋之書附』, 돗토리 현립박물관 소장, 受入번호 8438.

鳥取藩政史料, 『御用人日記』, 돗토리 현립박물관 소장, 受入번호 3718, 3719, 3726.

鳥取藩政史料, 『伯耆民諺記』, 돗토리 현립박물관 소장, 受入번호 12706.

鳥取藩政史料, 「小谷伊兵衛より差出候竹嶋之繪圖」, 돗토리 현립박물관 소장, 受入번호
        8443.

鳥取藩政史料, 「竹島之圖」, 돗토리 현립박물관 소장, 受入번호 8439.

岡島正義, 『因府歷年大雜集』, 「元祿六年竹嶋より伯州ニ朝鮮人連歸り候趣大谷九右衛門
        船頭口上覺」, 돗토리 현립박물관 소장, 受入번호 19745.

岡島正義, 『因府歷年大雜集』, 「唐人貳人之內通じ申口」, 돗토리 현립박물관 소장, 受入
        번호 19745.

岡島正義, 『因府年表』, 돗토리 현립박물관 소장, 受入번호 159~177.

岡島正義, 『竹嶋考』, 「大谷之船人拿來朝鮮人」, 돗토리 현립박물관 소장, 受入번호
        84269.

北澤正誠,『竹島考證』上, 일본국립공문서관 소장 마이크로필름번호 012500-1350.

北澤正誠,『竹島考證』中, 일본국립공문서관 소장 마이크로필름번호 012500-1365.

金森建策,『竹島圖説』, 일본국립공문서관 소장.

隱岐島村上家文書,『元祿九丙子年朝鮮舟着岸一卷之覺書』, 일본 시마네 현 오키 군 아마초(海士町) 무라카미 스케구로(村上助九郎) 소장.

大谷家文書,『竹嶋渡海由來記拔書』, 돗토리 현립박물관 소장, 受入번호 15325.

大谷家文書,「竹島江渡海之次第先規より書府之寫」『大谷氏舊記 一』所收, 東京大學 史料編纂所 소장, 書目ID.54892.

大谷家文書,「江戶御進上覺帳」『大谷氏舊記 二』所收, 東京大學 史料編纂所 소장, 書目ID.54892.

大谷家文書,「御公儀江御訴訟之御請幷竹島渡海之次第先規より書附之寫」『大谷氏舊記 三』所收, 東京大學 史料編纂所 소장, 書目ID.54892.

村川家文書,「竹嶋渡海由來記拔書控」『村川氏舊記』所收, 東京大學 史料編纂所 소장, 書目ID.55386.

村川家文書,「延享元年於江戶表奉願上候一件」『村川氏舊記』所收, 東京大學 史料編纂所 소장, 書目ID.55386.

宗家記錄,『元祿六癸酉年竹嶋一件拔書』, 長崎縣對馬歷史民俗資料館 소장, 記錄類Ⅱ, 조선관계, R2.

宗家記錄,『館守每日記』, 일본국립국회도서관 소장.

宗家記錄,『竹島紀事本末』, 국사편찬위원회 소장, 기록류 No.6583.

宗家記錄,『兩國往復書謄』11, 일본국립국회도서관 소장.

宗家記錄,『譯官記』, 국사편찬위원회 소장, 기록류 No.1501.

宗家記錄,『元和六年庚申礒竹島弥左衛門仁左衛門被召捕候時之覺書一冊御狀三通此內入』, 국사편찬위원회 소장, 기록류 No.6580.

宗家記錄,『竹嶋紀事』, 국사편찬위원회 소장, 등록번호 MF0005424.

宗家記錄,『分類紀事大綱』14,「日本漂民之一件」, 일본국립국회도서관 소장.

宗家記錄,『分類紀事大綱』38,「深見彈右衛門古帳之寫」, 일본국립국회도서관 소장.

宗家記錄,『答申書』, 국사편찬위원회 소장, 古文書 No.4013.

宗家記錄,『因幡國江朝鮮人致渡海候付豊後守樣へ御伺被成候次第幷御返答之趣其外始終之覺書』, 국사편찬위원회 소장, 기록류 No.3645.

宗家記錄,『元祿六癸酉年竹嶋一件拔書』, 長崎縣對馬歷史民俗資料館 소장, 記錄類Ⅱ,조선관계, R2.

宗家記錄,「深見彈右衛門古帳之寫」『分類紀事大綱38』所收, 일본국립국회도서관 소장.

『天保雜記』(內閣文庫所藏史籍叢刊), 第18冊, 汲古書院, 1983.

『竹島渡海一件記 全』, 東京大學 부속도서관 소장.

『新修島根縣史』 史料編3, 近世(下), 島根縣, 1965.

『御触書天保集成』 62, 高札之部, 岩波書店, 1941.

鳥取縣立圖書館, 『鳥取藩史』 6, 矢谷印刷所, 1971.

箭内健次編, 『通航一覽續輯』 卷五, 淸文堂出版株式會社, 1968.

辻善之助編, 『多聞院日記』, 三敎書院, 1938.

大谷文子, 『大谷家古文書』, 久保印刷所, 1984.

鈴木棠三, 『對州編年略』, 東京堂出版, 1972.

『竹島に關する七箇條返答書』, 국사편찬위원회 소장, 등록번호 74365.

『長生竹島記』, 국사편찬위원회 소장, 등록번호 74364.

2. 단행본

송병기, 『울릉도와 독도 그 역사적 검증』, 역사공간, 2010.

송병기, 『재정판 울릉도와 독도』, 단국대학교출판부, 2007.

內藤正中外, 『史的檢證 竹島·獨島』, 岩波書店, 2007.

內藤正中外, 『鳥取縣の歷史』, 山川出版社, 1997.

大谷文子, 『大谷家古文書』, 久保印刷所, 1984.

鈴木棠三, 『對州編年略』, 東京堂出版, 1972.

米子市史編纂協議會, 『新修米子市史』 第二卷 通史編近世, 有限會社米子プリント社, 2004.

山脇悌二郎, 『拔け荷』, 日本經濟新聞社, 1965.

森須和男, 『八右衛門とその時代』, 浜田市敎育委員會, 2003.

鳥取縣立公文館縣史編纂室編, 『江戶時代の鳥取と朝鮮』, 綜合印刷出版株式會社, 2010.

鳥取縣立圖書館, 『鳥取藩史』 6, 矢谷印刷所, 1971.

中村榮孝, 『日鮮關係史硏究』 下, 吉川弘文館, 1969.

池內敏, 『大君外交と武威』, 名古屋大學出版會, 2006.

川上健三, 『竹島の歷史地理學的硏究』, 古今書院, 1966.

奧原碧雲, 『竹島及鬱陵島』, 報光社, 1907.

荒木和憲, 『中世對馬宗氏領國と朝鮮』, 山川出版社, 2007.

3. 논문

김호동, 「李奎遠의 '鬱陵島 檢察' 활동의 허와 실」 『대구사학』 71, 2003.

김호동, 「조선초기 울릉도·독도에 대한 '空島政策' 재검토」 『민족문화논총』 32, 2005.

남기훈, 「17세기 朝日 양국의 울릉도·독도 인식」 『한일관계사연구』 23, 2005.

배재홍, 「조선후기 울릉도 수토제 운용의 실상」 『대구사학』 103, 2011.

손승철, 「중·근세 조선인의 島嶼경영과 경계인식 고찰」 『한일관계사연구』 39, 2011.

신명호, 「조선 초기 중앙정부의 경상도 海島政策을 통한 空島政策 재검토」 『역사와
     경계』 66, 2008.

윤유숙, 「조선인의 돗토리번(鳥取藩) 연행과 쓰시마 번(對馬藩)」 『동양사학연구』
     123집, 2013.

윤유숙, 「18~19세기 전반 朝日 양국의 울릉도 도해 양상」 『동양사학연구』 118집,
     2012.

윤유숙, 「근세 돗토리번(鳥取藩) 町人의 울릉도 도해」 『한일관계사연구』 42, 2012.

윤유숙, 「天保雜記 소수 울릉도(죽도) 관련 사료(사료해제)」 『영토해양연구』 1호,
     동북아역사재단, 2011.

윤유숙, 「'省弊節目'을 통해 본 19세기 朝日통교와 왜관」 『동아시아 속의 한일관계사』
     下, 제이앤씨, 2010.

유미림, 「장한상의 울릉도 수토와 수토제의 추이에 관한 고찰」 『한국정치외교사
     논총』 31, 2009.

이계황, 「일본인의 울릉도 도해와 조·일 외교교섭」 『일본역사연구』 33, 2011.

이형식, 「패전 후 일본학계의 독도문제 대응−1945~1954」 『영토영해연구』 1, 2011.

최은석, 「안용복 사건의 무대−17세기 돗토리번과 오키국」 『역사와 지리로 본 울릉도
     ·독도』, 동북아역사재단, 2011.

홍성덕, 「17세기 후반 한일 외교교섭과 울릉도−안용복 피랍·도일 사건을 중심으로」
     『독도·울릉도 연구−역사, 고고, 지리학적 고찰』, 동북아역사재단, 2010.

梶村秀樹, 「竹島＝獨島問題と日本國家」 『朝鮮研究』 182, 1978.

森須和男, 「竹島一件について−甲子夜話を主題にして−」 浜田市文化財愛護會, 『龜山』 14,
     1984.

森須和男, 「竹島一件考−八右衛門申口を中心として−」 『龜山』 18, 1991.

兒島峻平, 「會津屋八右衛門·竹島密貿易事件の眞相」 『龜山』 13, 1983.

河田竹夫, 「橋本三平と會津屋八右衛門」 『龜山』 14, 1984.

지은이 | **윤유숙**

1967년생. 1990년 고려대학교 문과대학 사학과 졸업. 2002년 일본 와세다(早稻田) 대학 대학원 문학연구과(일본사 전공) 문학박사학위 취득. 일본사학회·한일관계사학회 회원, 현재 동북아 역사재단 연구위원으로 재직. 일본근세사, 근세한일관계사 전공. 2014년 우호(于湖) 동양사학 논문상 수상.

『近世日朝通交と倭館』(岩田書院, 2011)과 「근세초 西日本 지역 '조선인집단거주지'」(2009), 「年中 行事와 儀式으로 본 근세 왜관」(2011), 「17세기 朝日間 日本製 武器類의 교역과 밀매」(2008), 「근세 돗토리번(鳥取藩) 町人의 울릉도 도해」(2012), 「1693년 조선인의 돗토리번(鳥取藩) 연행사 건과 쓰시마 번(對馬藩)」(2013) 등의 논문이 있다.

근세 조일(朝日)관계와 울릉도

윤 유 숙 지음

초판 1쇄 발행 2016년 4월 20일

펴낸이 오일주
펴낸곳 도서출판 혜안

등록번호 제22-471호
등록일자 1993년 7월 30일

주소 121-836 서울시 마포구 서교동 326-26번지 102호
전화 3141-3711~2 / **팩스** 3141-3710
이메일 hyeanpub@hanmail.net

ISBN 978-89-8494-554-8 93910

값 26,000 원